"종교적으로 이의를 제기하는 것은 교회에 주어진 선물이다. 그것은 하나님의 선민으로서의 주체성으로 돌아서라고 우리를 끊임 없이 부르는 선지자들의 상상이다. 우리가 교회 안에서 보기를 원하는 변화가 일어나도록 바이올라의 말이 우리를 도전하기를… 그리고 교회를 향한 하나님의 꿈에 미치지 못하는 그 어떤 것에도 우리가 머물러 있지 않기를."

쉐인 클레어본
도시 수도원 활동가,
「대통령 예수」, 「믿음은 행동이 증명한다」의 저자

"예상한 바와 같이, 이 책은 교회에서 성행하는 형식들에 대해 일관되고 철저하게 비평한다. 그렇지만, 프랭크 바이올라는 또한 긍정적인 비전도 제시한다. 그것은 만약 우리가 더 유기적이고 덜 제도적인 교회 형식들을 진정으로 다시 받아들인다면 교회가 어떤 모습일지에 대한 비전이다. 이것이야 말로 21세기의 교회를 위한 무제한의 예언자적 비전이다."

앨런 허쉬
*The Forgotten Ways*와
「새로운 교회가 온다」의 저자

"프랭크는 잘 알려진 개념들에서 신선한 통찰력을 끌어낼 뿐만 아니라, 우리로 하여금 근본으로 돌아가서 그리스도 자신에게 초점 맞출 것을 지속적으로 도전하고 있다. 고맙습니다, 프랭크! 이 실제적인 책이 교회가 예수님께 초점을 맞출 때 어떤 모습일지를 확인시켜 줄 것이다."

토니 데일
저술가, 「House2House」의 편집장 및
The Karis Group의 창립자

"이 책은 유기적 교회에 관한 주제로 편찬된 자료에 더해진 귀중한 자료이다. 프랭크는 오랜 기간의 실천을 통해 얻어진 시각으로 저술해 나가면서 그의 특유한 통찰력과 명료함으로 이 개념들을 전달하고, 또 교회를 시작하는데 필요한 많은 실제적인 면을 다룬다. 유기적 교회에 관심 있는 모든 사람에게 이 책을 추천하는 바이다."

펠리시티 데일
*An Army of Ordinary People*과
*Getting Started: A Practical Guide to House Church Plantings*의 저자

"이 책은 편안한 사람들을 혼란스럽게 하는 동시에 혼란스러워하는 사람들에게는 위안을 주기에 틀림없는 책이다. 프랭크 바이올라는 그리스도의 몸을 그려내는 신약성서의 강력한 표현에 관한 성서적이고, 실제적이고, 전략적인 비전을 훌륭하게 제공하면서, 인간이 야기한 기독교의 문제점들이 무엇인지를 정확하게 지적한다."

래드 즈데로
*The Global House Church Movement*의 저자 및
*Nexus: The World House Church Movement Reader*의 편집장

"그리스도의 몸은 너무 오랫동안 인간의 전통들에 의해 질식되어 왔다. 이 책은 그리스도의 단순성을 회복하고 큰 목자께서 자신의 사람들에게 말씀하시는 음성에 심각하게 귀를 기울이는 교회를 향한 신선한 방향을 보여준다.

존 젠스
「Searching Together」의 편집장
*A Church Building Every 1/2 Mile: What Makes American Christianity Tick?*의 저자

"이 책은 21세기를 위한, 신약성서에 기초한 유기적 교회생활을 읽기 쉽게 그리고 실제로 적용할 수 있게 묘사한다. 프랭크 바이올라는 딱딱한 근본주의와 무분별하고 과도한 상황설명의 잡초를 피하면서 복음을 살아가는 사람들(그리스도 안에 계신 하나님께서 성령에 의해 그들 안에 역동적인 중심으로 거하시는)의 흥미롭고 매력적인 그림을 그린다. 프랭크는 함께 살아가는 삶에 깊이 뿌리를 박은 순수한 공동체를 위해 씨앗을 뿌린 예수님과 초기 제자들의 비범한 특성에서 우리가 배우도록 도와준다."

마이크 모렐
Graduate Fellow in Emergent Studies,
MA in Strategic Foresight, Regent University (zoecarnate.com)

"만일 일상적 대화 속의 교회라는 말로 회중석, 주차장, 설교자 같은 말 대신에 '인위적이지 않은', '기쁨', 또는 '하나님께서 그분의 길을 가시는 곳' 등을 떠올린다면 어떨까? 또는 교인들이 '죄인의 기도'나 '십일조'가 무슨 뜻인지를 알지 못하는 대신 기쁨으로 회개하고, 주저함 없이 관대하고, 사랑에 의해 강권함을 받는다면 어떨까? 또 만일 교회가 종교를 습득하는 곳이 아닌 하나님의 존재를 가장 뚜렷하게 드러내는 증거라면? 이 책은 교회가 그렇게 되어야 할 가장 합리적인 주장을 도출해 내는 동시에 원대한 꿈을 꾸고 있다."

찰스 J. 빌헬름
*Biblical Dyslexia: Overcoming the Barriers to Understanding Scripture*의 저자

"이 책은 교회가 변해야 한다는 생각에 위협을 느끼지 않는 사람들에게 그리스도의 몸을 향해 굳건한 성서적 비전을 제시하는, 시기적절하게 절실한 필요를 채워주는 책이다. 프랭크 바이올라는 신약성서적인 교회생활의 전체적 윤곽을 사용해서, 그리스도의 몸으로서 함께 사는 삶의 기초를 형성해주는 핵심 가치들과 기본적인 원리들을 펼쳐 준다. 이 책은 교회가 그렇게 될 수 있고 또 그렇게 되어야 하는 아주 희망적이고 환상적인 그림 전체를 제시한다."

그레이스
Kingdomgrace.wordpress.com의 블로거

"프랭크 바이올라가 이 책에 쓴 내용에 당신이 동의하든 동의하지 않든, 나는 그 내용이 당신에게 교회를 세워나가는 방법을 재고하도록 도전을 줄 것이라고 확신한다. 그것이 우리가 왜 많은 것을 실행하고 또 왜 우리 식대로 그것들을 하는지 당신으로 하여금 숙고하게 해줄 것이다. 만일 당신도 나처럼 우리가 이제까지 알던 기독교의 가장 위대한 변혁 중 하나 가운데 산다고 믿는다면, 이 책이 당신에게 올바른 질문을 하도록 도와주는 귀중한 도구가 될 것이다."

토니 핏저럴드
apostolic team 지도자 및 국제적 강사

"『이교에 물든 기독교』가 현재 교회에서 우리가 행하는 현재의 많은 관습에 성서적 근거가 거의 없다는 사실을 드러냈다면, 이 책은 진정한 교회생활이 어떤 모습인지를 정립하기 위한 다음 단계로 인도해준다. 바이올라는 삼위일체 하나님 안의 삶을 출발점으로 해서 유기적 교회생활의 놀라운 그림을 그린다."

존 화이트
LK10: Community of Practice for Church Planters의
community facilitator

"만일 우리가 많은 사람이 생각하듯 정말 교회의 다음 주요 개혁의 정점에 서 있다면, 프랭크 바이올라야말로 우리 모두가 귀를 기울여야 할 주목할 만한 목소리의 주인공들 중 하나일 것이다. 프랭크의 겸허한 마음과 담대한 필치가 현대 교회가 처한 상황을 정직하게 파악하기 원하는 사람들이 읽어야 할 책을 또 다시 내놓았다. 이 책은 우리로 하여금 성서에 있는 교회의 원형을 먼저 상기하도록 손짓한다."

랜스 포드
Shapevine.com의 공동 창립자

교회를 다시 그려보는 모든 그리스도인에게

도서출판 대장간은
쇠를 달구어 연장을 만들듯이
생각을 다듬어 기독교 가치관을
바르게 세우는 곳입니다.

대장간이란 이름에는
사라져가는 복음의 능력을 되살리고,
낡은 것을 새롭게 풀무질하며, 잘못된 것을
바로 세우겠다는 의지가 담겨져 있습니다.

www.daejanggan.org

Copyright ⓒ 2008 by Frank Viola

Original published in English under the title ;

REIMAGINING CHURCH
/ Frank Viola
published by David C. Cook, 4050 Lee Vance View, Colorado Springs,
Colorado 80918, USA

All rights reserved.

Used and translated by the permission of David C. Cook

Korean Edition Copyright ⓒ 2013 by Daejanggan Publisher. in Nonsan, CN, South Korea.

다시 그려보는 교회

지은이	프랭크 바이올라 Frank Viola
옮긴이	이남하
초판발행	2013년 9월 17일
초판2쇄	2019년 3월 8일
펴낸이	배용하
책임편집	박민서
등록	제364-2008-000013호
펴낸 곳	도서출판 대장간
	www.daejanggan.org
등록한 곳	충청남도 논산시 가야곡면 매죽헌로1176번길 8-54
편집부	전화 (041) 742-1424
영업부	전화 (041) 742-1424 전송 0303-0959-1424
ISBN	978-89-7071-196-6 03230

이 책은 저작권법에 의해 보호를 받는 출판물입니다.
기록된 형태의 허락 없이는 무단 전재와 복제를 금합니다.

 값 14,000원

다시 그려보는 교회
유기적 그리스도교의 꿈을 향하여

프랭크 바이올라 지음
이 남 하 옮김

# CONTENTS

머리말 • 15
서론 • 21
나에겐 꿈이 있다 • 36

제1부 공동체모임

1장   다시 그려보는 유기체로서의 교회 • 41
2장   다시 그려보는 교회 모임 • 61
3장   다시 그려보는 주의 만찬 • 87
4장   다시 그려보는 모임 장소 • 98
5장   다시 그려보는 하나님의 가족 • 113
6장   다시 그려보는 교회의 일치 • 136
7장   교회의 관습 및 하나님의 영원한 목적 • 157

제2부 리더십과 책임

8장   다시 그려보는 리더십 • 177
9장   다시 그려보는 돌봄 사역 • 192
10장 다시 그려보는 의사결정 • 217

11장　다시 그려보는 영적 커버링 • 230

12장　다시 그려보는 권위와 복종 • 237

13장　다시 그려보는 교단적 커버링 • 262

14장　다시 그려보는 사도적 전통 • 275

15장　우리는 여기서 어디로 가야 하는가? • 291

부록

리더십에 대한 이의 및 답변 • 323

관련서적 • 353

후주 • 360

머리말

■

　13년 동안 여러 교회와 기독교 단체를 두루 거친 나는 제도권 교회를 떠나는 과감한 첫발을 내디뎠다. 그때가 1988년이었는데, 나는 그 이후로 다시는 제도권 기독교로 돌아가지 않았다. 그 대신에, 내가 "유기적 교회"라고 부르는 교회들에서 모임을 가져왔다.

　내가 왜 제도권 교회를 떠났을까? 우선, 나는 일요일 아침 교회 예배가 고통스러울 정도로 지루했다. 그것은 어떤 교파또는 초교파에 몸을 담든지 다 마찬가지였다. 아울러 나는 그 교회들에 속한 사람들에게서 영적인 변화를 거의 보지 못했다. 그리고 나 자신이 경험한 영적 성장은 전통적인 교회 환경 "밖에서" 일어난 것 같았다.

　게다가, 내 마음 속 깊은 곳의 무언가가 신약성서에서 읽었던 것에 걸맞은 교회의 경험을 갈망했다. 그리고 내가 다녔던 전통 교회들 그 어디에서도 그것을 찾을 수 없을 것 같았다. 사실, 나는 성서를 읽으면 읽을수록 현대 교회가 성서적 뿌리에서 아주 멀리 떠났음을 더 확신하게 되었다. 결과적으로, 나는 제도권 기독교와 이별을 고하고 한 무리의 그리스도인들과 유기적으로 모임을 갖기 시작했다.

그 첫발을 내딛은 후, 친구들과 지인들이 종종 내게 이런 질문을 하곤 했다: "그래, 어느 교회에 다니는가?" 이런 질문에 답하는 것은 언제나 서투르기만 했는데, 나의 대답은 늘 이랬다: "나는 목사나 교회 건물이 없는 교회에 속해 있습니다; 우리는 초기 그리스도인들이 모였던 것과 아주 흡사하게 모임을 갖고, 또 예수 그리스도에 사로잡혀 있습니다." 그러나 이 말이 떨어지자마자 그 질문을 한 사람은 으레 나를 마치 지구 밖 저 멀리에서 온 사람 대하듯 했다!

나는 지금도 여전히 그 질문을 받는다: "그래, 어느 교회에 다니는가?" 그러나 아직도 나의 대답이 서툴고 불완전하다는 것을 인정하지만, 20년 전에 답했던 것보다는 더 좋은 방법을 갖고 있다.

여기에 이 책의 목적이 있다. 다음과 같은 질문에 대해 성서적이고, 영적이고, 신학적이고, 실제적인 대답을 주는 것: 제도권 교회의 경험 밖에서 교회를 이루는 실행 가능한 방법이 있는가? 그리고 만약 있다면 그것은 어떤 모습일까?

지난 20년이 나에게 가르쳐준 것이 있다면, 그것은 바로 이것이다: 이 책에 대해 두 가지 주요 반응이 있을 것이라는 사실. 그 중 하나는 이런

식의 반응일 것이다: "그러면 그렇지, 내가 미친 것이 아니었구나! 내가 정신이 나간 줄 알았었는데, 교회에 대해 나처럼 생각하는 사람들이 또 있어서 다행이다. 이 책이 내가 오랫동안 느끼고 믿어왔던 것들을 글자로 표현해주었다. 그리고 또 일반적으로 알려지고 받아들여진 교회생활 너머에 진짜 교회생활이 있다는 소망을 나에게 주었다."

다른 하나는 다음과 같은 반응일 것이다: "당신이 감히 우리의 교회 관습들에 도전하다니! 하나님께서 교회를 사랑하시는데, 당신이 무슨 자격으로 교회를 비판하는가? 그리고 교회를 하는 당신의 방식만이 오로지 타당한 방식이라고 말할 권리를 누가 당신에게 주었는가?"

나의 견해에 오류가 없지 않다고 가장 먼저 시인할 사람은 바로 나 자신이다. 나는 아직도 계속 성장하고 배우는 중이다. 그렇지만, 이 특정한 거부반응의 문제는 그것이 이 책이 설명하고자 하는 바로 그 문제를 드러낸다는 점이다. 말하자면, 우리 그리스도인들은 교회가 무엇인지를 아주 헷갈려 한다. 내가 결코 교회를 비판하는 것이 아니다. 사실, 나는 교회를 진정으로 사랑하기 때문에 이 책을 쓴다. 그리고 바로 그 사랑 때문에 내가 꼭 보기를 원하는 것이 있다: 그리스도의 몸이 내가 믿는바 하나님께서 본래 의도하셨던 것을 어떤 방식으로든 스스로 드러내는 것. 그렇기 때문에, 교회를 조직이나 교파나 운동이나 리더십 구조와 혼동하면 안 된다. 교회는 하나님의 사람들 곧 예수 그리스도 신부이다. 그리고 내가 이 책에서 앞으로 주장하겠지만, 교회가 이 땅에서 스스로를 자연스럽게 표현하는 방식에 하나님은 침묵하시지 않았다. 그러므로 내가 다시 그리려는 것은 교회가 현재 행하는 관행들이지, 교회 자체가 아니다.

덧붙이자면, 나는 결코 교회를 하는 "옳은" 방식이 하나밖에 없다는 주장을 펴지 않는다. 그리고 내가 그것을 발견했다고 주장하는 것은 더욱 아니다. 이 책에서 나는 교회를 몇 가지 신선한 방식으로 그리는데, 내가 믿는 방식들은 예수님과 사도들의 가르침과 조화를 이룬다. 또 나와 다른 많은 사람에게 이 방식들이 우리가 그리스도인으로서 깊이 사모하는 것들과 맞아떨어짐을 발견하게 되었다.

이 책에 앞서 두 권의 책이 나왔는데, 첫 번째 책은 『알려지지 않은 신약성경 교회 이야기』(순전한나드, 2008)이다. 나는 그 책에서 사도행전과 편지서들에 있는 초대 교회의 끊어지지 않는 이야기를 구성하도록 함께 섞어놓아 1세기 교회의 전체적인 이야기를 연대순으로 늘어놓았다. 이 책은 그 자유로운 흐름의 이야기에 바탕을 두었는데, 다른 것이 있다면 이 책은 그 아름다운 이야기에서 토막 여러 개를 꺼내어 그것들을 특정한 카테고리로 나누었다는 점이다. 이 책들 모두 신약성서적 교회생활의 흥미진진한 그림을 그린다.

두 번째 책인 『이교에 물든 기독교』(대장간, 2011)에서는 현대 교회가 교회의 원뿌리에서 한참 벗어났음을 역사적으로 논증했다. 오늘날 우리가 아는 교회는 예수 그리스도의 살아 숨쉬고, 역동적이며, 유기적인 표현에서 고대 로마제국을 본뜬 상부 편향적인 계급 조직으로 그 기본 구조가 진화했다. 더 정확히 말하면, 넘어갔다. 이런 구조는 오늘날 대부분의 교회에서 여전히 유효하다.

이 책은 크게 두 부분으로 나뉘어 있다. 앞부분의 제목은 "공동체와 모임"이다. 나는 여기서 초대 교회가 어떻게 살았고 또 어떻게 함께 모임을 가졌는지를 탐구한다. 그리고 이런 요소들을 현대 교회의 관행들과 비교하고 대조한다.

이 책 후반부의 제목은 "리더십과 책임"이다. 거기서 나는 리더십과 권위와 책임을 위한 신선한 모델을 소개한다. 이 모델은 성서적 원리에 근거할 뿐 아니라 반문화적이기도 하다. 그러나 그것은 또한 실제적이다. 나는 그것이 지난 20년 동안 실제로 이루어지는 것을 보아왔다. 아울러 나는 일반적으로 제기되는 이의들에 대한 답을 주고자 부록을 첨가했다.

이 책을 집필한 나의 목표가 논쟁을 위한 것이 아니라 건설적인데 있음을 꼭 주지하기 바란다. 그럼에도, 내가 제시하는 많은 개념이 전통적으로 이해된 것들과 너무나도 급진적으로 다르기 때문에, 어쩌면 놀라게도 하고, 때에 따라 반감을 불러일으키기도 할 것이다.

내가 바라는 것은 당신이 인내를 가지고 나의 주장 하나하나를 성서의 빛 아래에서, 또 당신 자신의 양심에 비추어서 숙고하는 것이다. 이 책을 쓰는 나의 자세를 C. S. 루이스가 잘 묘사해주었다: "저를 조금 먼저 입원해서 약간의 조언을 해줄 수 있는 같은 병원의 동료 환자로 여겨 주십시오." 내 마음에 품은 소망은 하나님의 사람들이 강압적인 리더십 구조뿐만 아니라 현상유지의 횡포에서 해방되는 것을 보는 것이다. 이 모든 것은 단 하나의 이유인 예수 그리스도께서 자신의 교회에 또다시 중심이 되시고 최상의 위치를 차지하시는 것 때문이다.

프랭크 바이올라
플로리다의 게인즈빌에서

서론

■

새로운 부류의 교회를 향하여

"우리는 근사한 작은 종교에 만족하면서 신약성서적 패턴에는 절망적일 정도로 못 미치는 시대에 살고 있다."

마틴 로이드 존스

"신앙고백을 한 그리스도인들 대부분은 우리가 "교회"라고 부르는 것에 관련된 중심적 개념들과 관행들이 신약성서에 뿌리를 둔 것이 아니고 사도시대 이후에 확립된 방식들이라는 사실을 인식하지 못한다."

존 젠스

교회의 신학과 실천에서의 혁명이 우리 앞에 놓여 있다. 신학자들과 목사들과 학자들을 위시한 수많은 그리스도인이 교회를 새롭게 하고 개혁할 새로운 방식들을 찾는다. 반면에, 어떤 사람들은 교회의 전통적 개념들을 전부 폐기해버렸다. 그들은 우리가 오늘날 아는 제도권 교회가 비효과적일 뿐 아니라 거기에 성서적 기반도 없다는 확신에 이르렀다. 이런 이유로, 그들은 현재의 교회 구조를 개혁하거나 새롭게 하는 것은 잘못이라고 생각한다. 왜냐하면, 그 구조가 문제의 근원이기 때문이다.

나는 20년 전 내가 알던 몇 사람이 제도권 교회의 관행들에 과감히 의문을 품었을 때 이런 부담스러운 결론에 도달했는데, 이것 때문에 심한 외로움을 느꼈다. 그리고 어떤 때는 내가 정신이 나간 게 아닌지 정말 의문이 들었다.

하지만 모든 것이 변했다. 오늘날 제도권 교회에 의문을 품는 사람들의 수가 늘어가고,[1] 가담하는 사람들이 해마다 증가한다. 상당수의 사람들이 제도권 교회를 박차고 나왔다. 그리고 마음 속 깊이 품은 그들의 열망에 더 잘 부응하는 교회 경험을 추구한다.

실로, 지금 혁명이 일어나고 있다. 그리고 이 혁명은 교회개혁과 갱신 그 이상으로 교회의 관습과 신학의 뿌리 그 자체로 곧장 향한다. 어쩌면 역사적 실례가 이런 현상을 설명하는데 도움이 될지도 모른다.

수세기 동안, 서구의 천문학자들은 별과 행성들의 움직임을 이해하려고 했다. 하지만 그들이 가진 데이터를 아무리 많이 살펴봐도 그들이 계산한 대로 되지 않았는데 그 이유는 간단했다. 그들의 측정기준에 오류가 있었던 것이다. 그들이 천체의 중심을 지구로 보고 연구했기 때문이다. 그들은 별과 행성들이 고정된 지구를 돈다고 믿었고, 이 전제 위에 그들의 천문학 체계 전체를 세웠다.

코페르니쿠스라는 이름의 인습 타파론자iconoclast가 나타나 이 전제에 의문을 던졌다. 그는 별과 행성들이 태양을 중심으로 돈다는 혁명적 개념을 제시했다. 천체를 태양 중심으로 보는 코페르니쿠스의 관점이 처음에는 거센 도전을 받았지만, 이 새로운 모델이 지구 중심의 관점보다 훨씬 더 데이터대로 된다는 사실을 아무도 뒤집을 수 없었다. 이런 이유로, 태양 중심의 측정기준이 궁극적으로 받아들여진 것이다.2)

같은 맥락에서, 이 책은 교회를 위한 새로운 패러다임paradigm, 사고의 체계를 제시하려는 진심 어린 시도이다. 예수 그리스도의 교회가 제도적 조직이 아닌 영적 유기체라는 신약성서적 개념에 바탕을 둔 패러다임이다.

나는 바로 앞의 문장에 의문을 품는 그리스도인을 거의 만나지 못했다. 사실, 나는 다음과 같이 말하는 신자들은 수도 없이 만나보았다: "교회는 유기체이지, 조직이 아니지요." 하지만 그들은 이렇게 말은 하면서도 제너럴 모터스나 마이크로 소프트처럼 조직화된 교회들의 헌신된 교인으로 충성한다.

나는 이 책에서 그 점에 관해서 몇 가지 질문을 집중적으로 던질 것이다. 즉, "교회는 유기체이다"라는 표현이 진정 무엇을 뜻하는가? 그리고 과연 "유기적 교회"가 21세기에는 어떻게 운영되고 기능을 발휘하는가?

이 책 전체에서, 나는 "신약성서적 교회", "초대 교회", 그리고 "1세기 교회"를 동의어로 사용할 것이다. 이 용어들은 전부 다 신약성서에 그려진 1세기의 초기 교회를 일컫는 말들이다.

아울러 나는 대부분의 사람들에게 익숙한 교회들을 "제도권 교회"institutional churches라는 말로 일컬을 것이다. 그런 교회들을 그냥 쉽게 다음과 같이 부를 수 있다: "기성 교회", "바실리카 교회", "전통 교회", "조직 교회", "성직자 주도의 교회", "현대 교회", "청중 교회", "구경꾼 교회", "강당 교회", "세습 교회", "유산 교회", 또는 "프로그램 중심의 교회." 이 모든 용어는 어학상으로 뭔가 불충분한 느낌을 준다. 하지만 내 생각엔 현재 교회들 대부분의 본질을 파악하는 데는 "제도권 교회"가 가장 적합하다고 본다.

내가 "제도권 교회"라는 용어를 사용할 때 하나님의 사람들을 지칭하는 것이 아님을 꼭 유념하라. 내가 말하려는 것은 시스템system, 조직체계이다. "제도권 교회"는 시스템, 즉 "교회"를 하는doing 방식ways이라는 말이다. 교회를 구성하는 사람들을 뜻하는 것이 아니다. 이 구분은 매우 중요하므로 이 책을 읽는 내내 명심해야 한다.

어떤 사회학자는 내가 "제도권"이라는 말을 사용하는 것에 부정적일지도 모른다. 사회학적으로 말하면, 제도는 양식화된 인간의 어떤 활동을 가리킨다. 그렇기 때문에, 악수하는 것과 안아주는 것도 제도이다. 따라서 모든 교회유기적 교회들도가 어떤 형태의 제도임을 받아들이는 것이 나에겐 어렵지 않다.

그러나 나는 "제도권 교회"라는 표현을 아주 좁은 의미로 사용한다. 즉, 무엇보다도 그 교회들을 구성하는 교인들 위에, 그들 너머에, 그리고 그들과는 별도로 존재하는 제도에 의해 운영되는 교회들을 일컫는다. 이 교회들은 관계성보다는 프로그램과 의식에 의해 구성된다. 따로 구별되어 세워진 전문가들"목회자" 또는 "성직자"이 자원봉사자들평신도의 협조를 받아 운영하는 아주 구조적이고, 보통 건물 중심의 조직이다. 그 교회들은 스태프, 건물, 사례비, 그리고 행정을 필요로 한다. 제도권 교회에서는 회중이 일주일에 한두 번씩 주로 한 사람목사 또는 다른 목회자이 주도하는 종교적 공연을 관람한다. 그리고는 집으로 돌아가서 그들의 개인적인 그리스도인의 삶을 살아간다.

이와는 대조적으로, 나는 우리가 신약성서에서 읽고 있는 교회와 똑같은 영적 원리들에 의해 움직이는 교회들을 "유기적 교회"라고 일컫는다. 신약성서적 교회는 무엇보다 먼저 유기적이었고, 모든 교회가 그 계통을 따른다. "유기적 교회"라는 말을 맨 처음 사용한 사람을 T. 오스틴 스팍스로 보는 것이 합당하다. 그는 이렇게 말했다:

충만함에 관한 하나님의 방식과 법칙은 유기적인 생명의 그것과 같다. 하나님의 질서에서는, 그것이 식물이건, 동물이건, 사람이건, 또는 영적 존재이건 간에 생명이 그 고유의 유기체를 만들어낸다. 이것은 모든 것이 내부에서 나온다는 뜻이다. 기능과 질서와 열매가 그 속에 있는 생명의 법칙에서 생겨난다. 우리가 가진 신약성서의 모든 것이 이 원리만을 바탕으로 생성된 것이다. 제도권 기독교는 이 순서를 통째로 뒤바꿔 놓았다.3)

내 친구 핼 밀러는 이 개념을 더 발전시켜서 간단한 비유를 사용하여

제도권 교회와 유기적 교회를 다음과 같이 멋지게 비교했다:

> 제도권 교회들은 기차와 아주 흡사하다. 그들은 특정한 방향을 향해 가는데, 모든 수단을 다 동원해서 그들을 멈추려 해도 한참 동안 그 방향으로 계속 간다. 기차와 마찬가지로, 제도권 교회들의 방향을 바꿀 수 있는 선택은 극히 제한되어 있다. 교환기나 측선이 마련되어 있다면 기차가 방향을 틀 수 있지만, 그렇지 않다면 선로를 그냥 따라갈 뿐이다. 따라서 그 안에 탄 모든 사람은 자신이 올바른 방향으로 가는 올바른 기차에 탔다는 기대를 가져야만 한다.
> 유기적 교회들은, 신약성서에 있는 교회들과 마찬가지로, 이와는 다르다. 그들은 기차가 아니고 산책을 나간 한 무리의 사람들과 같다. 이 사람들은 기차보다 한참 천천히 움직이므로 기껏해야 한 시간에 몇 킬로미터 정도 밖에 가지 못한다. 그러나 그들은 즉각적으로 방향을 틀 수 있다. 더 중요한 것은, 그들이 그들의 세상에, 그들의 주님께, 그리고 서로 간에 진실 된 주의를 기울일 수 있다는 사실이다.
> 제도권 교회들은 기차처럼 식별하기가 쉽다. 연기와 소음에 의해 확연하게 드러나기 때문이다. 유기적 교회들은 식별하기가 좀 더 어렵다. 그들이 모든 교차로를 지날 때마다 불을 번쩍이며 존재를 알리지 않기 때문에, 어떤 사람들은 그들과 같은 신약성서의 교회들이 오래 전에 사라져버렸다고 믿는다. 그러나 그것은 전혀 사실이 아니다. 유기적 교회들은 어디에나 존재한다. 나 개인적으로는

20년 이상 그런 교회와 함께 해왔다. 우리와 같은 그룹들은 필요 이상의 이목이 우리 자신에게 집중되는 것을 피하면서 아직도 함께 조용히 걷고 있다. 우리는 그저 함께 순례하는 사람들이다.

당신이 일단 어떻게 유기적 교회를 찾아내는지 알게 된다면 곧 신약성서적 교회처럼 모임을 갖는 사람들, 곧 제도가 아닌 몸으로서, 가족으로서, 신부로서의 교회들을 곳곳에서 발견하게 될 것이다.

유기적 교회들은 하나님과 함께 걷는 사람들의 그룹이다. 기차들이 항상 그들을 지나치는데, 어떤 때는 거기에 탄 사람들이 손을 흔들기도 하지만, 다른 때는 기차가 너무 빨리 달리니까 한 시간에 몇 킬로미터 밖에 가지 못하는 사람들의 모습이 흐릿하게 보이므로 그렇게 할 수 없다. 만일 당신이 유기적 교회로서 걷는 사람들의 그룹에 속해 있다면, 『다시 그려보는 교회』는 당신의 뿌리가 신약성서에 근거한다는 새로운 인식을 줄 것이다. 만일 당신이 쏜살같이 달리는 기차 안에 있다면, 창문 밖의 흐릿한 색깔의 모습이 실은 하나님과 함께 걷는 사람들의 그룹임을 아는 놀라운 발견을 할 것이다. 당신이 방금 전에 지나친 것이 바로 유기적 교회이다.

교회를 살아 있는 유기체로서 다시 그리는 것이 몽상이 아님을 당신이 아는 것이 중요하다. 교회는 1세기에 그랬던 것처럼 실제로 자신을 유기적으로 표현할 수 있다. 그렇다면, 아래의 편지들은 최근에 유기적 교회 생활을 경험한 다양한 사람들이 보내 온 것이다. 그들이 받은 인상은 다음과 같다:

편지 1

나는 이전의 방식으로 교회생활을 하는 삶을 떠날 생각이 추호도 없었습니다. 새로운 교회를 찾지도 않았고, 유기적 교회에 처음 초청 받았을 때도 그런 교회가 어떤 모습일지 감을 잡지도 못했습니다. 그러나 내가 방문했을 때 발견한 것은 지금까지 보았던 그 어떤 것과도 달랐습니다. 이 교회는 성경공부가 아니었고, 기도 모임도 아니었고, 치유/영성 기도 집회도 아니었고, 또는 예배도 아니었습니다.

그런 게 아니라, 이 교회는 예수 그리스도에게 초점을 맞추었습니다. 그리고 모두가 주님에 관해서 노래하고, 주님에 관해서 나누고, 주님을 경배했습니다. 이 그리스도인들은 주 예수 그리스도의 아름다움에 사로잡혀 있었습니다. 정말이지, 그들은 만날 때마다 주님께 찬송하고, 주님에 관해서 노래하고, 주님을 나누고, 주님을 통해 서로 사랑하는 것 외에는 다른 어떤 것을 위해 시간 보내기를 원치 않았습니다.

처음 내가 주목한 것은 그들의 친밀함이었습니다. 주님과 그렇게 친밀한 삶을 사는 사람들을 만나 본 적이 없기 때문입니다. 이 사람들은 주님이 필요했고, 주님의 생명에 의해 삶을 유지했습니다. 나는 이전의 교회 경험에서 헌신된 사람들과 열정적인 사람들과 사랑이 많은 사람들은 봤지만, 하나님의 마음 중심을 아는 것 같은 그리스도인들은 만난 적이 없었습니다.

주님께서 그분의 사람들 속에 계심을 내가 오래 전에 배웠지만, 그리스도인들이 정말 이것을 실천에 옮기는 것을 본 것은 이 교회가 처음이었습니다. 그들이 모두 모임에서 한 사람씩 차례로 그리스도를 나누었을 때 주님은 바로 나의 눈앞에 나타나셨습니다. 나는 그들을 통해서 주님이 우리의 음식이고 물임을 배웠습니다. 그리고 주님이 우리의 모임에서, 그리고 우리의 삶 속에서 진정 어떤 분인지를 깨닫게 되었고, 그 결과 주님과 사랑에 빠지게 되었습니다.

나를 이끌었던 것은 내가 보았던 그 친밀함이었지만, 계속해서 나의 관심을 유발시켜서 그들의 모임에 줄곧 참석하게 하고 그 공동체의 일원이 되게 한 것은 이 그리스도인들이 누리는 자유함이었습니다. 내가 보기에 주 안에서 격려가 될 만한 것은 언제든지 나눌 수 있었고, 그들은 "아멘" 또는 "주님을 찬양합니다"라고 화답했습니다. 그들의 격려의 말은 나누는 자유가 나에게 있음을 깨닫게 해주었습니다. 아니 그보다 더, 그리스도께서 그분의 사람들(나를 포함해서) 속에서 알려지는 자유를 가지셨음을 깨닫게 해주었습니다.

내가 그리스도인들 가운데서 그런 자유를 본 것은 그때가 처음이었습니다. 나는 그리스도께서 그분의 사람들의 삶과 모임에서 최우선이 되실 때 그것이 어떤 모습일지를 보기 시작했는데, 그것은 놀랄 만한 결속을 가져왔습니다. 나는 거의 2년 가까이 그리스도께서 모임 때마다 그분에 관한 진리로 채우심을 보았습니다. 주님은 결코 메마른 적이 없습니다. 내가 예수 그리스도의 깊이를 캐는 것에 대해 온전히 다 상상할 수는 없습니다. 그러나 이 교회에서 형제자매의 연합된 사랑에 힘입어 주님이 정말 얼마나 영광스러우신지를 발견하기 시작했습니다.

학교 교사인 자매

편지 2

유기적 교회생활의 경험 전체가 나의 인생을 여러 면에서 바꿔놓았습니다. 그 교회는 한 컨퍼런스에서 시작되었는데, 거기서 들은 메시지는 놀라움 그 자체였습니다. 주님께서 교회 곧 주님의 신부를 향한 그분의 계획과 목적을 보여주셨습니다. 나의 비전은 하늘 차원의 것으로, 그리고 본질에 있어 진짜 그리스도 중심인 것으로 높여졌습니다. 그러나 그것은 시작에 불과했습니다.

교회가 시작되면서, 나는 형제자매와 함께 그리스도를 경험하게 되었는데, 그것은 이전엔 전혀 경험해 본 적이 없는 그런 경험이었습니다. 나는 이것이 바로 나를 위한 "그것"임을 알았습니다. 내가 마침내 집에 돌아온 것입니다. 하나님께서는 나와 나의 남편에게 무엇이 필요한지를 아셨습니다. 내가 받은 계시가 더 분명해지면서 나의 두 눈 앞에 펼쳐지기 시작했습니다. 나는 주님을 위한 열정으로 가득한 빛나고 아름다운 신부를 보았습니다. 또 거주지로서 함께 지어가는 믿는 사람들의 공동체를 보았습니다. 그리고 전에 한 번도 만난 적 없는 각기 다른 배경의 형제 자매들이 서로 사랑하기 시작하는 것을 보았습니다.

우리가 함께 그리스도를 사랑하면서 우리의 마음이 서로 연합되었고, 주님의 영원한 목적을 배워나가면서 우리의 삶에 진정한 변화가 일어났습니다. 나는 교회가 정말 그리스도의 몸이고 주님이 머리이심을 보았습니다. 오직 우리가 주님으로 하여금 그분의 합당한 자리를 차지하시도록 할 때만 비로소 우리가 경험해야 할 그분의 생명을 경험할 것입니다. 이런 식으로 하는 교회생활은 그리스도의 모든 부요하심에 의해 영양을 공급받아 우리를 자라게 하고 번성케 하는 그리스도인의 천연 서식지입니다. 하고 싶은 말이 하도 많아서 얼마든지 계속할 수 있습니다!

내가 보고 경험한 모든 것이 나의 인생뿐만 아니라 남편의 인생도 송두리째 바꿔놓았습니다. 우리가 오래 전에 기도하기를 주님께서 그분의 마음과 꿈을 우리에게 계시해주셨으면 했는데, 나는 그 기도가 응답되었다고 믿습니다. 그리스도께서 그분의 교회 안에 계시되는 것을 보면서 우리의 여생을 보낼 생각을 하면 흥분하지 않을 수 없습니다.

이전의 목사 사모

편지 3

나는 그리스도인 가정에서 자라나면서 교회 문이 열려 있을 때는 언제나 그곳에 있었습니다. 나는 어떻게 그리스도인처럼 살고 행동해야 하는지 알았습니다. 전형적인 기독교인이었다고 할 수 있을 것입니다.

고등학교 졸업 무렵에서 대학 초년시절, 내가 절대로 가능하다고 생각지 않았던 열정을 내 안에 불러일으킨 그리스도인들을 만나게 되었는데, 나는 그들에게서 그리스도를 깊이 알고자 하는 열정을 보았습니다. 아니 그 이상으로, 그들은 실제로 그리스도를 나보다도 훨씬 더 깊이 아는 듯 했습니다. 그들을 만나면서 나는 그리스도에 대한 나의 믿음과 지식이 아주 얄팍하다는 것을 발견하였습니다. 사실인즉, 내가 가족과 친구들과 함께 교회에 다니는 것을 즐기기는 했지만, 정말 교회를 주일학교와 예배 또는 청소년 모임 전후에 그들과 "시간을 보내기" 위해 견뎌야 하는 일종의 의무로 여겼음을 깨달았습니다.

나는 설교 시간마다 우리가 식당에 가도록 설교가 빨리 끝나기를 바라며 조용히 앉아 있었습니다. 나는 설교가 끝난 지 채 몇 분도 지나지 않았는데도 설교 내용이 무엇인지 기억조차 나지 않았습니다. 이미 내가 교회를 더 열심히 다녀야 하고, 십일조를 더 많이 해야 하고, 성경을 더 많이 읽어야 하고, 전도도 더 열심히 해야 한다는 것을 익히 들어 알고 있었습니다. 나는 이 다른 그리스도인들을 만난 후에야 비로소 이전에 다녔던 교회들 전부가 예수님을 향한 나의 갈증을 채워주지 못했음을 깨달았습니다. 그 교회들은 나에게 뭔가 생명을 공급해주는 것이 아닌 온갖 규칙과 규율을 안겨주었습니다. 나는 그리스도 안에서 자라는 대신 두려움과 수치심과 부족함에 눌려 "열매 맺지 못하고 죽어가고" 있었습니다. 사실, 나는 주님에 관해 말하는 것을 즐기지 않았고, 또한 불신자들에게 담대히 전도하는 근처에도 미치지 못했습니다.

나는 스스로 이렇게 질문했습니다: 내가 만일 스스로 생각했던 것처럼 그런 진실 된 그리스도인이었다면, 어째서 한참 뒤쳐져 있다고 느끼는 것일까? 이 그리스도인들과 함께 있으면 있을수록 나도 그들처럼 그리스도를 더 알기 원했습니다. 나는 마치 나방이 가로등으로 이끌리듯이 그리스도께로 이끌렸습니다. 그리고 점점 그들과 시간을 더 보내기 시작했고, 그들의 모임에도 참석하기 시작했습니다. 그들의 모임은 자유스러웠고 열려 있었습니다. 의식도 없었고 성직자도 없었습니다. 사실, 그들에겐 그 둘 다 필요치 않았습니다. 거기엔 주님을 만난 다음 다른 지체들과 나눌 격려의 말을 가진 신자들이 넘쳐났기 때문입니다.

그들에겐 말하도록 허락해주는 사람이 필요 없었습니다. 지켜야 할 규범과 생명 없는 의무로 그들을 압박할 사람도 필요치 않았습니다. 그들은 많은 찬송 가사를 스스로 지었습니다. 그들은 함께 기도했고, 미리 연습하지 않고 교대로 마음으로 예수님께 이야기했습니다. 그리고 서로를 사랑하는 가족처럼 대했습니다.

얼마 지나지 않아, 나는 이렇게 그리스도를 유기적으로 경험하는 것이 바로 과거의 내 경험에서 결여되었음을 깨달았고, 이 그리스도인들과 함께 모이는 것을 몹시 갈망하기 시작했습니다. 그들의 모임에 참석해서 나의 죄를 위해 돌아가신 분 그 이상의 크신 주님을 보고 싶었습니다. 더 깊이 주님을 만나고 싶었습니다.

나는 공연 구경을 하는 것에 더는 만족할 수 없었고, 내가 경험한 주님을 이 유기적인 모임에서 형제자매와 함께 나누고 싶은 마음이 들기 시작했습니다. 이젠 수동적인 자세 대신 참여하고 도움을 주는 것이 쉽다고 생각하게 되었습니다. 우리의 모임에서는 서로 달라도 되는 자유가 누구에게나 있었습니다. 우리는 몇 시간씩 찬송만 부를 때도 있었습니다. 때로는 지체들이 너나 할 것 없이 예수님께서 그 주간의 삶 속에서 하신 일을 나누기에 바빴습니다. 어떤 때는 고요한 가운데 주님의 위엄을 경이롭게 바라보기도 했습니다. 그 누구도 우리에게 이런 것들을 지시할 필요가 없었습니다. 성령이 이런 식으로 역사하셔서 그런 것들이 그냥 벌어진 것입니다. 우리는 종종 한 가족처럼 함께 식사를 했습니다. 어떤 때는 서로에게 성서 말씀을 나누기도 했고, 또 어떤 때는 성서에 있는 그리스도를 드러내는 장면과 이야기들을 재현하기도 했습니다.

우리는 일주일 내내 언제든지 필요할 때 만났습니다. 아침에는 형제들이 다른 형제 한두 명과 만났고, 자매들은 다른 자매들과 모임을 가졌습니다. 만나서 함께 기도로 주님을 찾고 성서를 묵상하며 하루를 그리스도와 함께 시작했습니다. 저녁에는 지체들 몇 사람이 집을 개방하고 식사하며 그리스도를 나누기도 했습니다. 또 교회에 관련된 일들을 공동으로 결정하기 위한 형제 자매 모임을 가졌습니다. 그리고 서로 돌보는 책임을 나누었습니다.

우리에게 절박한 필요가 없을 때는 그냥 함께 주님을 찬양하고 주님의 임재하심을 추구했고, 어려움에 처한 지체들이 있으면 그들을 도울 방법을 찾았습니다. 때로는 서로를 축복할 방법을 재미있게 계획하기도 했고, 독신인 형제자매가 아이를 가진 부모들을 위해 아이들을 돌봐줘서 하루 저녁을 밖에 나가 오붓하게 지내게 해주기도 했습니다. 형제자매 중 하나가 멀리 출장이나 여행을 떠날 때엔 교회 전체가 그를 환송하러 공항에 나갈 때도 있었는데, 그럴 때면 우리가 공항에서 교회 모임을 가졌습니다.

우리가 함께 그리스도를 나누고 주님을 사랑하는 곳엔 언제나 뭔가 벌어졌습니다. 또한 우리는 잃어버린 영혼들에게 복음을 증거 할 시간을 자연스럽게 가지기도 했습니다. 성령은 우리가 하는 모든 일에 자유롭게 역사하셨고 그 이벤트의 목표를 바꾸는 데도 자유로

우셨습니다. 나는 우리가 함께 모였을 때 그리스도께서 영광 받으시고 높임 받으시는 것을 보았습니다. 우리는 계속해서 주 안에서의 새로운 발견을 해나갔습니다. 내가 주님을 새로운 방식으로 경험했을 때는 언제든지 더 경험하기를 원했습니다. 죄책감과 수치심과 열등의식은 사라졌습니다. 나에게 그리스도를 더 깊이 알고자 하는 열정이 생겨났습니다.

나는 열매 없이 죽어가던 삶에서 해방되었습니다. 이제는 초기 교회가 그랬던 것처럼 그리스도인들이 정말 함께 유기적으로 모임을 가지는 자유를 보게 된 것입니다.

국제 마케팅 및 비즈니스 컨설턴트인 형제

요약하자면, 이 책은 다음과 같은 교회의 비전을 다시 그려보는 책이다: 그 구조가 유기적이고; 그 기능에 있어 관계적이고; 그 형식이 성서적이고; 그 운영이 그리스도 중심적이고; 그 형태가 삼위일체적이고; 그 삶의 방식이 공동체적이고; 그 태도가 반 엘리트주의적이고; 그 표현이 반 분파주의적인 교회의 비전.

간단히 말하자면, 이 책의 목적은 하나님 편에서 볼 때 교회가 어떤 것인지를 새롭게 발견하기 위함이다. 그렇다면, 신약성서를 우리의 출발점으로 놓고 함께 교회를 다시 그려보기로 하자.

나에겐 꿈이 있다

나에겐 꿈이 있다. 언젠가는 예수 그리스도의 교회가 하나님께서 주신 부르심에 응하여 일어나서 자신의 정체성이 뜻하는 참 된 의미, 곧 전능하신 하나님의 그 심장 고동인 만 왕의 왕의 약혼녀로 살기 시작하는 그런 꿈이다.

나에겐 꿈이 있다. 예수 그리스도께서 언젠가는 다시 자신의 교회에서 머리가 되시는 꿈이다. 그럴듯한 경건한 말로서가 아니라 현실 속에서.

나에겐 꿈이 있다. 곳곳에 있는 그리스도인 그룹들이 교회가 제도적 조직체가 아니고 살아있는 유기체라는 신약성서의 실체를 구현하기 시작하는 꿈이다.

나에겐 꿈이 있다. 성직자/평신도의 구분이 언젠가는 교회사의 골동품이 되고, 주님의 백성 가운데서 주님의 권위를 강탈해온 때 묻은 인간의 계급제도를 주 예수님 자신이 대체하시는 꿈이다.

나에겐 꿈이 있다. 하나님의 사람들 다수가, 그들을 종교적 속박 속에 가두어놓고 죄의식과 의무와 정죄 더미 아래 있게 만들어서 권위주의적 제도와 지도자들의 노예로 전락시킨 저 인간이 만든 제도들을 더는 묵인하지 않는 꿈이다.

나에겐 꿈이 있다. 예수 그리스도의 중심성과 우월성이 모든 그리스도인과 교회의 초점이 되고, 주축이 되고, 추구하는 목표가 되는 꿈이다. 그리고 하나님께서 사랑하시는 사람들이 분열로 치달을 정도로 영적이고 종교적인 것들에 사로잡히지 않는 꿈이다. 그러나 그들이 사로잡혀야 할 것과 추구해야 할 것은 인격체, 곧 주 예수 그리스도이다.

나에겐 꿈이 있다. 헤아릴 수 없이 많은 교회가 강력한 비즈니스식 조직에서 영적인 가족 곧 순수한 그리스도 중심의 공동체로 탈바꿈하는 꿈이다. 즉, 그 안에서 지체들이 서로를 친밀하게 알고, 조건없이 서로 사랑하고, 서로를 위해 희생하고, 변함없이 함께 즐거워하는 그런 영적 가족이 되는 꿈이다.

오늘 나에겐 꿈이 있다. … 4)

1
공동체모임

1장
다시 그려보는 유기체로서의 교회

진실이 등장했을 때 초기의 동요는 거짓이 얼마나 믿어졌느냐에 정비례한다. 사람들을 뒤흔들어놓은 것은 지구가 둥글다는 사실이 아니라, 지구가 평평하지 않다는 것이었다. 잘 포장된 거짓투성이가 세대를 이어가며 서서히 대중에게 먹혀들어갔을 때, 진실은 전적으로 터무니없어 보일 것이고 그것을 말하는 사람은 형편없는 미치광이처럼 생각될 것이다.

드레스덴 제임스

성령의 사역은 언제나 예수 그리스도를 계시하기 위함이고, 그분을 계시함으로써 모든 것이 주님께 순복하게 하기 위함이다. 인간은 그 어떤 천재라도 이것을 할 수 없다. 우리는 인간의 노력과 연구와 논증의 결과로 신약성서에 있는 어떤 것도 얻을 수 없다. 그것은 전부 성령이 예수 그리스도를 계시하는 것에 달려 있다. 우리의 몫은 성령에 의해 끊임없이 주님을 찾는 것이고, 그렇게 할 때 주님이 표본이시고 모방할 대상이 아닌, 질서이시고, 형식이심을 알게 될 것이다. 모든 목적과 방식은 전부 하나의 인격체로 귀결된다. 그렇다면, 모든 것 초대 교회의은 자유롭고 자발적인 성령의 역사였고, 성령은 그 모델인 하나님의 아들을 정면으로 보면서 그 모든 일을 수행했다.

T. 오스틴 스팍스

신약성서는 교회를 그리려고 많은 이미지를 사용한다. 중요한 것은, 이 모든 이미지가 살아있는 실체라는 것이다: 몸, 신부, 가족, 새 사람, 산 돌들로 지어진 살아 있는 성전, 포도원, 밭, 군대, 도시, 등등.

각 이미지는 교회가 제도적 조직체가 아닌 살아있는 유기체임을 우리에게 가르쳐준다. 오늘날 이 사실에 이의를 제기할 그리스도인은 거의 없을 것이다. 그러나 그것이 실천하는데 있어서는 무슨 뜻일까? 그리고 우리가 그것을 정말 믿는 것일까?

우리가 신약성서에서 보는 교회는 "유기적" 존재이다. 내가 이렇게 말할 때 그것은 교회가 영적 생명에 의해 태어나서 유지된다는 뜻이지, 인간 제도에 의해 조직되어, 인간의 계급제도에 의해 통제되고, 생명 없는 의식에 의해 모양새를 갖추고, 종교적 프로그램에 의해 명맥을 유지하는 것이 아니라는 뜻이다.

실례로, 만일 내가 실험실에서 오렌지를 만들어낸다면 그 오렌지는 유기적일 수 없다. 그러나 오렌지의 씨를 땅에 심어서 오렌지 나무가 자라난다면, 그 나무는 유기적이다.

마찬가지로, 죄로 물들어 죽을 운명인 우리가 사업체를 시작하는 방식대로 교회를 조직하려 할 때는 언제든지 교회생활의 유기적인 원리에 도전하는 것이다. 유기적 교회는 한 무리의 사람들이 예수 그리스도를 실제로 만났을 때, 그리고 그런 교회의 유전자DNA가 훼방 받지 않고 자유롭게 기능을 발휘할 때 자연스럽게 생겨나는 존재이다.

이것을 한 문장으로 표현한다면, 유기적 교회생활은 각본대로 진행되는 연극이 아니다; 그것은 신성한 생명에 의해 살아가는 모임 공동체이다. 이와는 대조적으로, 현대 제도권 교회는 미국의 기업체를 경영하는 것과 같은 조직 원리들로 운영된다.

교회의 유전자

모든 생명체는 유전자DNA, 유전 코드를 가진다. 유전자는 독특한 표현을 각 생명체에 부여한다. 예를 들면, 당신의 육체를 형성하는 설명서가 당신의 유전자 안에 코드로 기록되어 있다. 당신의 유전자는 주로 당신의 육체적, 심리적 특성을 결정한다.

만일 교회가 정말 유기적이라면, 이것은 교회 또한 유전자 곧 영적 유전자를 갖고 있다는 뜻이다. 우리는 어디서 교회의 유전자를 발견할 수 있는가? 나는 우리가 하나님 자신을 들여다봄으로써 그것에 관해 잘 알 수 있음을 제안하고자 한다.

우리 그리스도인들은 유례없이 삼위일체 하나님을 선포한다.5) 아타나시우스 신조에 의하면, "아버지도 하나님이시고, 아들도 하나님이시고, 성령도 하나님이시다. 하지만 세 분의 신이 아니라 한분 하나님이시다." 고대 그리스도교는 하나님이 세 분의 인격, 즉 아버지와 아들과 성령의 교제라고 가르친다. 신격은 세 분의 공동체 또는 신학자들이 부르는바 "삼위일체"이다. 신학자 스탠리 그렌츠는 다음과 같이 피력했다.

> *하나님의 삼위일체적 본질은 하나님이 사회적 또는 관계적이라는 뜻이다. 즉, 하나님은 "사회적 삼위일체"이다. 그리고 이런 이유에 의해 우리는 하나님이 "공동체"라고 말할 수 있다.*
> *하나님은 완전하고 영원한 교제를 누리는 아버지와 아들과 성령의 공동체이다.6)*

내가 여러 해 동안 삼위일체 교리에 관한 정확한 가르침에 대해 들었지만, 그 가르침이 나의 삶에는 전혀 실제적으로 적용되지 않았다. 그 것이 내게는 아주 추상적이고 비현실적이었다.

나중에, 나는 삼위일체 하나님 안의 활동을 이해하는 것이 그리스도인의 삶교회를 포함해서에서 모든 것을 아우르는 열쇠임을 발견하게 되었다.7) 유진 피터슨이 말한 것 처럼 "삼위일체는 그리스도인의 삶을 이해하는 것과 참여하는데 있어 우리가 가진 가장 포괄적이고도 통합적인 뼈대이다."8)

다른 신학자들도 이에 동의한다. 캐서린 라쿠나도 다음과 같이 말한다: "삼위일체 교리는 궁극적으로 그리스도인의 삶에 혁신적인 결과를 가져오는 실제적 교리이다."9)

같은 맥락에서, 미로슬라브 볼프도 이렇게 말한다: "삼위일체 하나님은 그리스도인이 가는 순례의 길에서 시작과 끝에 서 있고, 그렇기 때문에 그리스도인 신앙의 중심에 서 있다."10)

삼위일체에 관한 성서의 가르침은 하나님의 추상적인 설계도에 대한 설명이 아니다. 그런 것이 아니라, 성서는 우리에게 하나님의 본성에 관해, 그리고 그 본성이 그리스도인 공동체에서 어떻게 작용하는지에 관해 가르쳐준다. 따라서 삼위일체가 복음의 끝자락으로 격하되어서는 안 된다. 오히려 삼위일체가 그리스도인의 삶을 정리해주고 교회의 관습을 바로 알게 해주어야 한다.11)

요한복음 전체에서, 예수님은 자신과 아버지의 관계성에 관해 우리에게 통찰력을 주는 많은 말씀을 하셨다. 주님은 "아버지여 … 아버지께서 창세 전부터 나를 사랑하시므로"라고 하셨다.요17:24 그리고 또 "내가 아버지를 사랑하는 것과 아버지께서 명하신 대로 행하는 것을 세상이 알게 하려 함이로라"라고 하셨다.요14:31 이 두 구절만 봐도, 우리는 하나님 Godhead 안에 창세 전부터 상호간의 사랑의 흐름을 알 수 있다.

우리는 또한 창세기의 맨 앞부분에서 하나님 안의 교제를 발견하게 된다: "우리의 형상을 따라 우리의 모양대로 우리가 사람을 만들고…"창

1:26 여기에서 우리는 삼위일체 하나님이 협의하고 계획하심을 볼 수 있다.

요한복음은 우리에게 하나님의 본성에 관해 한층 더 가르쳐준다. 즉, 아들이 아버지의 생명에 의해 사신다는 것5:26; 6:57; 아들이 아버지의 영광을 공유하고 표현하신다는 것13:31-32; 17:4-5; 아들이 아버지 안에 사시고, 아버지는 아들 안에 사신다는 것1:8; 14:10; 아들이 아버지를 온전히 의지하며 사신다는 것5:19; 아들이 자신의 말씀과 행동으로 아버지를 보여주신다는 것12:49; 14:9; 아버지께서 아들을 영화롭게 하신다는 것1:14; 8:50, 54; 12:23; 16:14; 17:1, 5, 22, 24; 그리고 아들이 아버지를 높이신다는 것7:18; 14:13; 17:1, 4; 20:17 등이다.

삼위일체 하나님 안에서 우리는 상호간의 사랑, 상호간의 교제, 상호간의 의지, 상호간의 존중, 상호간의 복종, 상호간의 내재, 그리고 진실된 공동체를 발견하게 된다. 하나님 안에는 신성한 생명과 신성한 사랑과 신성한 교제의 영원하고 보완적인 상호 교류가 존재한다.

놀라운 것은, 이와 같은 관계성이 신성한 차원에서 사람의 차원으로 이전되었다는 사실이다. 그 통로가 아버지에서 아들로, 그리고 아들에서 교회로 옮겨졌다. 요6:57; 15:9; 20:21 그것이 하늘에 계신 영원한 하나님께로부터 이 땅의 교회, 곧 주 예수 그리스도의 몸으로 옮겨졌다.

교회는 삼위일체 하나님의 유기적 연장선상에 있다. 창세 전에 그리스도 안에서 잉태되어엡1:4-5 오순절에 태어난 존재이다. 행2:1 이하

엄밀하게 말해서, 교회는 하나님의 생명을 공유하고 이 땅에서 그 생명을 드러내는 모임 공동체이다. 다르게 표현하자면, 교회는 이 땅에 있는 삼위일체 하나님의 형상이다. 엡1:22-23

교회는 유기적이기 때문에 자연스럽게 표현된다. 따라서 한 무리의 그리스도인들이 그들의 영적 유전자를 따를 때 삼위일체 하나님의 유전자

와 일치하는 방식으로 모임을 갖게 될 것이다. 왜냐하면, 그들이 하나님 자신이 소유하신 것과 똑같은 생명을 소유하기 때문이다. 우리 그리스도인들이 결코 신성한 것은 아니지만 "신성한 성품에 참여하는 자"가 되는 특권이 우리에게 주어졌다.^{벧후1:4}

결과적으로, 교회의 유전자는 우리가 삼위일체 하나님 안에서 발견하는 바로 그 특성에 의해 특징지어진다. 그 중에서도, 상호간의 사랑, 상호간의 교제, 상호간의 의지, 상호간의 존중, 상호간의 복종, 상호간의 내재, 그리고 진실 된 공동체 같은 특성이다. 다르게 표현하자면, 교회의 원류를 하나님 안에서 찾을 수 있다는 뜻이다. 이런 이유로 스탠리 그렌츠는 다음과 같이 말할 수 있었다: "우리가 교회를 이해하는데 있어 궁극적인 바탕은 교회와 삼위일체 하나님 자신의 본성간의 관계성에 달려 있다."12)

신학자 케빈 가일즈는 이것에 화답하여 다음과 같이 말한다: 삼위일체는 "그 위에 교회론이 정립되어야 하는 모델이다. 이것을 전제로, 신성한 삼위일체의 내적 생명은 이 세상에서 그리스도인 공동체가 존재하는데 있어 표본, 모델, 메아리, 또는 표상icon을 제공해준다."13)

간단히 말해서, 삼위일체는 교회 고유의 표현을 위한 패러다임이다. 신학자 셜리 거스리는 하나님 안의 관계적 본성을 묘사함으로써 이 개념을 설명한다:

> 하나님의 통일성은 독특한 개성을 지닌 자기 충족적인 개인의 통일성이 아니다; 서로 사랑하고 함께 조화를 이루며 사는 인격들의 공동체적 연합이다. … 그 인격들은 상호간의 관계성으로만 존재한다. … 다른 인격들에서 동떨어진 혼자뿐인 인격은 없다; 높거나 낮은 존재도 없다; 중요함에 있어 첫째, 둘째, 셋째의 순서도 없다; 지

배하거나 통제하지도, 지배받거나 통제받지도 않는다; 다른 인격들 위에 군림하는 특권적 위치도 없다; 누가 주도해야 하는지를 놓고 대립해야 하는 문제도 없다; 다른 인격들의 부담으로 한 인격의 독립과 권위가 주장될 필요도 없다. 거기에는 오직 인격들 상호간의 교제에서, 그리고 각 인격이 열린 마음과 자신을 주는 사랑과 아낌없는 지원으로, 다른 인격들과 함께 살고 그들을 위하여 사는데 있어 자신들의 존재와 가진 것 전부를 나누는 동등한 교제와 교통만이 있다; 각 인격은 다른 인격들에서 자유로운 것이 아니라 그들을 위하여 자유롭다. 이것이 바로 아버지와 아들과 성령이 하나님의 심장부에서 관계성을 갖는 방법이다.14)

다시 한 번 삼위일체 하나님을 보라. 그리고 그 안에 없는 것이 무엇인지를 주목하라. 거기에는 명령 계통의 리더십이 없다. 계층적 구조도 없고,15) 수동적 구경꾼도 없고, 한 수 위의 존재도 없고, 그리고 종교적 의식과 프로그램도 없다. 삼위일체 안에 구분 된 계급이 있다고 주장한 사람들도 있지만, 이런 견해는 성서적으로나 역사적으로 지지받을 수 없다. 자세한 것은 이 책 끝부분의 부록 15번을 참조할 것.

명령 계통의 관계성, 계급제도, 수동적 구경꾼, 한 수 위의 존재, 종교적 프로그램 등은 타락한 인류에 의해 만들어진 것들이다. 그리고 그것들은 교회의 유전자뿐만 아니라 삼위일체 하나님의 유전자에도 상반된다. 그렇지만, 유감스러운 것은 사도들이 세상을 떠난 후에 이런 관행들이 받아들여져서 기독교화 된 다음 그리스도인 공동체 안으로 유입되었다는 사실이다.16) 오늘날 그것들은 제도권 교회의 중심적 특성들이 되었다.

교회 회복을 위한 네 가지 패러다임Paradigms

오늘날 교회를 다시 그리는데 네 가지 주요 패러다임이 있다. 그것들은 다음과 같다:

성서를 청사진으로 사용하기 Biblical Blueprintism 이 패러다임을 주장하는 사람들은 신약성서가 교회 관습의 세심한 청사진을 포함한다는 사상을 옹호한다. 그들은 우리가 성서에서 적당한 청사진을 골라내어 모방하면 된다는 단순한 생각을 갖고 있다. 그러나 내가 이 책에서 주장하겠지만, 신약성서에는 교회 관습을 위한 그런 청사진이 포함되어 있지 않다. 또한 그리스도인들이 지켜야 할 규정이나 규율의 목록도 없다.17 신약성서 학자인 F. F. 브루스는 다음과 같이 말했다: "우리가 신약성서의 본문을 우리 자신의 상황에 적용하는데 있어, 주님이 지상에 계실 때 서기관들이 구약성서를 다루었던 것처럼 해서는 안 된다. 특정한 상황의 예배자들에게 의미 있던 지침을 어느 시대에나 구속력을 가진 율법으로 전환시키면 안 된다."18)

문화적 적응력 Cultural Adaptability 이 패러다임을 주장하는 사람들은 인류 문화가 시간이 지나면서 변화한다는 것을 지적하기에 급급하다. 1세기의 교회는 그 당시의 문화에 적응했는데 오늘날의 문화는 아주 다르므로, 따라서 교회는 현재의 문화에 적응해야 한다는 것이다. 이 견해를 옹호하는 사람들은 교회가 시대를 막론하고 당대의 문화에 적응하도록 스스로를 재창조한다고 말한다.

이 패러다임은 "전후관계 설정"contextualization 사상에 기초한다. 전후관계 설정은 성서의 메시지를 다른 문화적 상황으로 전환하려는 신학적 수단이다.

전후관계 설정은 우리가 성서를 삶에 적용할 때 당연히 필요하다. 전후관계 설정에 의해 우리는 샌들을 신거나, 토가를 입거나, 헬라어로 말하거나, 말을 교통수단으로 사용하거나 하지 않는다.

그렇지만, 어떤 사람들은 전후관계 설정을 도가 지나치게 사용한 나머지 성서가 현재에는 아무런 연관성이 없다고 주장한다. 지나친 전후관계 설정은 성서의 본문이 통째로 사라지게끔 그것을 삼켜버린다. 그리고 우리는 우리 식대로 교회를 해나가도록 방치되어버린다.

F. F. 브루스는 극단적인 전후관계 설정의 위험성을 경고하면서 다음과 같이 말한다:

> *새로운 환경에서 복음을 다시 정립하는 것은 새로운 언어로 번역하는 것 못지않게 어느 세대에나 필수적이다. [그러나] 복음의 재정립이 도를 넘으면 복음 자체가 사라져버린다. 그리고 그 결과물은 바울이 '사실은 전혀 복음이 아닌 다른 복음'갈1:6 이하 이라고 불렀던 것이 되고 만다. 크리스천 메시지가 더 우세한 사조를 너무 철저하게 수용해서 그 사조를 표현하는 또 하나의 창구가 될 때, 더는 크리스천 메시지가 아니다.[19])*

나는 문화적 적응력 패러다임을 옹호하는 사람들을 많이 만났다. 그리고 흥미롭게도 그들 모두에게서 시대와 문화를 초월하는 표준 교회 관습들이 있다는 믿음을 발견하게 되었다. 예를 들면, 문화적 적응력 패러다임을 주장하는 그리스도인들 대부분은 물 침례세례를 폐기하고, 주의 만찬을 빵과 포도주에서 감자튀김French fries과 룻비어root beer 잔으로 바꿔야 한다는 제안에는 비위가 상할 것이다. 열 살 미만은 예외지만!

그렇다면, 결정적인 쟁점은 신약성서적 교회의 어떤 관습이 유독 서술적이고 어떤 관습이 표준적인가 하는 것이다. 다르게 표현하자면, 어떤 것이 1세기의 문화와 직결되고 어떤 것이 교회의 변하지 않는 본성과 정체성을 반영하는가?

지나친 전후관계 설정의 위험성은 실존한다. 그리고 부지중에 그것에 빠진 그리스도인 지도자들이 적지 않다. 성서의 원리들이 우리의 목적에 부합할 때 우리가 무의식적으로 그 원리들을 신봉하지 않도록 조심해야 하지만, 우리의 목적에 부합하지 않을 때 "전후관계 설정"이라는 미명 아래 그 원리들을 폐기하지 않도록 또한 조심해야 한다.

실은, 사실상 모든 그리스도인이 성서에서 그리스도인의 삶과 교회생활의 개념들을 얻는다. 아이러니한 것은 그렇지 않다고 주장하는 사람들이 특정한 사상이나 관습을 지지하거나 비판하려고 결국은 거의 언제나 예수님이나 바울의 가르침으로 향한다는 사실이다. 초대교회는 완벽하지 않았다. 만일 이것에 의심이 간다면 그냥 고린도전서를 읽어보라. 따라서 초기 그리스도인들을 마치 흠 없던 사람들인 양 낭만적으로 생각하는 것은 금물이다.

반면에, 1세기 교회는 예수님과 사도들이 세운 교회였다. 그리고 1세기 공동체들이 예수님과 사도들의 가르침을 따라 그대로 살아갔다면, 우리에게 많은 것을 가르쳐줄 수 있을 것이다. 그 가르침이 우리 시대와는 아무런 관련이 없다고 무시하는 것은 크나큰 잘못이다. J. B. 필립스는 다음과 같이 말했다:

> 오늘날의 기독교와 우리가 이 신약성서의 편지들에서 읽는 것 사이의 큰 차이점은 우리에게는 그것이 주로 공연*a performance*이고 그들에게는 실제 경험*a real experience*이었다는 사실이다. 우리는 기독교를 코드로, 아니면 기껏해야 마음과 삶의 규범 정도로 격하시키는 경향이 있다. 이런 사람들에게는 삶의 새로운 특성에 의해 그들의 삶이 철저하게 점령당하는 것이 당연할 것이다.[20]

초교회 기독교 Postchurch Christianity 이 패러다임은 확인 가능한 공동체, 즉 예배, 기도, 교제 및 상호간에 덕을 세우도록 정기적으로 모임을 갖는 공동체에 속하지 않고 신앙생활을 하려는 시도에 그 뿌리를 둔다. 이것을 옹호하는 사람들은 원할 때는 언제든지 스타 박스 같은 데서 커피를 마시며 친교하는 자발적인 사회적 교류와 개인적인 친분이 신약성서가 의미하는 "교회"에 부합한다고 주장한다. 이 패러다임을 고수하는 사람들은 애매하고 모호한 유령 교회를 믿는다.

그런 개념은 우리가 신약성서에서 보는 교회와는 단절되어 있다. 1세기 교회들은 특정한 지역에서 정기적으로 모임을 가진, 찾을 수 있고 확인도 가능하고, 방문할 수도 있는 공동체였다. 그렇기 때문에, 바울은 이런 확인 가능한 공동체들^{지역 교회들}에 편지를 쓰면서 누군가가 그 자리에 참석해서 편지의 내용을 듣게 될 것을 확신하고 보낼 수 있었다.^{롬16장} 아울러 바울은 그들이 언제 모임을 가질지에 대해,^{행20:7; 고전14장} 그리고 그들의 삶 속에서 함께 겪는 고충에 대해 잘 알고 있었을 것이다.^{롬12-14장; 고전1-8장} 비성서적 관점을 가진 이 초교회 기독교 패러다임은 책임감은 없이 친밀한 것만을 바라는 현대인들의 갈망을 드러내는 것 같다.

유기적인 표현 Organic Expression 나는 이 책 전체에서 이 특정한 패러다임을 주장할 것이다. 나는 신약성서가 교회의 유전자의 활동을 담은 기록이라고 믿는다. 우리는 사도행전과 서신서들을 읽을 때 1세기의 여러 문화권에서 스스로를 드러낸 예수 그리스도의 교회 유전자를 보고 있다. 교회가 진정 영적 유기체이므로 그 유전자는 결코 변하지 않는다. 그것은 어제나, 오늘이나, 앞으로도 똑같은 생물학적 본질이다. 따라서 교회의 유전자는 언제나 다음의 네 가지 요소를 드러낼 것이다:

1. 교회의 유전자는 인간이 머리 노릇하는 것과는 정반대로 언제나 예

수 그리스도의 교회에서 그분의 머리 되심을 드러낼 것이다. 그리스도가 교회의 권위와 원천이라는 개념을 일컫는 말로 나는 "머리 되심"이라는 말을 사용한다.21)
2. 교회의 유전자는 언제나 몸의 모든 지체가 각각 역할을 수행하도록 허용하고 격려할 것이다.
3. 교회의 유전자는 이 땅에서 그것이 눈에 보이게 표현되도록 언제나 신약성서에 내포되어 있는 신학과 일치할 것이다.
4. 교회의 유전자는 언제나 삼위일체 하나님의 교제 안에 기초할 것이다.

삼위일체는 교회가 어떻게 역할을 수행하는지를 우리에게 알려주는 패러다임이다. 그것은 우리에게 교회가 사랑하고, 평등하고, 상호적이고, 협동적이고, 계급 없는 공동체라는 것을 보여준다.

언젠가 F. F. 브루스는 이렇게 말했다: "발전development은 이미 거기에 있는 것을 펼쳐 보이는 것이고그것이 단지 함축적이라 할지라도; 결별departure은 다른 것을 선호해서 어떤 원리나 기초를 포기하는 것이다."22)

교회로 하여금 삼위일체 하나님을 드러내게 하는 것은 모두 다 발전이고; 그렇게 하지 못하도록 훼방하는 것은 전부 다 결별이다.

조지 바나와 내가 공저한 『이교에 물든 기독교』에서 주장했듯이, 현대 제도권 교회에서 행하는 것들 중 신약성서에 뿌리를 둔 것은 아주 미미하다. 그 대신, 수세기 전에 생긴 인간이 고안해 낸 관행들이 교회의 틀을 잡고 교회를 다시 정의해왔다. 그런 관행들은 그리스도의 머리 되심을 손상시키고, 그리스도의 몸에 속한 모든 지체의 역할 수행을 훼방하고, 신약성서 신학을 거스르고, 삼위일체 하나님의 교제를 부정한다. 에밀 브루너가 말했듯이, "예수님에 의해 기초가 놓이고 성령에 의해 정착된 교제의 정교한 구조는 에클레시아의 특성 전부가 근본적으로 바뀌기 전에는 제도적 조직에 의해 대체될 수 없다."23)

하지만 이런 사실에도 불구하고, 많은 관행이 성서적 근거가 결여되어 있는데도 그리스도인들에 의해 정당화되었다. 어째서 그런가? 종교적 전통의 막강한 힘 때문이다. 아래의 구절들을 숙고해보라:

풀은 마르고 꽃은 시드나 우리 하나님의 말씀은 영원히 서리라. 사 40:8

하나님의 말씀은 살아 있고 활력이 있어 좌우에 날선 어떤 검보다도 예리하여 혼과 영과 및 관절과 골수를 찔러 쪼개기까지 하며 또 마음의 생각과 뜻을 판단하나니. 히4:12

이는 비와 눈이 하늘로부터 내려서 그리로 되돌아가지 아니하고 땅을 적셔서 소출이 나게 하며 싹이 나게 하여 파종하는 자에게는 종자를 주며 먹는 자에게는 양식을 줌과 같이 내 입에서 나가는 말도 이와 같이 헛되이 내게로 되돌아오지 아니하고 나의 기뻐하는 뜻을 이루며 내가 보낸 일에 형통하리라. 사55:10-11

이 본문들은 우리에게 하나님 말씀의 엄청난 능력에 관해 알려준다. 하나님의 말씀은 영원하다. 하나님의 말씀은 하나님께서 원하시는 것은 무엇이든지 성취시킬 것이다. 하나님의 말씀은 하나님께서 보내신 목적을 이루고야 말 것이다. 그리고 하나님의 말씀은 헛되이 돌아오지 않을 것이다.

하지만 하나님 말씀의 막강한 능력에도 불구하고, 그 말씀을 단번에 무력화시킬 수 있는 것이 하나 있다. 그 하나가 바로 종교적 전통이다. 성육신한 말씀이신 예수님의 말씀을 주목하라:

> *너희의 전통으로 하나님의 말씀을 폐하는도다.* 마15:6

그리고, 또:

> *너희가 하나님의 계명은 버리고 사람의 전통을 지키느니라 또 이르시되 너희가 너희 전통을 지키려고 하나님의 계명을 잘 저버리는도다.* 막7:8-9

종교적 전통은 아주 많은 수단에 의해 우리의 사상을 형성해왔다. 그것이 우리의 마음을 사로잡았고, 우리가 사용하는 말을 고착시켰다. 그렇기 때문에, 우리가 성서를 읽을 때는 언제든지 기계적으로 현재 행하는 관행들에 의해 본문을 해석한다.

우리는 성서에서 목사pastor라는 단어를 볼 때마다 보통 주일 아침에 설교하는 사람을 떠올리게 된다. 또, 교회라는 단어를 볼 때는 보통 건물이나 주일 아침 예배를 떠올리고, 장로는 당회나 제직회를 떠올리게 된다.24)

이것은 중요한 질문 하나를 던지게끔 한다: 우리는 어떻게 해서 그리 쉽게 현재의 교회 관행들로 신약성서를 해석할 수 있을까? 그 이유 중 하나는 우리가 성서를 공부하는데 있어 "잘라 붙이기"로 접근하는 것을 물려받았기 때문이다. 이런 접근법에는, 문맥에 맞지 않는 "증빙자료로 사용되는 본문들proof-texts"이 인간이 만든 교리와 관행들을 떠받치도록 짜맞춰진다. 이런 과정은 대개 무의식중에 진행된다. 그리고 두 가지가 그 진행과정을 아주 쉽게 만들어버린다. 하나는 신약성서의 서신서들이 연대순으로 배열되어 있지 않은 것이고, 다른 하나는 그 서신서들이 장과 절로 나뉘어 있는 것이다.25)

철학자 존 로크는 이 문제를 아주 명확하게 지적하면서 다음과 같이 피력했다: "성서가 잘리고 잘게 썰어진 후 지금 인쇄된 상태로는 너무 분해되고 나뉘어져서, 보통 사람들이 그 구절들을 별개의 격언규율로 사용할 뿐만 아니라, 고학력자들조차도 구절들을 읽을 때 그 일관성의 능력과 힘을 잃어버린다."26)

이와는 대조적으로, 신약성서가 연대순으로, 또 장과 절 없이 읽혀질 때는 멋진 이야기가 생겨난다. 줄거리가 탄생하는 것이다. 그렇지만, 우리가 신약성서를 기존의 배열된 순서대로 읽으면 이 줄거리를 산산조각 난 채로 만나게 된다. 따라서 물 흐르는 듯한 이야기를 놓치게 된다.

그리스 신화에, 누운 사람의 키에 맞춰주는 요술 침대를 가졌다는 소문이 난 프로크루스테스라는 사람의 이야기가 나온다. 그러나 "요술" 뒤에는 "만능" 침대로 만드는 계략이 숨어 있었다. 거기에 누운 사람의 키가 너무 작으면 프로크루스테스가 그 사람을 잡아당겨 늘여서 침대 길이에 맞추었고, 키가 너무 크면 다리를 잘라서 맞추었다.

현대 교회의 개념이 마치 프로크루스테스의 침대와 같다. 성서가 제도권 교회의 틀에 맞지 않으면 잘라 내거나폐기처분 늘여서 맞춘다. 의도적인 말장난이 아닌 성서를 잘라 맞추기 식으로 공부하는 것이 이 작업을 쉽게 해낸다. 우리는 연대순으로 된 역사적 상황에서 여러 구절을 빼낸 다음, 교리를 만들거나 관행을 뒷받침하고자 그것들을 짜 맞추곤 한다. 이와는 대조적으로, 연대순으로 된 이야기는 우리의 성서 해석을 조절해 준다. 그것이 성서를 우리의 선입견에 따르도록 구절들을 잘라 짜 맞추는 것에서 우리를 막아준다.

실은, 현대 교회의 많은 관행에 성서적 근거가 결여되어 있다. 그 관행들은 교회의 유기적인 본질과는 일치하지 않는, 인간이 고안해 낸 것들이다. 그 관행들은 예수 그리스도의 염원을 드러내지도 않고, 주님의 머리되심이나 교회가 열매 맺도록 부르심을 받은 영광스러운 성품도 나타내지 않는다. 대신에, 인간의 사상과 전통을 높이 들어 올려 보인다. 그리고 그 결과로 교회 고유의 표현을 질식시켜버린다. 하지만 우리는 우리의 잘라 맞추기식의 해석학에 의해 그 관행들을 정당화시킨다.

교회의 유전자를 거스르다

어떤 그리스도인들은 교회가 문화마다 다르고 그 처한 곳의 환경에 적응한다는 전제 아래, 수많은 비성서적 교회 관행을 정당화시키려 해왔다. 그러므로 하나님께서 이제는 성직자제도, 계층적 리더십, 공연구경식 예배 순서, 단일 지도자체제, "교회에 다닌다"는 개념, 그리고 다수의 다른 관행을 허용하신다고 생각한다. 그것들이 4세기경의 그리스도인들이 당대의 그리스와 로마 관습들에서 빌려와서 만들어진 관행들인데도 말이다.

그러나 교회가 정말 각 문화마다 다를까? 그리고 그게 사실이라면 이것이 공동체 예배에 우리가 선호하는 관행을 아무거나 도입해도 된다는 뜻일까? 아니면 교회가 그 신학과 실천에 있어 현대 서구문화에 지나칠 정도로 적응해온 것은 아닐까?

리처드 핼버슨은 도를 넘는 전후관계 설정의 문제를 언급하면서 다음과 같이 피력했다: "그리스인들은 복음을 접했을 때 그것을 철학으로 바꾸었고; 로마인들은 그것을 정치로 바꾸었고; 유럽인들은 문화로, 그리고 미국인들은 사업으로 바꾸었다."[27]

바울이 말한 "본성이 너희에게 가르치지 아니하느냐?"를 참고한다면, 신약성서는 교회가 생물학적 실체임을 분명히 밝히고 있다. 엡2:15; 갈3:28; 고전10:32; 골3:11; 고후5:17 이 생물학적 본성은 복음의 살아있는 씨앗이 사람들의 마음에 심어져서 그들이 자연발생적으로 함께 모일 때 형성된다.

교회의 유전자는 확인이 가능한 특성들을 만들어낸다. 그중에 다음과 같은 경험이 있다: 순수한 공동체, 지체들 상호간의 가족적 사랑과 헌신, 예수 그리스도의 중심성, 무미건조한 의식 없이 함께 모이고자 하는 고유본능, 그리스도를 중심으로 뿌리 깊은 관계성을 형성하도록 내재된 갈망, 모두가 참여하는 열린 모임을 향한 내적 충동, 그리고 타락한 세상에 예수님을 드러내기 위한 사랑의 열망.

복음의 씨앗이 이런 특성들을 자연스럽게 만들어내겠지만, 그것들이 어떻게 표현되는지는 문화마다 조금씩 다른 양상을 띠게 될 것이다. 내가 이전에 남미의 칠레에서 유기적 교회를 개척한 것을 예로 들어 보겠다. 그들이 작사한 노래들, 서로 교제하는 방식, 앉는 자세, 아이들을 다루는 방법 등이 유럽과 미국에서 생겨난 유기적 교회들과는 다르게 보였다.

그렇지만, 교회의 유전자 안에 들어 있는 똑같은 기본적 특성들은 다 거기 있었다. 이 모든 교회 중 어느 한 곳에서도 성직자제도, 단일 목사, 계급적 지도자 구조, 또는 대다수를 수동적으로 만드는 예배 순서 같은 것들은 생겨나지 않았다.

식물세계에, 꽃을 피우는 낙엽 관목인 수국이라 불리는 나무가 있다. 그 관목의 씨를 미국 인디애나 주의 땅에 심으면 핑크색 꽃이 피지만, 똑같은 씨를 브라질이나 폴란드의 땅에 심으면 푸른색 꽃이 핀다. 더 흥미로운 것은 그 똑같은 씨를 또 다른 종류의 땅에 심으면 보라색 꽃이 핀다는 사실이다.28)

그렇지만, 수국이 결코 가시나 엉겅퀴를 내지는 않을 것이다. 또는 결코 오렌지나 사과 열매를 맺지 않을 것이다. 그리고 결코 야자수처럼 높이 자라지도 않을 것이다. 왜 그런가? 그런 특성들이 씨앗의 유전자 안에 들어 있지 않기 때문이다.

마찬가지로, 예수 그리스도의 교회도 적절하게 개척된 다음 인간의 통제와 제도적인 간섭 없이 그대로 놔둘 때 그 유전자에 의해 반드시 특성들을 만들어 낼 것이다. 교회도 수국처럼 문화마다 다르게 보일 것이지만, 번성하는 곳은 어디든지 기본적으로 똑같은 표현이 나타날 것이다.

반면에, 우리 인간들이 우리의 타락한 제도들을 이런 살아있는 유기체에 도입할 때 교회는 고유의 유기적 특성을 잃어버린 채 자신의 유전자를 거스르는 이질적인 표현을 하게 될 것이다. 솔직히 말하자면, 교회의 유기적 성장을 왜곡시키고 그 유전자를 거스르는 것이 가능하다.

이 원리에 대한 이해를 위해 비극적인 이야기를 하나 소개하겠다. 1970년 11월 4일, 아주 어렸을 때부터 극도의 감각 결핍과 사회적 격리 상태로 살아온 열세 살짜리의 희귀한 소녀 아이가 발견되었다. 지니라고 불린 그 아이는 말하는 것을 배운 적도 없었고 정상적인 사람과의 교류가 단절되어 있었다.

지니는 유아용 변기에 묶인 채로 날마다 하루 종일 혼자 앉아 있어야 했고, 저녁 때는 팔을 움직이지 못하도록 슬리핑백 속에 들어가 묶여 있었다. 게다가 말하거나 소리를 지르면 두들겨 맞았다.

그 결과, 지니의 천성은 영구적으로 말살되었다. 토끼처럼 이상한 걸음걸이에, 양 손을 동물의 발처럼 끊임없이 앞으로 내밀었고, 단단한 음식을 씹지도 못했고, 거의 삼키지도 못했다. 또한 계속 침을 뱉고, 자주 코를 훌쩍이고, 4미터 앞도 보지 못했다. 지니가 하는 말은 짧고 높은 음의 아이들 울음소리에 그쳤고, 거의 이해할 수 없는 수준이었다.

집에서의 지옥 같았던 생활에서 놓인 지 수년이 지나서 지니의 언어능력이 괄목할 정도로 발전하긴 했지만, 단어들을 연결시켜서 뜻이 통하는 문장을 만들지는 못했다. 어째서 그랬을까? 어떤 과학자들은 다음과 같이 결론지었다: 적절한 영양공급 및 자극의 결핍으로 말미암아 지니의 정상적인 유전자가 변형되었다.

이 이야기를 영적 세계에 적용해보자. 유기적 교회가 생겨나는 곳의 문화도 큰잎 수국처럼 그 표현에 영향을 끼칠 수 있다. 동시에, 지니의 비극적 경험에서처럼 문화 또한 유기적인 성장을 방해함으로 교회의 표현을 왜곡시킬 수 있다. 내 생각엔, 바로 이것이 분명 역사적으로 교회에 일어났다. 따라서 오늘날 "교회"에 전해진 것은 하나님께서 시작 때부터 마음에 두신 것이 아니다.

교회는 유기적이다. 만일 그녀의 자연적 성장이 방해받지 않는다면, 그녀는 아름다운 여자 곧 그녀의 신랑이신 예수 그리스도의 영광을 드러내는 살아 있는 증인인 여자로 성장하게 될 것이다. 그녀는 제너럴 모터스나 마이크로소프트 같은 조직처럼 되지 않을 것이다. 그녀는 완전히 다른, 이 지구에서 유례없이 독특한 무엇이 될 것이다. 예수 그리스도께서 이 땅에 오셨을 때 독특하셨던 것처럼 말이다. 그것은 무엇보다도 교회가 바로 주님의 그 몸이고, 그 본성이 하나님의 것과 똑같기 때문이다.

그렇다면, 이 책은 삼위일체 하나님의 형상으로 교회를 다시 그려보는 시도가 될 것이다. 이 책이 추구하는 바는 문화적 유행의 모래성이나, 성서를 청사진으로 사용하는 진흙 바닥이나, 종교적 전통의 오염된 물이 아닌, 영원한 하나님 안에 교회 관습의 닻을 단단히 고정시키는 것이다.

짚고 넘어가야 할 질문들

? 당신은 신약성서가 오늘날 우리의 교회생활과 관습에 안내자 역할을 할 수 있다고 생각하는가? 아니면 아무런 관계가 없으므로 우리가 그것을 폐기해야 한다고 생각하는가? 설명할 것.

? 당신이 이전에 속해있던 교회들은 삼위일체 하나님과의 관계성을 어떤 식으로 반영했는가, 아니면 반영하지 않았는가?

? 우리의 교회생활 및 실천과 관련해서 하나님의 말씀에 충실하다는 것은 무슨 뜻인가? 우리 개인의 삶과 실천에서는 어떤가? 설명할 것.

? 우리는 무엇을 근거로, 그저 서술적이고 1세기 문화에 국한된 것들에서 신약성서에 있는 표준적이고 영구적인 것들을 분별해 낼 수 있는가? 설명할 것.

2장
다시 그려보는 교회 모임

> 어떤 제도들은 너무 오래 숭상받도록 자라는 것이 허용되었기 때문에 그 제도를 폐기한다는 생각은 상상할 수도 없는 신성모독이다.
>
> **F. F. 브루스**

> 종교개혁 신학의 총체적 관심은 제도권 교회의 기초를 흔들지 않고 그것의 구조 개편을 정당화하기 위함이었다.
>
> **존 하워드 요더**

그리스도인들이 "교회에 다닌다"고 하는 것은 진부한 말이다. 그들이 이렇게 말하는 것은 종교적인 교회 예배에 참석한다는 뜻이다.

흥미로운 것은 "교회에 다닌다"는 말이나 "교회 예배"라는 말이 신약성서에는 등장하지 않는다는 사실이다. 이 용어는 둘 다 사도들이 세상을 떠난 지 한참 후에 생겨났다. 그 이유는 간단하다: 초기 그리스도인들에게는 그런 개념이 없었다. 그들은 교회를 가야 할 장소로 여기지도 않았고, 그들의 모임을 "예배"로 보지도 않았다.

우리가 초기 그리스도인들이 어떻게 모임을 가졌는지를 이해하려는 눈으로 신약성서를 읽는다면, 그들의 모임에 네 가지 주요 유형이 있었음을 분명히 알 수 있다. 그 유형은 다음과 같다:

사도적 모임. 이것은 모인 사람들에게 사도적 일꾼들이 쌍방향으로 말씀을 전하는 특별한 모임이었다. 그들의 목표는 맨 처음부터 교회를 세우거나, 아니면 이미 세워진 교회를 격려하기 위함이었다. 열 두 사도는 예루살렘에 교회가 태동할 동안 예루살렘 성전의 뜰에서 그런 모임을 가졌다. 행5:40-42 바울은 에베소에서 교회를 개척할 때 두란노 서원에서 같은 유의 모임을 가졌다. 행19:9-10; 20:27, 31 사도적 모임에는 두 가지 주요 특성이 있다. 하나는 사도적 일꾼이 사역의 대부분을 감당한다는 것이고, 다른 하나는 그런 모임이 절대로 영구적이지 않다는 점이다. 그런 모임은 임시적이고 또 장기적인 목표를 갖고 있다. 즉, 그것은 지역에 있는 신자들의 몸이 인간 우두머리 없이 예수 그리스도의 머리되심 아래 역할을 수행하도록 준비시키는 사역이다. 엡4:11-16; 고전14:26 그렇기 때문에, 결국에 가서 사도는 언제나 교회를 그대로 놔두고 떠나게 된다.29)

복음전도를 위한 모임, 1세기 때, 복음전도는 보통 교회의 정기적인 모임 밖에서 이루어졌다. 사도들은 불신자들의 왕래가 잦은 곳에서 복음을 전했다. 그들이 복음을 전하려고 선호했던 장소는 유대인을 위한 회당과 이방인들을 위한 저자거리 같은 곳이었다. 행14:1; 17:1-33; 18:4, 19 복음전도를 위한 모임은 새로운 교회를 개척하려고, 또는 이미 세워진 교회에 수를 더하려고 고안되었다. 이런 모임은 "때에 따라" 행해졌고, 교회의 영구적인 붙박이 행사가 아니었다. 빌립의 사마리아 여행이 이런 모임의 좋은 예이다. 행8:5 이하

의사결정을 위한 모임, 때때로 교회는 중요한 결정을 위해 함께 모일 필요가 있었다. 사도행전 15장에 나오는 예루살렘의 모임이 그런 모임이었다. 이런 모임의 주된 특성은 모든 사람이 의사결정 과정에 참여하고, 사도들과 장로들은 도움을 주는 역할을 감당하는 것이다. 자세한 것은

10장을 참조할 것.

교회 모임, 이런 모임은 교회가 정기적으로 갖는 모임이다. 그것은 우리의 일요일 아침 "교회 예배"에 해당하는 1세기 식 모임이다. 하지만 그 모임은 근본적으로 달랐다.

1세기 교회 모임은 우선적으로 믿는 자들의 모임이었다. 고린도전서 11-14장의 문맥이 이것을 분명하게 해준다. 때때로 불신자들이 참석했겠지만, 그들이 모임의 초점은 아니었다. 바울은 고린도전서 14장 23-25절에서 모임에 불신자들이 참석했음을 잠깐 언급하고 있다.

오늘날의 관행과는 달리, 이것은 목사가 설교하고 다른 사람들은 모두 수동적으로 듣기만 하는 그런 모임이 아니었다. 설교에 초점을 맞추고, 강단에서 회중석을 향하고, 청중이 따로 있는 "교회 예배"의 개념은 초기 그리스도인들과는 거리가 먼 것이었다.

서로 덕을 세움

오늘날 매주 행하는 "교회 예배"는 예배, 설교 듣기, 그리고 때에 따라 복음전도를 위해 고안된 것이다. 그러나 1세기의 교회에서는 교회 모임의 주된 목적이 아주 달랐다. 그 목적은 서로 덕을 세우기 위함이었다. 다음 구절들을 숙고해보라:

> *그런즉 형제들아 어찌할까 너희가 모일 때에 각각 찬송시도 있으며 가르치는 말씀도 있으며 계시도 있으며 방언도 있으며 통역함도 있나니 모든 것을 덕을 세우기 위하여 하라.* 고전14:26 30
>
> *서로 돌아보아 사랑과 선행을 격려하며 모이기를 폐하는 어떤 사람*

들의 습관과 같이 하지 말고 오직 권하여 그 날이 가까움을 볼수록 더욱 그리하자. 히10:24-25

성서에 그려진 교회의 정기모임은 모든 지체가 그리스도의 몸을 세우는데 참여하는 것을 허용했다. 엡4:16 거기엔 눈에 띄는 중요한 지도자가 없었고, 아무도 무대의 중심에 서지 않았다.

오늘날의 관행과는 달리, 교회 모임에서의 가르침은 매 주마다 똑같은 사람에 의해 행해지지 않았다. 그런 게 아니라, 모임에서 사역할 권리와 특권과 책임이 모든 지체에게 있었다. 상호간에 격려하는 것이 이런 모임의 주된 특징이었다. "너희가 모일 때에 각각"이라고 한 말이 그 중요한 특성이었다.

아울러, 초기 그리스도인들이 찬송으로 하나님을 예배하긴 했지만 그것을 전문 음악인들의 리더십에 국한시키지 않았다. 그 대신, 그 모임은 "각 사람"이 찬송을 인도할 수 있도록 허용했다. 고전14:26 그 찬송들 자체도 상호관계의 요소로 특징지어진다. 바울의 권면을 숙고해보라:

그리스도의 말씀이 너희 속에 풍성히 거하여 모든 지혜로 피차 가르치며 권면하고 시와 찬송과 신령한 노래를 부르며 감사하는 마음으로 하나님을 찬양하고. 골3:16

시와 찬송과 신령한 노래들로 서로 화답하며 너희의 마음으로 주께 노래하며 찬송하며. 엡5:19

다시 강조하지만, "서로"피차가 초대교회의 모임에서 지배적인 요소였다. 초기 그리스도인들은 그런 제한되지 않은 분위기 속에서 스스로 찬

송을 지어 모임에서 부르곤 했다.31)

마찬가지로, 성령에 의해 할 말이 주어진 그리스도인 각자에게 자신의 독특한 은사를 통해 그것을 드러낼 자유가 있었다. "너희는 다 모든 사람으로 배우게 하고 모든 사람으로 권면을 받게 하기 위하여 하나씩 하나씩 예언할 수 있느니라"라고 바울은 말했다. 고전14:31

바울이 고린도전서 11-14장에서 1세기 교회 모임의 모습을 드러내주었으므로, 우리는 모든 지체가 적극적으로 관여하는 모임을 보게 된다. 자유함, 열려 있음, 그리고 자발성이 이 모임의 주된 특징이다. "서로"피차가 지배적인 특성이고, 서로 덕을 세우는 것이 그것의 우선적인 목표이다.

그리스도, 신약성서적 모임의 주관자

신약성서적 교회 모임은 전적으로 예수 그리스도의 머리되심에 달려 있었다. 그리스도가 그 무엇보다 철저히 우선이었고, 교회의 중심이자 그 둘레였다. 주님이 지침을 설정하셨고, 일어난 일들을 주관하셨다. 주님의 인도하심이 육안으로는 보이지 않았을지라도, 주님이 확실한 안내자였다.

주님은 이런 모임에서 자신이 택하신 사람을 통해서, 그리고 자신이 적합하다고 판단하신 범위 내에서 자유롭게 말씀하셨다. 주님의 역사를 묶거나 주님을 가두는 고정된 의식 같은 것은 없었다.

그 교회 모임은 "원탁" 원리에 기초했다. 즉, 모든 지체가 기능을 발휘하고 참여하도록 장려하는 모임이었다는 말이다. 이와는 대조적으로, 제도권 교회의 예배는 "강단에서 회중석으로"의 원리를 바탕으로 한다. 그것은 지체들을 활동적 소수와 수동적 다수로 분리시킨다. 이런 이유 때문에, 어떤 사람들은 그것을 "청중 교회"라고 부르기도 한다.

1세기의 모임에서는, 설교든 "설교자"든 관심의 초점이 아니었고 회중의 참여가 신성한 법칙이었다. 그 모임에는 예식이 없고, 의식도 없고, 성례도 없었다. 기계적인 것은 아무것도 없었다. 모든 것이 그리스도의 살아계신 임재 가운데서 나왔다.

그 모임은 하나님의 영이 전적으로 지배하는 유연한 자발성을 반영했다. 주님은 자신이 정하신 몸의 어떤 지체를 통해서든지 자유롭게 역사하셨다.고전14:26, 31 그리고 만일 주님께서 모임 전체를 인도하시는 것이 허용되었다면, 모든 것이 질서있게 되었을 것이다.고전14:40

성령이 모임을 주관하셨으므로 만일 누가 말하고 있을 때 다른 사람에게 계시가 있으면, 그 사람이 자유롭게 끼어들어 자신의 생각을 말할 수 있었다.고전14:29-30 따라서 그 모임에서는 중단되는 것이 흔한 일이었다.고전14:27-40 그런 모임은 오늘날의 제도권 교회에서는 상상도 할 수 없다. 목사가 설교하는 도중에 당신이 끼어들어 말한다면 무슨 일이 벌어질지를 상상해보면 된다.

우리는 신약성서 그 어디에서도 교회 모임이 사람에 의해 좌우되거나 주관될 근거를 찾을 수 없다. 또, 강단을 중심으로 한 사람에 초점을 맞춘 모임의 어떤 성서적 근거도 찾을 수 없다.32)

존 하워드 요더의 말을 숙고해보라:

인간의 모든 공동체가 전문 종교인을 위해 만든 특별한 자리보다 모든 인류 사회를 통과하면서 더 확실하게 변치 않는 것은 거의 없다. ··· 그러나 만일 우리가 신약성서의 그 어떤 책에 그것이 수록된 것을 가정하는지 아닌지의 여부를 묻는다면, 생계를 책임져주는 직책으로서 안수를 통해 독특한 인격을 갖추고, 교회의 정의를 내리

*는 중심에 서있고, 교회의 역할에 있어 열쇠를 쥐는 유일한 사람 또는 몇몇 사람이 차지하는 특별한 직책 하나가 있는가? 성서의 내용에서 그 대답은 완전 부정적이다. … 그러므로 먼저, 분명하고 틀림없는 설교의 개념이 있는지 없는지가 아닌, 다른 사역들 못지않게 명백히 확인 가능한 직책으로서 특별히 설교하는 직분 하나가 신약성서에 있는지의 여부를 물어보기로 하자. 가장 다양한 그림*고린도전후서*에서나 가장 덜 다양한 그림*목회 서신들*에서나 그렇게 정의된 하나의 특별한 사역은 존재하지 않는다.*33)

아마 초대교회 모임의 가장 놀랄 만한 특성은 그 어떤 인간 진행자도 없었다는 사실일 것이다. 예수 그리스도께서 성령에 의해 신자의 공동체를 통해 모임을 인도하셨다. 그 결과는? "서로"피차의 정신이 모임 전체에 두루 퍼졌다. 신약성서가 60번 가량이나 "서로"피차라는 말을 사용한 것은 놀라운 일이 아니다. 각 지체는 그리스도의 어떤 것으로 도움을 줄 특권과 책임이 자신에게 있음을 알고 모임에 참석했다. 말이 난 김에, 여자들은 교회의 모임에 참여할 권리와 특권을 둘 다 갖고 있었다. 자세한 것은 후주를 참조할 것.34)

어떤 사람들은 이의를 제기하며 이렇게 말할 것이다: "그러나 우리 교회에서는 나에게 허용된 사역이 꽤 있습니다." 나의 질문은 이렇다: 모든 지체가 참석한 교회의 주요 모임에서 당신에게 그런 사역이 허용되는가? 당신은 아무 때든지 일어나서 간증이나, 교훈이나, 권면이나, 찬송이나, 아니면 주님께서 당신의 마음에 주신 것은 무엇이라도 자유롭게 말할 수 있는가? 더 중요한 것은, 당신이 이런 것을 하도록 장려하는 분위기인가?

우리가 좀 솔직해졌으면 한다. 신약성서가 그리는 상호간의 사역 개념은 일반적인 제도권 교회에서 장려하는 "평신도 사역"의 궁색한 정의와는 거리가 멀어도 한참 먼 것이다. 대부분의 제도권 교회들에는 "평신도들"로 채워져야 할 자원봉사 자리가 넘쳐난다. 그런 자리로는 목사 사택의 잔디를 깎는 일, 안내위원, 교회당 문 앞에서 악수하는 일, 주보를 나눠주는 일, 주일학교 교사, 성가대원, 경배와 찬양 팀원, 오버헤드 프로젝터의 필름 바꾸는 일, 파워포인트 슬라이드 쏘는 일 같은 것들이 있다.

그러나 이런 한정된 "사역"의 자리들은 초대교회 모임에서 모든 지체에게 주어진 영적 은사들을 자유롭게 드러내놓고 사용하는 것과는 거리가 멀어도 보통 먼 것이 아니다. 함께 모였을 때 교회 전체에 덕을 끼치는 그런 것 말이다.

역할 수행을 하는 제사장제도의 필연성

그렇다면, 초대교회는 왜 그런 식으로 모임을 가졌을까? 그것이 그저 지나가는 문화적 전통이었을까? 그것이 어떤 사람들이 말하듯 초대교회가 유아기였고, 무지했고, 미성숙했음을 대변한 것일까? 나는 납득할 수 없다. 1세기 교회 모임은 성서신학에 깊이 뿌리를 내리고 있다. 그것은 신약성서의 전신자 제사장주의 교리 곧 모든 복음주의자가 입으로 시인하는 그 교리를 구체화하고 실제적으로 만들었다.

그리고 그 교리의 내용은 무엇인가? 베드로의 말을 빌리자면, 그것은 그리스도 안에 있는 모든 신자가 주님께 "신령한 제사"를 드리도록 부르심 받은 영적 제사장이라는 교리이다. 바울의 표현으로, 그것은 모든 그리스도인이 그리스도의 몸에서 역할을 수행하는 지체라는 개념이다.

게다가, 신약성서가 그리는 모두가 참여하는 열린 모임은 우리의 영적 고유 본능이다. 그리스도인 각 사람에게는 다른 그리스도인들과 함께 모여 의식과 인간의 통제에서 자유로운, 열린 분위기 속에서 주님을 나누려는 타고난 영적 본능이 있다. 하나님께서 그들에게 부어주신 것을 그들의 마음 밖으로 쏟아내도록.

과거에 일어났던 부흥을 생각해보라. 만일 당신이 과거의 부흥에 관한 역사를 살펴본다면, 그것들이 얼마동안 전통적인 교회 예배 전체를 바꿔놓았음을 발견할 것이다. 설교자들이 여러 달 동안 설교하는 것을 중단했다. 그 대신, 하나님의 사람들이 모여서 찬양하고, 간증하고, 몇 시간에 걸쳐 주님에 관해 나누었다. 그런 모임은 자발적이었고, 열려 있었고, 누구나 참여할 수 있었다. 거기엔 인간의 통제가 없었다.

이런 일이 왜 일어났는가? 그것은 하나님의 사람들이 자신들을 그들의 영적 본능에 맡겼고, 그들 중 그 누구도 밀물처럼 밀어닥치는 성령의 역사를 막을 수 없었기 때문이다. 유감스러운 것은 그런 부흥의 물결이 잦아든 후에 오백년 묵은 개신교 예배 순서가 빠르게 복원되고 거의 모든 곳에서 열린 모임이 사라져버렸다는 사실이다.

실은, 1세기 교회 모임은 창세 전에 삼위일체 하나님 안에서 벌어지던, 자신을 비우며 생명과 사랑과 교제를 주고받는 것의 반영이다. 성령에 의해, 아버지는 영원히 아들에게 자신을 쏟아 부으시고, 아들은 영원히 아버지께 자신을 쏟아 부으신다. 초대교회 모임을 특징짓는 상호간의 교제와 삶의 나눔은 이 신성한 교류가 지상에서 표현된 것이었다.

이것에 덧붙여서, 초대교회 모임은 공동체적으로나 개인적으로나 영적 성장을 일으킨 하나님께서 만드신 환경이었다.엡4:11-16 우리는 그리스도의 몸에 속한 다른 지체들이 우리에게 그리스도를 드러낼 때 하나님의 충만하심으로 자라나게 된다.엡3:16-19 그러나 우리는 또한 우리가 기능을 발휘할 때 자라난다.막4:24-25

이와는 대조적으로, 일반적인 제도권 교회에서 신자의 영적 양식은 한

두 사람이 영적, 학문적으로 준비한 것에 국한되고 또 그것에 달려 있다: 목사와 성경교사. 이것이 현대 제도권 교회에서 왜 삶의 변화가 거의 일어나지 않는지 그 이유 중 하나가 아닐까?35)

존 하워드 요더는 그리스도의 몸에 속한 모든 지체가 사역하는 것의 표준적 성격에 관해 언급하면서 다음과 같이 피력했다: "각양각색의 사역들이 단순한 아디아포론adiaphoron, 즉 오직 표면상으로만 중요한, 우연히 생긴 것이 아니라 교회 모임을 위한 특별한 은혜의 역사이자 표준이라는 결론은 불가피하다."36) 물론 그리스도인들은 교회 모임 밖에서 역할을 수행할 수 있고 또 그렇게 해야 마땅하다. 그러나 교회의 모임은 믿는 각 사람이 자신의 은사를 통해 그리스도를 표현하도록 특별히 고안된 것이다.고전11-14장; 히10:24-25 유감스럽게도, 제도권 교회는 대개 "서로"피차를 오직 교회 예배 밖으로 밀어낸다. 그리고 이렇게 해서 신자 공동체의 영적 성장을 방해한다.

종교개혁이 전신자 제사장주의의 진리는 회복시켰지만, 이 가르침을 실현하는 유기적인 관습들을 부활시키는 데는 실패하고 말았다. 전신자 제사장주의를 보는 종교개혁의 관점은 개인주의적이었지, 공동체적이 아니었다. 그것은 구원론구원에 국한되었고, 교회론교회은 포함하지 않았다. 종교개혁자들이 전신자 제사장주의의 기반은 주장했지만, 그 기반을 차지하는 데는 실패했다. 일반적인 개신교 교회에서, 전신자 제사장주의 교리는 사장된 진리에 불과하다. 차라리 "몇몇 신자들을 위한 제사장주의"라고 표현하는 게 나을 것이다.

진실로 신약성서가 그리는 모두가 참여하는 열린 교회 모임보다 더 영적인 삶의 문화에 도움이 되는 것은 거의 없다. 하나님께서는 온전히 갖춰진 제사장제도를 통해서 그리스도를 표현하는 것의 영광스런 실체를 구현하시고자 모두가 참여하는 열린 모임을 제정하셨다.

히브리서 기자는 몸 안에서의 상호간의 참여가 각 지체의 영적 형성과정에 필수 불가결하다는 것을 풍부하게 보여준다. 그는 상호간의 권면이 하나님께서 주신, 배도하는 것을 방지하는 해독제이고, 견뎌내게 하는 요건이고, 개인의 영적 생활을 계발시키는 수단임을 가르쳐주고 있다:

> 형제들아 너희는 삼가 혹 너희 중에 누가 믿지 아니하는 악한 마음을 품고 살아 계신 하나님에게서 떨어질까 조심할 것이요 오직 오늘이라 일컫는 동안에 매일 피차 권면하여 너희 중에 누구든지 죄의 유혹으로 완고하게 되지 않도록 하라. 히3:12-13

여기서 상호간의 권면이 완고한 사람들, 즉 믿지 않고 악한 마음을 가진 사람들을 위한 구제책이라고 말한다. 같은 맥락에서, 신약성서는 상호간의 권면을 고의로 죄 짓지 않도록 하나님께서 주신 예방 수단으로 제시한다:

> 서로 돌아보아 사랑과 선행을 격려하며 모이기를 폐하는 어떤 사람들의 습관과 같이 하지 말고 오직 권하여 그 날이 가까움을 볼수록 더욱 그리하자 우리가 진리를 아는 지식을 받은 후 짐짓 죄를 범한 즉… 히10:24-26

수많은 성직자가 이 구절을 보통 "예배에 참석하는 것"의 중요성을 강조하려고 사용하지만, 이 구절의 나머지 내용은 기분좋게 무시해왔다. 이 본문은 강단에서 외치는 설교를 듣는 것이 아닌 상호간의 권면이 교회 모임의 일차적 목적임을 말한다. 그리고 상호간의 권면이 고의로 죄 짓지 않도록 하나님께서 정하신 억제제이다.

나의 개인적인 판단으로는, 우리가 위험을 감수하고 이 구절의 온전한 가르침을 외면하는 것 같다. 그 이유는 간단하다: 우리의 영적 성장이 상호간에, 그리고 모든 지체가 역할을 수행하는 것으로 특징지어지는 공동체 모임에 달려 있기 때문이다.

충만하심 가운데 예수 그리스도를 나타냄

교회의 헬라어 단어는 에클레시아ekklesia인데, 문자적으로 "모임"이라는 뜻이다. 이것이 바울이 쓴 편지들의 지배적인 사상인 교회가 공동체적으로 표현된 그리스도라는 것과 잘 맞아떨어진다. 고전12:1-27; 엡1:22-23; 4:1-16

인간의 관점에서 보면, 교회 모임의 목적은 상호간에 덕을 세우는 것이다. 그러나 하나님의 관점에서 볼 때는 영광스런 아들을 나타내고 눈에 보이게 하기 위함이다. 교회는 몸이고, 그리스도는 머리이다. 몸의 목적은 그 안에 있는 생명을 드러내기 위함이다.

달리 표현하자면, 우리는 주 예수님이 충만하심 가운데 자신을 드러내시도록 함께 모이는 것이다. 그리고 이것이 이루어질 때 몸은 덕을 세우게 된다.

그리스도가 적절하게 표현될 유일한 방법은 교회의 모든 지체가 자신에게 주어진 주님의 이미지를 자유롭게 공급하는 것임을 주목하라. 착각은 금물이다: 주 예수님은 단 하나의 지체를 통해서는 온전히 나타나실 수 없다. 주님은 그 정도로는 감당할 수 없는 한참 부요하신 분이시다. 엡3:8

따라서 만일 모임에서 손이 역할을 수행하지 않는다면 그리스도께서 충만히 나타나실 수 없을 것이다. 마찬가지로, 만일 눈이 역할 수행에 실패한다면 주님께서 자신을 계시하시는데 제한을 받으실 것이다. 반면에, 지역 모임의 모든 지체가 모임에서 기능을 발휘할 때 그리스도가 드러난다. 주님이 눈에 보이게 나타난다는 말이다. 왜 그런가? 주님이 우리 가운데서 결합되었기assembled 때문이다.

그림 맞추기에 비유해보자. 그림 조각 하나하나가 다른 조각들과 함께 딱 맞게 결합될 때 그림맞추기가 완성된다.assembled 종국에는, 우리가 그림 전체를 보게 된다. 그리스도와 그분의 교회도 마찬가지이다.

그렇기 때문에, 교회 모임의 최종 목적은 보이지 않는 그리스도를 그분의 몸을 통해 보이게 하는 것이다. 달리 표현하자면, 우리가 주 예수 그리스도를 이 땅에서 다시 결합시키려고 함께 모이는 것이다. 이것이 이루어질 때, 그리스도께서 자신의 성도들 안에서 영광받으시고 각 지체는 덕을 세울 뿐만 아니라, 보이지 않는 세계에서도 뭔가 벌어지게 된다: 하늘에 있는 정사와 권세들이 수치를 당하게 된다!

바울은 하나님의 각종 지혜가 교회를 통해 하늘에 있는 악의 영들에게 알려지게 되었다고 우리에게 말해준다. 교회는 모두가 참여하는 열린 모임을 통해, 예수 그리스도하나님의 지혜가 구현된 존재께서 한때 하나님의 원수에게 속했던 타락한 인류를 인도하실 만큼 살아계심을 다른 차원의 세계에 드러낸다. 이것이 하나님께 큰 영광을 돌려드리는 것이고, 이것이 하나님의 영원한 목적에서 핵심이다. 바울이 표현한 다음 구절들을 보라:

> *그리스도는 하나님의 능력이요 하나님의 지혜니라.* 고전1:24

> *이는 이제 교회로 말미암아 하늘에 있는 통치자들과 권세들에게 하*

나님의 각종 지혜를 알게 하려 하심이니 곧 영원부터 우리 주 그리스도 예수 안에서 예정하신 뜻대로 하신 것이라. 엡3:10-11

우리의 씨름은 혈과 육을 상대하는 것이 아니요 통치자들과 권세들과 이 어둠의 세상 주관자들과 하늘에 있는 악의 영들을 상대함이라. 엡6:12

모두가 참여하는 열린 모임이 사전 준비의 개념을 배제하는 것은 아니다. 또는 그 모임이 무질서해야 되는 것도 아니다. 바울은 고린도전서 14장에서 모임을 질서 있게 진행하도록 고안된 몇 가지 포괄적인 지침을 설정한다.

바울의 생각엔, 모두가 참여하는 모임과 교회에 덕을 세우는 질서 있는 모임 사이에는 아무런 긴장이 없다. 모임의 질서는 유기적인 것이다. 그것은 각 지체가 몸 전체에 덕 세우기를 추구하는 데서 비롯된 부산물이다.

내용에 대하여 말하자면, 모임은 그리스도를 중심으로 진행되었다. 나누는 모든 말은 주님을 비추었고, 부르는 모든 찬송으로 주님께 영광을 돌렸으며, 모든 기도는 주님을 드러내는 것이었다. 모임이 흘러가는 방향은 전부 주님을 가리켰다. 초기 그리스도인들은 주중에 경험한 내재하는 그리스도의 생명을 서로 나누려고 함께 모였다.

이런 점에서, 초대교회 모임은 출구의 역할을 했다. 넘쳐나는 영적 생명의 충만함을 나누고 방출하는 현장이었다.

당신은 주님에 관한 영감을 받은 적이나 주님과의 만남을 경험한 적이 있는가? 다른 사람들과 나누지 않으면 가슴이 터질듯 한 상태까지 가도록 당신을 영적으로 충만하게 한 그런 감동 말이다. 만약 그런 적이 있다면, 교회 전체가 이것을 경험한다고 그냥 상상해보라. 여기에 교회 모임의 가장 핵심적인 특징이 놓여있다: 모두에게 복이 미치도록 영적 생명이 분출되기를 허용하는 것. 삼위일체 하나님 안의 인격체들이 상호간에 사심 없이 생명을 쏟아 붓듯이, 교회 안의 지체들도 그들의 모임에서 똑같이 하는 것.

이런 점에서, 신약성서적 교회 모임에 참여하는 것은 받는 것보다 더 많이 주는 것을 의미한다. 오늘날의 통속적인 관습과는 달리, 초기 그리스도인들은 "성직자"라고 불리는 종교 전문가 계층에게서 받으려고 "예배"에 참석하지 않았다. 그들은 주님의 생명에 관한 것을 형제자매에게 주면서 그들을 섬기려고 모였다. 그렇게 함으로써, 그들은 교회가 세워지기를 바랐다. 롬12:1-8; 고전14:26; 히10:24-25

지탱시키는 힘에 관한 질문

일반적인 제도권 교회에서는 교회 프로그램의 종교적 장치가 교회 제반 사역에 활기를 불어넣고 추진하는 힘이다. 결과적으로, 만일 하나님의 영이 일반적인 제도권 교회를 떠나는 일이 벌어진다면, 그의 부재를 아무도 알아차리지 못할 것이다.

"여느 때나 다름없는" 프로그램이 꾸준히 지속될 것이다. 예배 프로그램은 영향을 받지 않을 것이고, 의식도 제지받지 않고 진행될 것이다. 설교도 계속되고 송영도 불러질 것이다. 회중은 옛 삼손처럼 "여호와께서 이미 자기를 떠나신 줄을" 깨닫지 못하고삿16:20 종교적 프로그램을 따라갈 것이다.

이와는 대조적으로, 초대교회 모임을 유일하게 지탱해준 힘은 성령의 생명이었다. 초기 그리스도인들에겐 성직자도 없었고, 예법도 없었고, 프로그램도 없었고, 의식도 없었다. 그들은 교회의 존재와 모임의 질을 유지하기 위한 지체들 개인의 영적 생활에 전부를 의지했다.

따라서 만일 교회의 영적 삶이 저하되면 모두가 모임에서 그것을 알아차렸을 것이다. 그들은 침묵의 냉랭한 분위기를 간과할 수 없었다. 더구나, 만약 하나님의 영이 모임을 영구히 떠났더라면 교회가 완전히 붕괴하고 말았을 것이다.

간단히 말해서, 1세기 교회에는 성령의 생명 외에는 지탱하는 영향력이 없었다. 기세를 몰아가고자 성직자가 인도하고, 사람이 프로그램을 짜고, 사람이 계획하고, 제도적으로 활기를 불어넣는 시스템에 의존하지 않았다.

모세의 성막이 하나님의 생명보다는 오히려 제도에 의해 돌아가는 그런 교회들을 비춰주는 완벽한 거울이라 할 수 있다. 하나님의 임재가 거룩한 장막을 떠났을 때, 그 장막은 멋진 외관만 남은 텅 빈 껍데기에 불과했다. 주님의 영광이 떠났을지라도, 예배자들은 하나님께서 계시지 않다는 것을 전혀 알아차리지 못한 채 그 비어있는 성막에서 계속 제사 드렸다.대상16:39-40; 대하1:3-5; 렘7:12-14

이런 식으로, 제도권 교회의 결함은 인간이 고안해 낸 프로그램에 의해 돌아가는 종교제도를 의존하는 것에 놓여 있다. 하나님의 영의 부재에도 "교회" 구조를 떠받치는 역할을 하는 그런 종교제도. 이런 때 묻은 제도는 다음과 같은 사실에 등을 돌린다. 예수 그리스도의 자발적인 생명이 그리스도인의 모임에서 사라져버리면, 그 모임은 아무리 외적 형태를 고수한다 할지라도 성서적으로 볼 때 교회로서의 역할 수행을 그친 것이다.

성직자들의 거부반응

신약성서가 초대교회 모임을 모두가 참여하는 열려 있고 자발적인 것으로 그리지만, 많은 현대 성직자는 오늘날 그런 모임에 대해 인정하기를 거부한다. 그 주제에 대한 성직자들의 생각은 종종 이런 식으로 전개된다: "만일 내가 우리 교인들에게 그들의 은사를 사용하는 열린 모임을 허용한다면, 크나큰 혼란이 생기게 될 것이다. 사람들이 통제 불가능한 상태에 처하지 않도록 예배를 통제하는 것 외에 내게는 다른 선택이 없다."

어떤 사람들은 이렇게 고백했다: "저는 한때 내 교인들과의 열린 모임을 시도해보려고 했습니다. 그런데 그게 되지 않더군요."

이런 거부반응들은 하나님의 교회론을 크게 오해한 데서 비롯된 것이다. 첫째, 성직자가 하나님 사람들의 모임에서 그의 동료 형제들의 역할 수행을 "허용"하거나 "금지"할 권위를 가졌다는 개념은 권위의 왜곡된 이해에 기초한다. 우리는 제 2부에서 이 점에 관해 더 고찰할 것이다. 그 어떤 사람도 성령이 내려준 은사들을 사용하는데 있어 믿는 제사장들을 허락하거나 금하거나 할 권리가 없다. 더 나아가서, 하나님의 사람들을 "내 교인"이라고 일컬을 권리를 가진 사람은 아무도 없다.

둘째, 성직자의 통제가 없으면 혼란이 야기될 것이라는 가정은 성령에 대한 신뢰의 결핍에서 비롯된다. 아울러 그것은 신약성서의 관점에 위배된, 하나님의 사람들에 대한 신뢰의 결핍을 드러낸다. 롬15:14; 고후2:3; 7:6; 8:22; 갈5:10; 살후3:4; 몬21; 히6:9

셋째, 교회 모임이 무질서한 난장판이 될 것이라는 생각은 전혀 사실이 아니다. 그러나 그것은 매우 중요한 요소에 달려 있다: 하나님의 사람들은 그리스도의 머리되심 아래 역할을 수행하도록 적절하게 훈련되어야 한다.

그렇다면, 내가 관찰한 것을 그대로 말해보겠다: 만일 어떤 목사가 그의 교회에서 열린 모임을 도입한다면, 나는 그것이 왜 되지 않을지를 잘 알 수 있다. 그 이유는 간단하다. 아마 그가 그리스도의 머리되심 아래 역할을 수행하도록 하나님의 사람들을 훈련하지 않았기 때문일 것이다.

그리스도인들은 매주 회중석에서 입을 닫고 앉아서 설교를 듣는 것으로는 훈련되지 않는다. 그런 게 아니고, 하나님의 사람들은 그들에게 어떻게 주님과 교제하는지, 그리고 모임에서 어떻게 역할을 수행할지 가르쳐줄 수 있는 그리스도인 일꾼들에 의해 훈련된다. 그런 일꾼들이 성도들을 훈련하는 것이다. 엡4:11-16 그리고 나서, 그들은 현대 목사들은 감히 상상도 할 수 없는 뭔가를 한다. 즉, 그들은 교회를 그 상태로 놔두고 떠난다. 행13-20장

물론, 모두가 참여하는 열린 모임은 주보에 기록된 대로 차질 없이 진행되는 전통적인 교회 예배처럼 언제나 점잖고 고상하지는 않을 것이다. 그럼에도, 그런 모임은 인간이 짜낼 수 있는 그 어떤 것보다도 그리스도의 충만하심을 훨씬 더 잘 드러낼 것이다.

1세기 식의 모임에서, 도움 되지 않는 것을 사역이랍시고 가져오는 사람들도 있을 것이다. 이것은 특히 교회생활의 유아기 때 그럴 수 있다. 그러나 이것의 해독제는 참여하지 못하도록 열린 모임의 뚜껑을 닫아버리는 것이 아니다. 참여도가 지나치고 덕을 세우지 못하는 것을 내놓는 사람들에겐 지침을 줘야 한다. 기초를 놓는 단계에서는, 이것이 주로 교회를 개척한 사람들의 어깨에 달려 있다. 나중에는 그것이 모임의 연장자와

더 성숙한 사람들에게로 옮겨갈 것이다. 9장을 참조할 것

바울이 고린도의 난처한 상황을 어떻게 처리했는지를 상기하라. 사도는 모임을 폐쇄한 다음 그들에게 예배 의식을 부과하지 않았다. 아니면 모임을 주도할 사람을 소개하지도 않았다. 그 대신, 바울은 모임에서 질서를 유지하고 덕을 세우기 위한 전반적인 지침 여러 개를 그의 동료 형제들에게 주었다. 고전14:1 이하

더 나아가서, 바울은 교회가 그 지침들을 충실히 이행할 것이라고 확신했다. 이것은 중요한 원리 하나를 제공한다. 1세기의 모든 교회는 일반적인 문제들을 헤쳐 나가는데 있어 원하면 언제든지 순회하는 사도적 일꾼의 도움을 받을 수 있었다. 때로는 그 일꾼들의 도움이 편지 형식으로 왔고, 또 어떤 때는 일꾼 자신이 직접 방문함으로써 도움을 받았다.

오늘날의 일꾼들도 모임에서 어려움을 겪는 교회들에 비슷한 지침을 제공한다. 그리고 그 지침은 개성이 강한 사람들의 영향력 아래에 모임을 두는 대신 성령의 손에 되돌려 주고자 고안된 것이다.

그런 지침이 주어져서 실시될 때 인간의 주도나, 고정된 예배 의식이나, 잘 짜인 예배는 필요없다. 다시 강조하거니와, 1세기 방식의 교회 모임을 거부하려는 경향은 성령에 대한 신뢰의 결핍을 드러내는 것이다.

개인적인 예를 들어 미안하지만, 나는 유기적 교회와 함께 해온 모든 날 동안 예배 의식이나, 다른 의식, 또는 사람이 주재하는 것을 의존해야 한다고 느꼈던 적이 단 한 번도 없다. 내 사역의 대부분은 하나님의 사람들이 역할을 수행하도록 훈련하는 것이었다. 이것엔 지나치게 참여도가 높은 사람들은 좀 뒤로 물러설 수 있게 돕고, 참여도가 낮은 사람들은 더 자주 기능을 발휘하게 격려하는 것이 포함된다.

민수기 11장에 보면, 성서에서 성직주의가 최초로 등장한다. 하나님의 종 엘닷과 메닷 이 두 사람이 하나님의 영을 받고 예언하기 시작하는

데,민11:26-27 이때 열성적인 젊은이가 서둘러 "그들을 말리소서"민11:28라고 모세에게 고했다. 이에 모세는 그렇게 금하는 젊은이를 책망하며 하나님의 모든 백성이 하나님의 영을 받고 예언해야 한다고 말했다.

모세의 바람은 오순절에 성취되었다.행2:17-18 그리고 1세기 내내 그 성취는 계속되었다.행2:38-29; 고전14:1, 31 유감스러운 것은 엘닷과 메닷이 주님의 집에서 사역하는 것을 또다시 억누르려 하는 사람들이 하나님 나라에 넘쳐난다는 사실이다.

머리되심 대 주 되심 Headship vs. Lordship

성서는 그리스도의 머리되심과 주 되심을 신중하게 구분한다. 신약성서를 통틀어, 그리스도의 머리되심은 사실상 언제나 주님과 주님의 몸을 염두에 둔다.엡1:22-23; 4:15; 5:23; 골1:18; 2:19 그리스도의 주 되심은 사실상 언제나 주님과 주님의 제자 개개인을 염두에 둔다.마7:21-22; 10:24-25; 눅6:46

주 되심이 개인에게 주는 의미가 곧 머리되심이 교회에게 주는 의미이다. 머리되심과 주 되심은 동전의 양면과 같다. 머리되심은 하나님 사람들의 공동체적 삶에서 역사하는 주 되심이다.

이 구분이 오늘날 교회 관습의 문제를 밝혀주기 때문에 잘 파악하는 것이 중요하다. 그리스도인들이 그리스도의 주 되심에 대해서는 알면서도 머리되심에 대해서는 전혀 알지 못하는 것은 아주 흔한 일이다. 믿는 자는 자신의 개인적인 삶에서 예수님의 주 되심에 복종할 수 있다. 그가 성서에서 이해한 것을 복종할 수도 있고, 열심히 기도할 수도 있고, 자신을 희생하며 살 수도 있다. 하지만 동시에, 그는 나눔 사역, 상호간의 복종, 진실 된 공동체, 또 공동체적 간증에 관해 아무것도 알지 못할 수 있다.

　최종적으로 볼 때, 예수님의 미리되심에 복종하는 것은 교회생활과 실천에 관하여 주님의 뜻에 응답하는 것을 의미한다. 그것은 하나님께서 교회를 설계하신 방식에 우리 자신을 복종시키고, 또 우리 자신을 그 설계하신 것에 바친다는 뜻이다.

　그리스도의 머리되심에 복종하는 것은 예수님이 믿는자 개개인의 주님일 뿐만 아니라, 또한 주님의 교회에서 실제로 역할을 수행하는 머리라는 신약성서적 실체를 구체화한다.

　내 친구이자 멘토인 스티븐 캉은 다음과 같이 멋지게 표현했다:

> *사람들은 하나님의 말씀이 그들에게 하나님 앞에서 개인적으로 어떻게 살아야 하는지를 보여준다고 믿지만, 그들의 공동체적인 삶에 관해서만큼은 하나님께서 "그것은 네 소관이니 네가 원하는대로 하라"고 말씀하신 것으로 생각한다. 그리고 이것이 바로 우리가 오늘날 기독교에서 보는 것이다; 우리의 공동체적인 삶에 관해 안내해주는 원리는 없고, 모든 사람이 제각각 자신이 보기에 옳은 대로 행한다. 그러나 친애하는 형제자매여, 우리는 개인적으로 구원을 받았지만 또한 공동체적으로 부르심 받았다. 하나님의 말씀에는 우리의 개인적인 삶 못지않게 공동체적 삶을 주관하는 가르침과 본보기가 풍부하다.*[37]

　이런 이유들 때문에, 나는 현대 복음주의가 전신자 제사장주의 교리를 단지 지적으로만 수용해왔다고 믿는다. 그러나 현대 복음주의는 아주 확고하게 자리 잡은 전통들의 교묘한 함정 탓에 그것을 실제적으로 적용하는 데는 실패하고 말았다.

오늘날 그것은 어떤 모습인가?

나는 지난 20년 넘게 모두가 참여하는 열린 교회 모임 수백 군데에 참석하는 특권을 누려왔다. 그 중에 깜짝 놀랄 정도로 영광스러운 모임들도 있었는데, 그 모임들은 나의 뇌리 속에 각인되어 있다. 또 그 중엔 괜찮은 모임들도 있었고, 끔찍한 모임들도 있었다. 물론 입에 담을 수 없는 모임들도 있었다!

제도권의 "교회 예배"는 본질적으로 흠이 없는 반면, 유기적 교회의 모임은 각 지체의 영적 상태와 준비에 따라 가지각색이다.

여기에 사도적 일꾼의 임무 중 하나가 놓여있다. 그것은 바로 하나님의 사람들이 그리스도의 충만하심 가운데 그분을 표현하는 자유롭고 질서 있는 모임에서 함께 기능을 발휘하도록 그들을 훈련하는 것이다.

나는 유기적 교회에서 모임을 갖고 또 그런 교회를 개척해온 모든 날 동안, 그리스도의 머리되심 아래서 갖는 모임이 어떤 모습인지를 전혀 본 적이 없는 사람들에게 정확히 설명할 방법이 없음을 발견하게 되었다. 그럼에도, 영광스러운 모임이 풍길 수 있는 정취를 당신에게 주게 될 어떤 모임의 그림을 성심껏 그려보고자 한다.

약 십년 전, 교인이 스물 다섯 명쯤 되는 교회가 어느날 저녁에 집에서 함께 모임을 가졌다. 내가 격주로 "사도적 모임"을 열어 이 그룹에게 예수 그리스도를 가르쳐주면서 일년 반을 보낸 시점이었다. 그 사역의 목표는 이 새로운 교회가 머리 노릇을 하는 사람 없이 그 스스로 역할을 수행하게끔 훈련하는 것이었다.

그날이 이르러 교회가 스스로 그 첫 번째 모임을 가지게 되었고, 나는 참석하지 않게 되어 있었다. 그렇지만, 나는 아무도 눈치 채지 못하게 몰래 방 안으로 들어가서 소파 뒤에 숨었다. 만일 내가 그 자리에 있으면 그들이 기능을 발휘하는 것에 영향을 주게 될 것 같아서 그렇게 한 것이다.

이것은 교회를 개척한 사람이 특히 교회가 시작되고 나서 초기에 몇 년 동안 그 자리에 있을 때 보통 있는 현상이다.

그 교인들은 함께 모여서 노래로 모임을 시작했다. 노래는 무반주a cappella였는데, 한 자매가 찬송을 부르기 시작하면서 모임은 시작되었다. 모두가 그녀와 함께 불렀다. 그리고 한 사람씩 기도를 한 다음, 한 형제가 다른 찬송을 부르기 시작했다. 이때쯤 되어서는 모두가 다 일어났고 또 여러 사람이 기도를 했다. 찬송도 여러 곡 더 불렀다. 노래를 부르는 동안, 또 다른 사람들이 노래 가사에 기초해서 짧은 격려의 말을 나누었다. 감동이라는 말로 그것을 표현하기엔 부족할 것이다. 거기엔 찬송 인도자가 없었는데도 모두가 참여하여 자유롭게, 그리고 자발적으로 하나님께 찬양을 드렸다.

그들은 얼마동안 노래를 한 다음, 모두 자리에 앉았다. 그리고 즉시 한 자매가 일어서서 얘기를 시작했다. 그녀가 주중에 어떻게 그리스도를 그녀의 생수로 찾게 되었는지에 관해 나누었다. 그녀가 요한복음 4장에서 몇 구절을 읽었는데, 그 본문에 기초해서 나누기 시작했을 때 다른 자매 두 명이 끼어들어 같은 본문과 주제로 자신들의 경험에서 나온 감동을 나누었다. 하지만 그들이 그리스도에 관해 나눈 것은 각기 달랐다.

처음 자매가 얘기를 끝냈을 때 한 형제가 일어나서 말하기 시작했다. 그 형제도 생수이신 주님에 관해 나누었는데, 요한계시록 22장을 기초해서 얘기했다. 그가 몇 분 동안 말한 후에 한 자매가 일어나더니 그 형제가 나눈 것에 덧붙여서 얘기하기 시작했다. 이렇게 해서 한 시간 이상 지속되었다. 한 사람씩, 그리고 끊이지 않고, 그리스도 안의 형제자매들은 일어나서 주 예수 그리스도를 만난 자신의 영적 경험을 나누었다. 그들 모두가 생수이신 주님을 드러냈다.

어떤 사람들은 시를 써서 나누었고, 또 노래로, 이야기로, 성서 말씀

으로 나눈 사람들도 있었고, 기도를 올린 사람들도 있었다

소파 뒤에서 이 모든 것을 들은 나는 눈물을 참을 수 없었다. 나는 받은 감동이 커서 울기 시작했다. 그 모임은 전율을 느끼게 했다. 그것은 마치 흐르는 강물이 그 방 안으로 쏟아져 들어와서 막을 수 없는 것과 같았다. 나는 주님의 임재와 은혜를 감지할 수 있었다. 그 나눔은 풍부했고, 충만했고, 살아있었고, 활기가 넘쳤다. 그 자리에서 나눠진 영광스러운 말들을 그대로 기록할 펜과 종이가 있었으면 얼마나 좋았을까! 그들 중 상당수가 독창적인 통찰력으로 촉각을 곤두세웠다. 그러나 나는 그저 경이로움 속에 듣고 있었다.

놀라운 것은 아무도 이 모임을 인도하지 않았다는 사실이다. 책임지고 모임을 거들어주는 존재도 없었다. 사람 중에는 그런 존재가 없었다는 말이다. 그리고 그것은 놀라울 정도로 그리스도 중심이었다.

그 모임은 마침내 마무리할 때가 되었고, 누군가가 일어나서 노래를 하기 시작했다. 그 자리의 다른 사람들도 일어서서 함께 노래할 무렵, 나는 슬그머니 그 방을 빠져나왔다. 그 중 몇 사람만이 내가 왔었다는 것을 알아차렸다. 그 다음 주에 교회와 함께 모였을 때 내가 그 모임에 있었음을 그들에게 고백했다. 교회는 그 모임을 위해 미리 준비를 했다. 그들은 그 모임을 준비하려고 그 전 주중에 둘씩 짝이 되어 함께 주님을 추구했다. 그 결과가 각 지체가 속해 있는 주님의 몸을 통해 주 예수 그리스도를 드러낸 영적인 삶의 집합적인 폭발이었다.

이 그리스도인 그룹이 내가 처음 그들과 함께 했을 때는 이런 모임을 할 수 없었음을 이해했으면 한다. 그 때는 그들 대부분이 수동적이고 조용한 것에 익숙했고, 개성이 강한 몇 사람이 나눔을 주도했다. 그러나 그들이 일 년 반 동안 실제적이고 영적인 사역을 받은 후에는, 함께 주님을 알고, 조화를 이루며 기능을 발휘하고, 자신들의 입을 열고, 질서 있게

살아계신 그리스도를 나누도록 훈련되었다. 그리고 그 결과로 하나님께서 높임을 받으셨다.

나는 이런 유의 모임과 그런 모임에서 표현된 폭넓고 다양한 예들을 얼마든지 더 증언할 수 있다. 그렇지만, 나는 우리 시대에 어떻게 교회의 모임이 주님의 살아계신 머리되심 아래 될 수 있는지에 대해 당신이 이제는 뭔가 느낌이 있으리라 믿는다.

짚고 넘어가야 할 질문들

? 주로 한 사람의 설교와 잘 구성된 "예배 인도 팀"에 의한 예배 프로그램을 중심으로 펼쳐지는 우리의 현대 교회 예배가 신약성서적 교회의 핵심 원리들을 반영하는가? 아니면 그것이 신약성서적 교회의 핵심 원리들과 불일치하는가? 설명할 것.

? 어째서 모두가 참여하는 열린 모임이 초기 그리스도인들에게는 좋았는데 오늘날 우리에게는 시행될 수 없는 것일까? 설명할 것.

? 당신이 속한 교회는 사람에 의해 주도되거나 인도되지 않는 자유롭고 열려있는 환경 속에서 하나님께서 당신에게 보여주신 것을 형제자매와 함께 나누는 출구로서의 모임을 당신에게 제공하는가? 설명할 것.

? 당신이 속한 교회가 현재 행하는 관습은 온전히 예수 그리스도의 머리되심을 표현하는가, 아니면 사람이 머리 노릇 하는 것을 표현하는가? 설명할 것.

3장
다시 그려보는 주의 만찬

공동체가 그 교제에 물리적인 표현을 부여할 수 있는 가장 가시적이고 심오한 방법은 공동식사이다. "식사"라는 뜻을 가진 "데이프논deipnon"이라는 말고전11:20은 그것이 상징적인 식사지금까지 그렇게 되어왔듯이 또는 식사의 일부때때로 그렇게 상상되듯이가 아니라 완전하고 통상적인 식사라는 것을 우리에게 말해준다.

로버트 뱅크스

신약성서에서 주의 만찬은 식사이다. 그 의식을 위한 적절한 환경은 식탁이고, 우리 서구 문화에서 적절한 몸가짐은 앉는 것이다.

I. 하워드 마샬

당신이 속한 교회가 어떻게 주의 만찬을 거행하는지를 생각해보라. 당신은 아마 그것을 유카리스트, 성찬, 아니면 떡 떼기라고 부를 것이다. 당신은 당신의 신앙적 배경에 따라 주의 만찬을 매 주마다, 매 달마다, 아니면 주기적으로 거행할 것이다. 만일 당신이 개신교인이라면, 그것이 일반적으로 포도주스또는 포도주를 담은 자그마한 유리컵과 한입 크기의 과자나 크래커로 이루어질 것이다.

우리는 이 장에서 초기 그리스도인들이 주의 만찬을 어떻게 거행했는지, 그리고 그것이 그들에게 어떤 의미였는지를 살펴볼 것이다. 주의 만찬이 초대교회의 삶에서 아주 특별한 위치를 차지했음에는 논란의 여지가 없다. 이것은 그들이 그것을 정기적으로 거행했다는 사실에서 확인된다. 드로아에 있던 교회는 그것을 매주 거행했다.행20:7 예루살렘교회와 고린도교회는 그것을 정기적으로 거행했다.행2:42; 고전11:20-21, 33 그리고 예수님 자신은 주의 만찬을 소홀히 여기지 말아야 함을 역설하셨다.눅22:19-20

주의 만찬이 초대교회에서 그토록 중요한 위치를 차지한 이유는 그것이 그리스도인의 삶에서 주된 특성들을 구체화하기 때문이다. 이제 그 중 몇 가지를 살펴보기로 하자.

부서진 빵 The Broken Bread

주의 만찬은 떡 떼는 것the breaking of bread을 포함한다.마26:26; 고전10:16 부서진 빵the broken bread은 예수님의 인성을 가리킨다. 영광의 아들께서 스스로 종의 형체를 가지셨다. 전능하신 분께서 사람이 되심으로 자신을 낮추셨다.

음식 중에서 가장 기본적이고 보잘것없는 빵bread은 우리 주님이 자신을 낮추신 것과 자신을 내놓으신 것을 가리킨다. 예수 그리스도는 사람의 속성을 입으심으로 우리 모두가 쉽게 접근할 수 있게 되셨다. 꼭 모든 사람이부자와 가난한 자 누구나 빵을 쉽게 먹을 수 있는 것처럼.

떡을 떼는 것은 또한 십자가에서 우리 주님의 몸이 상한 것을 상기시킨다. 빵은 으깨진 밀로 만든다. 포도주는 포도를 눌러 짜서 만든다. 이 두 가지 요소 모두 그리스도의 죽음을 표현한다. 아울러 그것은 주님의 부활을 설명한다. 밀알이 땅 속에 들어가지만, 이제는 살아서 그 자체와 똑같은 많은 밀알을 맺는다.요12:24 우리는 주의 만찬에서 그리스도의 살을 먹고 피를 마시는 것을 통해 주님의 삶을 얻는다.요6:53 이것이 사망에서 생명으로 가는 부활의 원리이다.

또한, 부활하신 그리스도의 계시는 부서진 빵과 밀접하게 관계있다. 다시 사신 주님께서 제자들과 함께 잡수셨을 때 주님은 그들과 함께 떡을 떼셨다.요21:13 마찬가지로, 부활하신 그리스도께서 엠마오로 가는 길에서 두 사람에게 나타나셨지만, 떡을 떼시기 전까지는 그들의 눈이 가리워져서 주님을 알아보지 못했다.눅24:30-32

그리스도의 몸이 하나임을 증거 하는 것도 또한 떡을 떼는 것으로 구체화된다. 초기 그리스도인들이 뗀 것은 오직 빵 한 덩어리였음을 상기하라. 바울은 다음과 같이 말했다: "떡이 하나요 많은 우리가 한 몸이니 이는 우리가 다 한 떡에 참여함이라."고전10:17

주님의 잔치

오늘날의 관행과는 달리, 초대교회는 주님의 만찬을 통상적인 식사와 연계해서 거행했다. 예수님께서 주님의 만찬을 제정하셨을 때, 그것은 유월절 잔치의 일부로 거행되었다.눅22:15-20 사실, 유월절은 주의 만찬의 전조였다.

고린도전서 11장은 초기 그리스도인들이 식사로서의 주의 만찬에 참여하고자 모였음을 분명히 한다. 고린도교회의 어떤 사람들은 모임에 오는 형제들을 기다리지 않았다. 그 결과: 먼저 먹은 사람들은 배가 불렀고 나중에 온 사람들은 시장했다. 더구나 고린도의 그리스도인들은 주의 만찬에서 취해 있었다.고전11:21-22, 33-34 여기서 생각해 볼 것은 한 모금의 포도주스로 취하는 것과 한입 크기의 크래커로 주린 배를 채우는 것이 가능할까 이다.

"만찬"의 신약성서적 용어는 문자적으로 저녁식사, 식사, 또는 잔치라는 뜻이다. 그리고 헬라어로 "식탁"은 온전한 식사를 차려놓는 식탁을 일컫는다. 눅22:14; 고전10:21 1세기 그리스도인들에게는 주의 만찬이 그냥 저녁식사였다. 그것은 잔치였다. 즉, 빵과 포도주가 포함된 팟럭potluck 저녁식사였고, 가족 축제였고, 교제를 위한 식사 모임이었다.

경제적으로 더 나은 그리스도인들은 그것으로 불우한 형제들에게 그들의 사랑과 관심을 표했다. 이것은 잔치석상에서 계층의 구분이 뚜렷했던 그리스와 로마의 표준과 상충하는 것이었다. 그러나 그리스도인들에게는 그렇지 않았다. 주의 만찬에서 초기 성도들은 계층과 인종의 사회적 구분을 무시하면서 그들의 일치됨과 하나 됨을 드러냈다. 어쩌면 이것이 초대교회가 주의 만찬을 아가페또는 사랑의 향연라고 일컬었던 이유일지도 모른다. 벧후2:13; 유12절

유감스럽게도, 수세기에 걸쳐 내려온 교회 전통은 오늘날의 주의 만찬을 1세기의 그것과는 거리가 먼 축소된 형태의 행사로 만들어버렸다.38 저명한 학자 에두아르드 슈바이처는 다음과 같이 피력했다: "의식을 형제들의 식사에서 분리시킨 관행은 그것에 참여하는 사람들의 삶 전체와 연계해 볼 때 그 "몸의" 표현이 완전히 결여된, 낯설고도 거의 이교에 가까운 관행으로 그 의식을 바꿔놓았다."39)

결과적으로, 떡을 떼는 것의 공동체적 의미가 우리에게는 크게 사라져버렸다. 그것은 더는 "주의 만찬"이 아니다. 그것의 현대판을 "구세주의 샘플러Sampler, 옮긴이 주: 샘플러는 식당에서 주 요리가 나오기 전에 먹는, 여러 표본을 모은 간식을 일컫는 말임" "나사렛 사람의 스낵," 아니면 "주님의 전채appetizer"라고 부르는 것이 나을 것이다. 유머를 사용해서 미안하지만, 우리가 진정 크래커 부스러기와 자그마한 유리잔에 담긴 포도주스를 저녁식사라고 부를 수 있을까?

언약의 식사

공유한 추억들은 사람들을 구성하는 것의 일부이다. 사람들의 그룹은 일련의 추억들을 공유함으로써 정체성과 소속감을 얻는다. 그룹이 공유한 추억들을 다시 돌아보게 하는 통로 중 하나가 식사를 함께 나누는 것이다. 미국의 공휴일인 추수감사절이 그 한 예이다. 가족의 재회, 기념일, 그리고 생일 같은 것들이 또 다른 예이다. 이 모든 날에 함께 식사를 나누는 것이 수반된다.

구약성서에 보면, 하나님의 사람들이 공유한 하나님의 미쁘신 구원을 다시 돌아보기 위한 방법으로 유월절 식사가 제정되었다. 유월절 식사는 그들에게 정체성과 소속감을 주었다. 그러나 그것엔 그 이상의 무엇인가가 있었다: 유월절 식사는 그들의 삶을 하나로 결합시켰다.

사실인즉, 고대 유대인들에게 식사는 식사를 나누는 사람들을 연합시키는 신성한 행위로 간주되었다. 먹는 것이 함께 먹는 사람들 사이에 신성한 동맹을 맺게 했다.

유월절은 아울러 언약의 식사였다. 언약은 두 집단 사이를 엮어주는 약속이다. 구약성서를 통틀어, 두 사람이 언약을 맺을 때는 함께 식사를 함으로 그 언약이 인증되었다.

예를 들면, 하나님께서 모세에게 율법의 말씀을 주신 후에 제사가 드려졌고, 모세가 백성들에게 피를 뿌리며 다음과 같이 말했다: "이는 여호와께서 이 모든 말씀에 대하여 너희와 세우신 언약의 피니라". 출24:8 그리고 나서, 모세와 칠십 명의 장로들은 산으로 올라가서 하나님을 뵙고, 하나님의 임재 가운데 먹고 마셨다. 출24:9–11

예수님께서 첫 번째 주의 만찬이었던 유월절을 기념하셨을 때, 포도주 잔을 제자들에게 주시며 이렇게 말씀하셨다: "이 잔은 내 피로 세우는 새 언약이니." 눅22:20 주님은 이것을 행하심으로 다음과 같은 한 가지 사실

을 주목하셨다: 주의 만찬은 주님의 제자들이 공통의 추억을 다시 돌아보는 언약의 식사로서 그들이 메시아 안에서 갖게 된 새로운 정체성을 공유하고 기념하는 것이었다.

오늘날, 우리가 주의 만찬을 식사로서 거행할 때, 우리는 그리스도 안에서 하나님과 맺은 언약을 상기하는 것이다. 우리는 예수님께서 우리를 위해 하신 일을 공유한 추억에 동참한다. 그리고 주 안에서의 새로운 정체성을 선포하는 것이다.

물 침례세례는 우리가 그리스도인으로서 믿음의 첫걸음을 내딛는 영적 표식이다. 그러나 주의 만찬은 그리스도를 향해 우리가 처음 결단한 것에 대한 재확인이다. 우리는 그것을 통해 예수님께 대한 우리의 믿음과 새로운 피조물로서의 정체성을 재확인한다.

다가올 혼인 잔치

주의 만찬은 또한 그리스도께서 앞으로 영광 중에 오실 것을 가리킨다. 이 세상의 끝에, 하늘의 신랑께서 멋진 혼인 잔치를 주관하시고 아버지의 나라에서 그분의 사랑스런 신부와 함께 식사를 나누실 것이다.마26:29 그렇기 때문에, 주의 만찬엔 종말론적 의미가 담겨 있다. 그것은 마지막 때의 잔치이다. 앞으로 그리스도께서 오실 때 벌어질 메시아의 잔치 모습이다.마22:1-14; 26:29; 눅12:35-38; 15:22-32; 계19:9

이와 관련해서, 주의 만찬의 의미는 결코 그리스도의 고난을 음울하게 기념하는 것이 아니었다. 또한 그리스도인들이 자신의 죄를 참회하는 침울한 행사도 아니었다. 그런 것이 아니라, 주의 만찬은 예수 그리스도와 그분이 행하신 일에 대한 즐거운 추억의 시간이었다. 그것은 주님이 오실 때 완성될 것, 곧 갈보리에서의 영광스러운 승리를 상기하고 선포하는 것이었다.

그러므로 주님의 만찬은 축제이다. 그것은 나눔과 감사로 특징지어지는 기쁨의 잔치이다.눅22:17; 행2:46; 고전10:16 그것은 앞으로 올 혼인 잔치를 미리 맛보는 것이다. 더 구체적으로 말하면, 주님의 만찬은 신부가 신랑으로 하여금 그녀를 위해 다시 오시도록 눈에 보이게 간청하는 것이다.

시간을 초월하는 주의 만찬

주의 만찬은 과거, 현재, 미래와 연관되어 있다. 그것은 과거에 우리를 위해 죽으신 주님의 희생을 다시 선포하는 것이고, 현재 주님께서 우리와 함께 늘 가까이 거하심을 다시 선언하는 것이다. 그리고 우리의 영광스런 소망 곧 미래에 일어날 주님의 오심을 다시 공표하는 것이다.

다르게 표현하자면, 주의 만찬은 세 가지 주요 덕목인 믿음과 소망과 사랑에 대한 살아있는 간증이다. 주의 만찬을 통해 우리는, 믿음으로 우리의 것이 된 영광스러운 구원 안에 우리 자신을 다시 든든히 세우고, 우리가 한 몸임을 돌아보며 형제들을 향한 우리의 사랑을 다시 표현한다. 그리고 우리 주님께서 곧 다시 오실 것에 대한 소망 안에서 즐거워한다. 주의 만찬을 거행함으로 말미암아 우리는 "주의 죽으심과거을 그가 오실 때미래까지 전하는 것[현재]"이다.고전11:26

가톨릭교인들은 주의 만찬을 문자적으로 받아들이고, 또 희생제사로 만들어버렸다. 그들은 유카리스트성찬식를 거행할 때마다 예수님의 희생이 우리의 죄를 대신한다고 믿는다. 개신교인들은 이 견해에 대한 반작용으로 주의 만찬을 단지 상징과 기념으로 만들었다.

그러나 주의 만찬은 문자적인 희생제사도 아니고 빈껍데기 의식도 아니다.

주의 만찬은 영적 실체이다. 성령은 주의 만찬을 통해서 살아계신 그리스도를 우리의 마음에 또다시 새롭게 계시한다. 우리는 주의 만찬에 의해 예수님 안에 있는 우리의 믿음과 우리가 주님의 몸에 속한 지체임을 재확인한다. 그리고 우리는 그것을 통해 그리스도와 주님의 사람들과 함께 식사를 나눈다.

삼위일체 하나님의 그림자

주의 만찬도 유기적 교회생활의 모든 특성처럼 삼위일체 공동체에 의해 예시되었고 이미 경험되었다. 주의 깊게 읽는다면, 성서는 하나님 아버지께서 아들 하나님에게 양식이 되신다는 것을 보여줄 것이다. 마4:4; 요4:32 이하; 6:27, 57, 등등 마찬가지로, 아들 하나님도 우리에게 양식이 되신다. 요1:29; 6:27, 32-35, 53-57 아울러 주님은 마실 음료이시다. 요4:10; 6:53; 고전10:4; 12:13, 계22:17

영원을 통틀어, 아버지와 아들은 두 분이 공유하시는 신성한 생명에 동참하여 오셨다.40) 아버지는 아들의 분깃이시고, 아들도 아버지의 분깃이시다. 삼위일체 하나님 안에서는 각각 그분들 사이에 흐르는 신성한 생명에 동참하신다.

놀랄 것 없이, 성서가 이렇게 함께 참여하는 것을 그리는 이미지는 먹는 것과 마시는 것이다. 주의 만찬을 통해 우리는 삼위일체 하나님 안에서의 신성한 참여를 재연하고 그것을 이 땅에서 눈에 보이게 드러내는 것이다. 신학자 스탠리 그렌츠가 말했듯이, 우리는 "삼위일체 하나님의 교제에 동참하는 사람들"이다.41) 그러므로 주의 만찬은 하나님 자신 안의 영원한 활동에 뿌리를 둔다. 그리고 그것은 우리가 그 활동에 참여하고 또 그것을 반영하는 한 가지 방법이다.

이것들은 주의 만찬과 밀접하게 관계있는 몇 가지 귀중한 사실이다. 그리고 그것들은 초기 그리스도인들이 왜 그것을 모임의 중요한 일부로 삼았는지 그 이유를 설명하는 데에 도움을 준다. 주 예수님 자신이 주의 만찬을 제정하셨고 마26:26, 주님의 사도들이 그것을 우리에게 물려주었다고 말하면 충분할 것이다. 고전11:2

오늘날의 예

나는 1988년 이후로 "1세기 방식"으로 주의 만찬을 거행하는 수많은 모임에 참석해왔다. 그 중 어떤 모임들은 무척 간소했는데, 기본적으로 모두가 누룩 없는 빵과 포도주스 또는 포도주를 포함해서 음식을 하나씩 가져오는 팟럭 식사였다. 음식을 가져올 형편이 안 되는 사람들은 식사 준비를 도왔다. 식사는 보통 누군가 주 예수님의 몸에 관해 얘기하면서 시작되었고, 누룩 없는 빵을 찢어 돌렸다. 그리고 먹기 시작했다.

우리는 모두 그리스도와 교제하고 주님의 부요하심에 대해 나누면서 음식을 먹었다. 식사가 끝나갈 무렵, 누군가 포도주 또는 포도주스 잔을 들고 우리 주님의 피에 관해 몇 마디 나누었다. 만일 그것이 포도주라면 식탁 주위로 잔을 돌리면서 한 모금씩 마셨고, 만일 포도주스라면 그것을 각 사람의 잔에 부었다.42) 때로는 우리가 축배와 마시는 것을 동시에 하기도 했다.

나는 한층 더 발달된 다른 주의 만찬 모임들에도 참석했다. 그런 모임을 위해서는 여러 달 동안의 준비과정이 있었다. 이런 모임들에서는 모두가 정장 차림으로 참석한다. 교회는 푸짐한 연회를 개최하는데, 종종 연회 장소를 빌려서 모임을 갖는다. 식탁을 흰색의 식탁보로 덮고, 음식은 미리 준비해서 대부분의 교회 지체들이 도착하기 전에 식탁 위에 진열해 놓는다. 나는 그런 모임 중 하나를 아주 선명하게 기억한다.

그 특별한 모임은 모두가 자기 의자 옆에 서서 하나님께 찬양을 드리며 시작되었다. 그리고 나서, 다 제자리에 앉았을 때 미리 정해놓은 두 사람이 떡^빵의 의미에 대한 생각들을 나누었다. 그 다음, 빵을 찢어 돌리면서 식사가 시작되었다.

모든 사람이 먹기 시작하면서 형제든 자매든 한 사람씩 일어나 주 예수 그리스도에 관해 뭔가를 나누었다. 한 젊은 자매가 일어나서 그리스도의 피가 어떻게 그녀의 양심을 깨끗하게 했는지를 나누었는데, 그녀의 모든 죄책감이 사라졌다고 고백했다. 한 형제가 일어나서 찢어진 빵에 관한 시 한편을 나누었다. 기타를 가지고 온 다른 형제는 찢어진 몸과 귀중한 피에 관한 노래를 불렀다. 그를 이어 한 자매가 일어나서 주님의 죽음을 상기하면서 얘기했다.

그리고 누군가, 시간이 시작되기 전부터 삼위일체 하나님 안에서 영원히 벌어지고 있던 먹는 것과 마시는 것에 관한 노래를 부르기 시작하자 모두가 따라 불렀다. 모임이 진행되는 동안 사람들은 흐트러짐이 거의 없었다. 모두가 즐거워했고, 때때로 함께 주님을 찬양하면서 박수를 치기도 했다, 모임 내내 교회는 남아돌 정도로 푸짐한 식사를 즐겼다. 이런 식으로 먹고 마시고 나누면서 몇 시간이 흐른 후에, 두 사람이 일어나서 잔에 대해 말하기 시작했고, 모두가 잔을 마시고 주 예수님을 찬양하면서 식사는 끝났다.

짚고 넘어가야 할 질문들

? 신약성서의 가르침과 예가 오늘날 우리가 거행하는 주의 만찬의 방식을 정립해야 하는가? 만일 그렇지 않다면, 무엇이 우리가 거행하는 주의 만찬을 정립해야 하는가?

? 당신은 주의 만찬에서 벌어지는 교제의 핵심적 요소들에 관한 설명으로 말미암아 마음에 어떤 동요가 일어났는가? 당신이 주의 만찬에 참여할 때 이런 요소들 중 하나라도 경험해본 적이 있는가? 설명할 것.

? 우리가 주의 만찬을 식사에서 분리시켜 침울한 의식으로 바꿔놓을 때, 우리는 주의 만찬이 그리는 삼위일체 하나님 안에서 벌어지는 동참의 의미에 어긋나는 짓을 하는 것이 아닌가? 설명할 것.

? 우리는 진정 예수님과 사도들이 처음부터 우리에게 물려주었던 방식대로 거행하는 주의 만찬 방식을 변경할 영적, 성서적 권리를 갖고 있는가?

4장
다시 그려보는 모임 장소

> 그리스도인 공동체의 호칭을 "에클레시아"로 선택한 것은 신약성서의 성도들이 교회를 건물이나 조직으로 보지 않았음을 암시한다. 그들은 사람들이었다. 즉, 성령에 의해 함께하게 된 사람들이었고, 그리스도로 말미암아 서로 연합된 사람들이었다
>
> **스탠리 그렌츠**

> 하나님은 하나님 자녀들의 모임을 특징짓는 것으로 "다락방"의 친근한 정취를 원하신다. 그래서 우리는 하나님 자녀들이 왜 가정집의 가족적인 분위기 속에서 모였는지 그 이유를 하나님 말씀 안에서 발견하게 된다.
>
> **워치만 니**

그래, 당신은 어디에있는 교회를 다닙니까? 이것은 오늘날 흔한 질문이지만, 그 자체로 많은 것을 말해준다.

당신의 직장에 최근에 입사한 신입사원이 있다고 가정해보라. 당신은 그가 그리스도인이라는 것을 알게 되었다. 그래서 그에게 어느 교회에 다니는지를 물었더니, 대답하기를 "저는 가정집에서 모이는 교회에 다닙니다"라고 했다.

자, 솔직하게 말해보자. 당신은 무슨 생각을 하게 될까? 다음과 같은

생각을 하지 않을까? "그거 참 이상하군. 저 친구는 적응을 잘 못하는 덜 떨어진 신자임에 틀림없어." 아니면, "그가 어쩌면 이단이나 괴상한 종교 집단에 속했는지도 몰라." 또는 "뭔가 문제가 있는 사람임에 틀림없어. 그렇지 않다면, 정상적인 교회에 다니겠지." 또는 "저 친구는 반골기질이 농후한, 고삐 풀린 망아지처럼 권위에 복종할 수 없는 부류일거야. 그렇지 않다면 건물에서 모임을 갖는 정통 교회를 다니겠지."

유감스럽게도, 이런 말들은 많은 그리스도인이 "가정집 교회"라는 개념을 접할 때마다 드러내는 반응이다. 그러나 이 정곡을 찌르는 말을 들어보라: 그 신입사원이 모임을 갖는 장소가 신약성서에 언급된 모든 그리스도인의 그것과 동일하다. 사실, 예수 그리스도의 교회가 생긴 처음 3백 년 동안엔 교회의 지체들이 가정집에서 모임을 가졌다.[43]

초기 그리스도인들의 증거

초기 그리스도인들의 일상적인 모임 장소는 다름 아닌 가정집이었다. 그 밖에 다른 것은 예외였을 것이고, 1세기 교회는 그런 것을 일상 밖의 특별한 사례로 여겼을 것이다. 다음 구절들을 주목하라:

집에서 떡을 떼며 기쁨과 순전한 마음으로 음식을 먹고 행2:46

유익한 것은 무엇이든지 공중 앞에서나 각 집에서나 거리낌이 없이 여러분에게 전하여 가르치고 행20:20

너희는 그리스도 예수 안에서 나의 동역자들인 브리스가와 아굴라에게 문안하라 … 또 저의 집에 있는 교회에도 문안하라. 롬 16:3, 5

*아굴라와 브리스가와 그 집에 있는 교회가 주 안에서 너희에게 간절히 문안하고*고전16:19

*라오디게아에 있는 형제들과 눔바와 그 여자의 집에 있는 교회에 문안하고*골4:15

*자매 압비아와 우리와 함께 병사 된 아킵보와 네 집에 있는 교회에 편지하노니*몬2절

위의 구절들은 초기 그리스도인들이 동료 형제들의 개방된 집에서 모였음을 보여준다.행2:2; 9:11; 10:32; 12:12; 16:15, 34, 40; 17:5; 18:7; 21:8 흥미로운 것은 초대교회는 우리 시대의 "교회" 건물에 상응하는 것을 상상도 하지 못했다는 사실이다. 그리고 가정집을 바실리카로 개조하는 것에 대해서도 전혀 아는 바가 없었다. 말하자면, 그 어떤 교회에도 바닥에 단단히 고정시킨 나무 의자와 거실 가구에 곁들인 강대상이 없었다! 우리 시대에는 그런 별난 것들이 존재하지만, 초기 그리스도인들에겐 그것들이 낯설었다.

1세기 신자들은 평범하고 살기에 편한 집들에서 모였다. 그들은 "교회당church-houses" 같은 것은 상상하지도 못했고, 오직 "집에 있는 교회church in the house"만 알았다.

개인 집에서 모이기엔 교인수가 너무 많아질 때 교회는 어떻게 했는가? 절대로 건물을 짓지 않았다. "집에서 집으로"의 원리에 따라,행2:46; 20:20 그냥 수가 늘어나는 대로 여러 다른 집들로 흩어져서 모임을 가졌다.

신약성서 학자들은 초대교회가 본질적으로 가정집을 기초로 한 모임

들의 네트워크였다는 데에 동의한다. 따라서 만일 정통 교회라는 게 있다면 그것은 집에서 모이는 교회이다. 또는 언젠가 하워드 스나이더가 말한대로 "만일 교회의 신약성서적 형태가 있다면 그것은 가정집 교회일 것이다."

"교회당" 건물을 옹호하는 사람들은 초창기 그리스도인들이 핍박 속에 있지 않았다면 종교적인 건물들을 세웠을 것이라는 주장을 해왔다. 그들은 초기 성도들이 핍박을 피해 숨으려고 가정집에서 모였다고 말한다. 이런 사상이 널리 퍼져 있긴 하지만 그것은 단지 억측일 뿐이다. 그리고 이런 억측은 실제 역사와는 일치하지 않는다.

다음과 같은 사실들을 숙고해보라: 초대교회는 평안을 누렸고 사람들에게 칭송받았다.행2:46-47; 9:31 그리고 그들이 어디서 모이는지를 비밀로 하지 않았다; 믿지 않는 사람들은 그들을 아주 쉽게 찾을 수 있었다.행8:3; 고전14:23 사실인즉, AD 250년 이전엔 그리스도인들에 대한 핍박이 산발적이었고 특정 지역에 국한됐었다. 그것은 통상적으로 지역에 있던 폭도들의 적대감에서 비롯된 것이었고, 로마제국이 주도한 박해가 아니었다. 그것은 한참 후에 벌어졌다

그렇다면, 만일 우리가 1세기 그리스도인들이 상호간에 어떻게 관계성을 가졌는지 이해하려는 눈으로 신약성서를 읽는다면, 곧 그들이 왜 가정집에서 모였는지를 발견하게 될 것이다.

(1) 가정집은 하나님의 집을 구성하는 것이 사람들임을 입증한다

"교회"의 현대적인 개념은 흔히 건물과 연결되어 있다. 건물은 보통 "성전" 또는 "하나님의 집"으로 불린다. 그렇지만 성서에 의하면, 교회라고 불리는 것은 하나님 사람들의 공동체이다. 믿는 자의 공동체를 "하나

님의 집"이라고 칭하는 것이지, 결코 벽돌이나 시멘트를 그렇게 하지 않는다.

초대교회의 가장 놀랄만한 특징들 중 하나는 특별한 종교적 건물이 없었다는 것이다. 유대교에서는 성전이 신성한 모임 장소이다. 그리스도교에서는 믿는 자의 공동체가 성전이다. 고전3:16; 고후6:16; 엡2:21-22 유대교와 이교 둘 다 신을 예배하려면 신성한 장소가 꼭 있어야 한다고 가르친다. 결과적으로, 고대 유대인들은 그들의 영적 역할을 수행하도록 특별한 건물을 세웠고, 회당 이교도들도 그렇게 했다. 사원 그러나 그리스도인들은 그렇게 하지 않았다. 초기 성도들은 하나님께서 깨끗하게 하신 것이 사물이 아닌, 사람들이라고 이해했다. 이렇게 함으로써, 초기 그리스도인들이 모임을 가졌던 공간적 위치는 1세기의 종교적 관습들과는 아주 뚜렷하게 구별되었다.

사실, 초대교회는 그 지체들의 가정집에서만 모임을 가진 1세기의 유일한 종교 그룹이었다. 필요를 충족시키도록 자신들의 유대교 전통을 따라 건물을 세우는 것이 유대에 있던 그리스도인들에겐 아주 자연스러운 일이었을 것이다. 그러나 그들은 의도적으로 그렇게 하지 않는 길을 택했다. 이것은 이방 그리스도인들도 마찬가지였다. 그들 누구도 "기독교" 사원이나 성전을 세우지 않았다. 적어도 1세기에는 말이다.

어쩌면 초기 그리스도인들은 신성한 건물이 가져올 혼란을 알았을지도 모른다. 그래서 그들은 하나님의 사람들이 하나님 거주지의 산 돌들을 이룬다는 증거를 보존하려고 그런 것들을 건축하지 않았다.

오늘날 건물을 "교회"라고 부르는 일반적인 관행이 야기시킨 엄청난 혼란을 생각해보라. 그리스도인들이 건물을 "주님의 집"으로, 또 뭔가 신성한 요소를 지닌 것으로 여긴다. 그러나 그것은 사실과 동떨어진 말도 안 되는 사상이다. 하나님의 교회가 건물인 적은 결코 없었다.

(2) 가정집은 서로 교제하는데 있어 자연스런 토양이다

교회 모임에 관해 사도들이 준 교훈은 가정집같은 작은 그룹 환경에 가장 적합하다. 교회의 유기적 활동들, 즉 상호간의 참여히10:24-25; 영적 은사의 활용고전14:26; 하나님의 사람들을 의도적이고 친밀한 공동체로 함께 세우는 것엡2:21-22; 공동 식사고전11장; 지체들 상호간의 사랑롬15:14; 갈6:1-2; 약5:16, 19-20; 서로 주고받는 나눌 수 있는 자유고전14:29-40; 그리고 성령의 코이노니아나누는 삶, 고후3:17; 13:24, 이 모든 것은 가정집 같은 작은 그룹의 토양에서 가장 잘 이루어진다.

이것에 덧붙여서, 신약성서에 58번 등장하는 "서로"피차라는 권면은 오직 가정집 같은 환경에서만 구현될 수 있다.44) 이런 이유 때문에, 가정집 교회 모임은 하나님의 궁극적인 목적을 실감하는데 크게 도움이 된다. 하나님을 위해 집을 세우는 산 돌들로서 "함께 지어져가는 것"을 중심에 놓는 목적.엡2:19-22

(3) 가정집은 그리스도의 겸손을 표현한다

가정집은 초대교회의 뛰어난 특성인 겸손, 자연스러움, 그리고 꾸밈없는 단순성을 나타낸다.행2:46; 고후11:3 솔직하게 인정하자. 가정집은 치솟은 뾰족탑과 우아한 장식으로 꾸민 우리 시대의 웅대한 종교적 건물들보다 한참 더 초라한 장소이다. 이런 식으로 해서, 대부분의 현대 "교회" 건물들은 유순하고 초라한 구세주가 아닌, 이 세상이 뽐내는 것들을 반영한다. 로드니 스타크는 다음과 같은 말로 이것을 뒷받침한다:

> 역사가들은 너무나도 오랫동안 콘스탄틴 황제약285-337의 회심이 기독교에 승리를 가져왔다는 주장을 받아들였다. 이와는 반대로, 그는 교회의 가장 매력적이고 역동적인 모습을 파괴했다. 즉, 초강

도의 원초적인 운동을 종종 잔혹하게 또는 흐리멍덩하게 처리하는 엘리트 한 명에 의해 좌우되는 오만한 기관으로 전락시켰다. … 콘스탄틴의 "호의"는 이교 신전들이 항상 의존해왔던 엄청난 국가보조금을 그리스도인들에게로 돌리게 한 그의 결정이었다. 하루아침에 기독교는 "황실의 특혜로 자원의 공급을 거의 무한정으로 받는 최고의 수혜자"가 되었다. 초라한 구조물에서 모임을 하던 신앙이 졸지에 웅장한 공공건물들로 옮겨갔다. 로마의 새 교회인 성 베드로 대성당이 황실의 보좌가 있는 방에 사용된 바실리카 형식의 모델을 따른 것이 그 예이다.45)

덧붙여 말하자면, 종교 건물에 들어가는 전반적인 경비는 하나님의 사람들에게 엄청난 재정적 손실을 안긴다. 조지 바나와 내가 공저한 『이교에 물든 기독교』에서 지적했듯이, 미국에서만 제도권 교회들이 소유한 부동산의 가치가 2,300억 달러가 넘는다. 그리고 그 중 상당한 액수가 빌린 돈빚이다. 그리스도인들은 교회 건물을 위해 1년에 90억에서 110억 달러를 헌금한다. 만일 그들이 그런 무거운 짐을 질 필요가 없다면, 가난한 사람들과 불우한 사람들을 도울 수 있을 뿐만 아니라 복음을 전하는데 있어 그들의 손이 얼마나 더 자유로울 것인가?

(4) 가정집은 교회의 가족적인 성격을 반영한다

바울의 편지들에 스며들어 있는 가정집 모임과 교회의 가족적 특색 사이에는 자연스런 유사성이 있다. 가정집은 가족의 고유 환경이기 때문에 가족 특유의 분위기, 곧 초기 그리스도인들의 삶에 넘쳐난 바로 그 분위기를 에클레시아에 자연스럽게 제공한다.

이와는 극명한 대조를 이루는 "교회"의 인위적 환경은 친근감과 참여를 금하는 비인격적 분위기를 조장한다. 건물의 경직된 형식주의는 가정집 모임이 누리는 신선하고 비공식적인 분위기와 상충된다.

덧붙여 말하자면, 큰 건물 안에서는 "길을 잃기"가 아주 쉽다. 바실리카 "교회"의 넓고 멀리 떨어진 특성 때문에, 사람들은 쉽사리 눈에 띨 수 없다. 더 나쁜 것은 그들의 죄를 숨기기가 쉽다는 사실이다. 그러나 가정집 안에서는 그렇지 않다. 거기에서는 우리의 모든 결점이 보인다. 틀림없이 그렇다. 그 모임에서는 모두가 알려지고, 받아들여지고, 격려를 받는다.

이런 점에서, 바실리카 "교회" 안에서 벌어지는 일의 틀에 박힌 형식은 초기 그리스도인들의 모임을 특징짓는 상호간의 교류와 자발성을 막는 경향이 있다. 윈스턴 처칠은 다음과 같이 지혜롭게 말했다: "먼저는 우리가 건물의 틀을 잡았는데, 이제는 건물이 우리의 틀을 잡는다." 전형적인 교회 건물 건축에 대해 깊이 살펴보라. 그러면 그것이 사실상 교회를 수동적이 되도록 가르침을 곧 발견할 것이다.

건물의 내부 구조는 상호간의 의사소통, 상호간의 사역, 또는 영적 교제를 위해 설계되어 있지 않다. 그 대신, 그것은 경직된 일방적인 의사 전달을 위해 강단에서 회중석으로, 지도자에서 회중에게로 향하도록 설계되었다.

이렇게 함으로써, 전형적인 "교회" 건물은 의심할 여지없이 강의실이나 영화관과 유사하다. 회중은 목사_{또는 사제}가 강단에서 말하는 것을 보고 듣게끔 회중석_{또는 의자}에 잘 배치되어 있다.

사람들은 지도자인 성직자와 그의 강대상, 이 단 하나에 초점을 맞춘다. 의식을 중시하는 교회들에서는 테이블/제단이 중심적인 판단기준으로서 강대상의 자리를 대신한다. 그러나 이 두 가지 모두 건물은 성직자

제1부 _ 공동체모임 · 105

중심성과 의존을 조장한다.

그러나 이것이 전부가 아니다. 목사와 스태프가 앉는 곳은 보통 회중이 앉는 자리 위에 높여져 있다. 그런 식의 배치는 비성서적으로 성직자와 평신도의 간격을 벌려놓는다. 자세한 것은 이 책의 제 2장을 참조할 것. 아울러 그것은 오늘날 그리스도의 몸 대부분을 고통스럽게 하는 구경꾼 사고방식을 키운다.

이와는 대조적으로, 초기 그리스도인들은 교회생활의 독특한 성격을 표현하고자 가정집에서 모임을 가졌다. 그들은 예배와 교제와 사역의 가족적 특성을 살리려고 집에서 모였다. 가정집 모임은 하나님의 사람들로 하여금 교회의 관심이 곧 그들의 관심이라는 것을 자연스럽게 느끼게 했다. 그것은 그들과 교회 사이에 거리감을 느끼게 하는 것이 아니라 친밀감을 조성한다. 오늘날의 상황은 아주 다르다. 대부분의 현대 그리스도인들은 활동적인 참여자가 아닌 멀리 떨어진 구경꾼으로서 "교회"를 다닌다.

덧붙여 말하자면, 가정집 모임은 하나님의 사람들로 하여금 진정한 교회생활의 기본적인 덕인 호의를 베풀 통로를 제공한다. 롬 12:13; 딤전 3:2; 딛 1:8; 벧전 4:9 가정집 교회 모임은 에클레시아의 특성을 나타내는 유대감과 뿌리 깊은 관계성 둘 다를 제공하고, 그리스도인들에게 어깨와 어깨를, 얼굴과 얼굴을, 그리고 눈동자와 눈동자를 마주 대하는 가족적인 분위기를 공급한다. 그것은 또 성령의 코이노니아나눔의 교제가 활발히 진행되는데 필수적 특성인 열린 대화와 영적 응집력, 그리고 거리낌 없는 교류를 가능케 하는 토양을 제공한다.

(5) 가정집은 영적 순수성의 본이 된다

가정집에 있는 교회는 또한 영적 실체와 순수성의 풍부한 증거로 쓰임 받는다. 그것은 매혹적인 건물과 수백만 달러의 예산을 성공과 동일시하는 종교 단체들과는 반대로, 많은 사람에게 신선한 증거가 된다.

동시에, 비 그리스도인 상당수는 그들에게 정장을 요구하는 현대 바실리카 "교회"의 예배에 다니지 않을 것이다. 하지만 그들은 자신을 꾸미지 않아도 되는, 자연스럽고 편안한 누군가의 가정집에서 모일 때 위협이나 중압감을 느끼지 않게 될 것이다.

전문성을 띤 건물에 반하여 가정집의 비전문적 분위기는 훨씬 더 끌린다. 건물은 가정집과 비교해서 인격적이지도 않고 관계적이지 않다. 어쩌면 이것이 왜 초기 그리스도인들이 당대의 다른 종교들처럼 사원이나 성소나 회당에서 모이는 대신 가정집에서 모이기를 택했는지의 이유일지도 모른다.

덧붙여 말하자면, 가정집 교회 모임은 신성한 것과 세속적인 것을 분리시키는 비성서적 구분에 도전한다. 성서에는 그런 구분이 없다. "종교적인" 목적을 위해 "종교적인" 건물에서 모이는 것은 그저 이 비성서적인 사고방식을 강화할 뿐이다. 그러나 가정집에서 모이는 것은 신성한 것과 세속적인 것이 함께 섞여 있음을 드러낸다.[46]

삼위일체 하나님 안에 존재하는 교제에 관해 생각해보라. 거기에는 세속적인 것과 영적인 것의 구분이 없다. 아버지가 아들의 자연적인 거처이고, 아들은 아버지의 자연적인 거처이다. 요10:30, 28; 14:10-11; 17:21-23 아버지, 아들, 그리고 성령은 상호간에 분리될 수 없게 서로 내재한다. 이 상호간의 내재는 친밀하고, 자연스럽고, 불변한다. 그리고 그것은 우리에게 하나님 자신의 표준적인 "가정생활"의 단면을 보여준다. 케빈 가일즈의 말을 빌리자면, "신적 인격들 상호간의 교류는 아주 완벽해서, 각 인격이 신적 생명의 완전한 교환에 의해 다른 인격 안에 온전히 거한다고 말할 수 있다."[47]

살아계신 하나님을 드러내는 목적을 위해 가정집의 자연스러움 속에서 모이는 것은 이런 영적 실체를 더 강화한다. "신성한" 이벤트를 위해 사용되는 "신성한" 건물에서 모이는 것은 그것을 왜곡시킨다.

아이러니한 것은, 많은 그리스도인이 다음과 같이 믿는다는 사실이다: 만일 교회가 건물을 소유하지 않는다면 세상을 향한 증거가 훼방을 받고 성장이 억제된다. 그러나 이것은 새빨간 거짓말이다. 진실을 말하자면, 크리스천 신앙은 처음 3백 년 동안 "교회" 건물의 사용 없이 극적으로 성장했다.48)

이 모든 것에서, 가정집 교회 모임은 본질적으로 성서적이다. 아울러 그것은 영적으로 실제적이다. 그리고 신자들이 한두 시간 동안을 누군가의 머리 뒤에서 교제하도록 강요당하는 현대의 강단-회중석 방식 예배와는 전혀 일치하지 않는다.

교회의 사회적 위치

지금까지 다뤄온 내용은 단순하지만 깊이 있는 다음과 같은 관찰로 축약할 수 있다: 교회 모임의 사회적 위치는 교회의 성격 자체를 표현하고, 또 그것에 영향을 끼친다.

달리 표현하자면, 교회의 공간적인 환경은 신학적 중요성을 갖는다. 전형적인 예배당이나 채플에는, 강단, 회중석또는 배열된 의자, 그리고 드넓은 공간이 상호 교류와 관계성을 막는, 틀에 박힌 분위기를 풍긴다.

가정집의 독특한 특성들은 정반대의 효과를 창출한다. 많지 않은 좌석, 격식 없는 분위기, 식사 나누기 편한 우호적 환경, 벽에 걸린 가족사진들, 푹신한 소파와 안락한 의자의 개인적 공간, 이 모든 특성이 상호간의 사역에 적합한 관계적 의미를 함유한다.

간단히 말해서, 초대교회는 영적 생존을 위한 이유들 때문에 지체들의 가정집에서 모임을 가졌다. 현대 제도권 교회는 그 이유들을 하찮게 여긴다. 하워드 스나이더가 그것에 대해 멋지게 기술했다:

> 신약성서는 우리에게 교회가 그 안에 있는 모든 사람이 은사를 받았고 또 모두가 사역을 하는 공동체라는 것을 가르친다. 성서에서 가르치는 교회는 우리가 예수님 안에서 보는 바, 사람들에 대한 존중과 배려를 본보기로 삼고 구체화하는 새로운 사회적 실체이다. 이것이 우리의 숭고한 사명인데, 사실 교회는 종종 이 사명을 배신한다. 가정집 교회들은 이런 배신과 모순의 탈출구 중에서 큰 부분을 차지한다. 친밀한 공동체는 상호간의 존중, 상호간의 책임, 상호간의 복종, 그리고 상호간의 사역을 육성한다. 가정집 교회의 사회학은 평등 의식과 상호간의 가치의식을 촉진시킨다. 비록 그것이 고린도교회가 보여주는 것처럼 그런 가치의식을 보증하지는 않지만.
>
> 전신자 제사장주의의 신약성서적 원리, 성령의 은사, 상호간의 사역은 이런 격식 없는 환경에서 가장 자연스럽게 발견된다.
>
> 가정집 교회들은 혁명가이다. 왜냐하면, 모두가 은사를 받았고 모두가 사역자라는 이 혁신적인 가르침을 그 교회들이 구체화하기 때문이다. 그 교회들은 다음과 같은 가장 나쁜 이단 사설들에서 그리스도의 몸을 치유할 소망을 제공한다: 어떤 신자들은 다른 신자들보다 더 귀하다, 오직 일부 그리스도인들만이 사역자이다. 그리고 우리 시대에 성령의 은사는 더는 기능을 발휘하지 않는다. 이런 이단 사설은 이론이나 신학만으로는 치유할 수 없다. 그것들은 교회의 사회적 형태 안에서의 실천과 관계성으로 치유되어야 한다.[49]

모임의 두 가지 유형

내가 믿기에, 교회의 정상적인 모임 장소가 가정집이었다는 사실은 논쟁의 여지가 없다. 그러나 이것이 교회가 다른 장소에서 모임을 갖는 것이 전혀 적합하지 않음을 암시하는 것일까? 아니, 그렇지 않다.

예루살렘 교회는 "교회 전체"가 함께 모여야 할 특별한 때에 성전 뜰과 솔로몬의 행각 같은 넓은 장소에서 모임을 가졌다. 행2:46a; 5:12

그러나 그렇게 규모가 큰 모임은 정기적 교회 모임을 위한 정상적 장소인 가정집과의 경쟁 상대가 아니었다. 행2:46b 또한 그것이 그리스도인들로 하여금 그들 소유의 건물을 짓게 하는 성서적 선례가 된 것도 아니다.

성전 뜰과 솔로몬 행각은 최초의 그리스도인들이 등장하기 전에 이미 존재했던 옥외 공공 장소였다. 이런 넓은 공간은 단지 교회가 특별한 목적을 위해 함께 할 필요가 있을 때 "교회 전체"를 수용했던 것이다.

교회가 시작된 이후 초창기에는, 사도들이 예루살렘에 있던 수많은 신자와 불신자를 위한 사도적 모임을 갖고자 그런 장소들을 사용했다. 행3:11-26; 5:20-21, 25, 42

사도들이 회당에 갔던 때를 교회 모임과 혼동하면 안 된다. 이것은 믿지 않는 유대인들에게 복음을 전하려고 고안된 복음전도 모임이었다. 다시 강조하자면, 교회 모임은 우선 믿는 사람들을 세우기 위함이었다. 복음전도 모임은 믿지 않는 사람들의 구원을 위해 존재했다. 2장을 참조할 것.

같은 맥락에서, 바울은 사도적 모임을 위해 2년 동안 두란노 서원이라 불리는 건물을 세내었다. 그러나 재차 말하지만, 그런 모임들은 임시적인 것으로, 복음전도와 교회 개척과 그리스도인 일꾼들을 훈련하도록 고안된 것이었지, 행19:9-10 영구적으로 계속되지는 않았다. 그런 모임들은 우리 시대의 특별 세미나나 워크숍이나, 또는 컨퍼런스와 유사할 것이다.

어쩌면 성령이 어떤 사람들은 특별한 목적을 위해 건물에서 모이게 인도하셨고, 또 인도하실 지도 모른다. 건물은 영적 사역의 목적 외에 가난한 자들에게 음식을 공급하고, 노숙자들에게 쉼터를 제공하고, 의복을 공급하는 것 같은 하나님나라의 일에 사용될 수 있다. 아마 성령이 어떤 사람들은 특별한 목적을 위해 건물을 구입하도록 하셨을 것이고, 또 그렇게 인도하실 것이다. 그러나 성령은 오직 진정으로 주님의 목적에 합당할 때만 그렇게 하실 것이다.

만일 하나님께서 교회를 이런 방향으로 인도하신다면, 교회가 인간적인 열심에 의해, 전통에 의해, 아니면 따르도록 강요함에 의해 움직이지 않게 될 것임을, 또는 결정을 정당화하는 종교적 미사여구로 그런 것들을 은폐하지 않을 것임을 분명히 해야 한다.

그렇다면, 단지 그 시대의 최신 영적 풍조를 대표한다는 이유만으로 무엇을 실행하려는 육신적 성향을 우리가 경계해야 하지 않을까? 주님께서는 고대 이스라엘처럼 목표 없이 "다른 나라들 같이" 되고자 하는 삼상 8:5, 20; 왕하17:15 위험에 빠지지 않도록 지켜주신다. 그리고 따라야 할 관습이라는 이유로 오늘날의 "건물 콤플렉스"를 생각 없이 받아들이는 것에서 우리를 해방시켜 주시기를!

짚고 넘어가야 할 질문들

? 가정집 교회 또는 가정집에 있는 교회라는 문구를 보거나 들을 때, 당신은 어떤 느낌을 받는가? 설명할 것.

? 가정집 교회 모임은 그것과 결부된 영적 유익 때문에 예외적인 것보다는 정상적인 것이 되어야 하지 않을까? 설명할 것.

? 이 장을 읽은 후에, 더는 "어째서 어떤 교회들은 가정집에서 모임을 가질까?" 가 아니고, 오히려 "어째서 수많은 교회가 가정집에서 모이지 않을까?"라는 질문이 나오지 않는가?

? 그리스도인들이 1년에 90억에서 110억 달러를 교회 건물에 소비한다는 사실과 또 그중 많은 건물이 교회들의 완전 소유가 아니고 상당한 빚에 매여 있다는 사실이 당신을 조금은 안타깝게 하는가? 설명할 것.

5장
다시 그려보는 하나님의 가족

공동체는 하나님의 속성 안에 깊이 뿌리를 박고 있다. 그것은 하나님이 누구신지에서 흘러나온다. 하나님은 공동체이시므로 공동체를 창조하신다. 그것은 사람들에게 주시는 하나님 자신의 선물이다. 그러므로 공동체를 만드는 것은 그리스도인들에게 선택으로 간주되어서는 안 된다. 그것은 어느 시대를 막론하고 모든 신자에게 주어진, 하지 않을 수 없고 또 철회할 수 없는 필연이고, 위로부터 위임받은 구속력 있는 사명이다. 사람들이 그들로 하여금 공동체를 세우고 공동체 안에 있으라고 하시는 하나님의 명령을 거부하거나 변경하는 것은 가능하다. 그러나 이런 일은 공동체의 창조자를 저버리고 우리 안에 있는 그분의 형상을 배반하는 대가를 치를 때만 벌어질 것이다; 이 대가는 엄청나다. 왜냐하면, 우리 안에 있는 그분의 형상은 우리의 인간성을 정의하는 본질적 속성이기 때문이다.

길버트 빌리지키언

유감스럽게도, 미국 기독교의 대부분을 지배하는 은유적 표현은 우리에게 별로 도움이 되지 않는다; 우리는 보통 교회를 기업으로 상상한다. 목사는 *CEO*이고, 위원회와 이사회가 있다. 복음전도는 우리가 우리의 제품을 만드는 생산 과정이고, 판매는 도표로 그려질 수 있고, 비교될 수 있고, 예견될 수 있다. 물론 이 생산 과정

은 경제 성장을 지향하므로 그 어떤 기업식 교회라도 금년의 총 판매고가 작년의 것을 초과 달성하지 않으면 문제에 봉착하게 된다. 미국인들은 일편단심 기업의 비유에 사로잡혀 있다. 그런데 그것은 성서적이지도 않다.

핼 밀러

뜻밖에도, 성서는 결코 교회를 정의하지 않는다. 그 대신, 성서는 각기 다른 여러 은유적 표현metaphors을 통해 교회를 설명한다.

신약성서가 교회를 그리고자 많은 은유적 표현을 우리에게 제시하는 이유 중 하나는 교회가 하나의 정의나 은유적 표현에 의해 표현되기에는 너무 광범위하고 부요하기 때문이다. 유감스럽게도, 우리의 성향은 특별한 은유적 표현 하나에 붙잡혀서 그것만을 통해서 에클레시아를 이해하려 한다.

그러나 단 하나의 은유적 표현에 집착하면, 그것이 몸이든지, 군대든지, 성전이든지, 신부든지, 포도원이든지, 아니면 도성이든지, 우리는 다른 은유적 표현들이 전달하려는 메시지를 놓치고 만다. 그 결과는: 교회에 대한 우리의 관점이 기껏해야 제한될 것이고, 최악에는 한쪽으로 치우치게 될 것이다.

주된 은유적 표현

당신은 신약성서에서 가장 두드러진 교회의 은유적 표현이 무엇인지 아는가?

그것은 가족이다.

바울과 베드로와 요한의 편지들에 특히 가족의 용어와 이미지가 강조

되어 있다. 다음의 예들을 살펴보라:

> 그러므로 우리는 기회 있는 대로 모든 이에게 착한 일을 하되 더욱 믿음의 가정들에게 할지니라. 갈6:10

> 하나님이 미리 아신 자들을 또한 그 아들의 형상을 본받게 하기 위하여 미리 정하셨으니 이는 그로 많은 형제 중에서 맏아들이 되게 하려 하심이니라. 롬8:29

> 그러므로 이제부터 너희는 외인도 아니요 나그네도 아니요 오직 성도들과 동일한 시민이요 하나님의 권속이라. 엡2:19

> 늙은이를 꾸짖지 말고 권하되 아버지에게 하듯 하며 젊은이에게는 형제에게 하듯 하고 늙은 여자에게는 어머니에게 하듯 하며 젊은 여자에게는 온전히 깨끗함으로 자매에게 하듯 하라. 딤전5:1-2

> 만일 내가 지체하면 너로 하여금 하나님의 집에서 어떻게 행하여야 할지를 알게 하려 함이니 이 집은 살아 계신 하나님의 교회요 진리의 기둥과 터니라. 딤전3:15

> 갓난 아기들 같이 순전하고 신령한 젖을 사모하라 이는 그로 말미암아 너희로 구원에 이르도록 자라게 하려 함이라. 벧전2:2

> 자녀들아 내가 너희에게 쓰는 것은 너희 죄가 그의 이름으로 말미암아 사함을 받았음이요 아비들아 내가 너희에게 쓰는 것은 너희가

태초부터 계신 이를 알았음이요 청년들아 내가 너희에게 쓰는 것은 너희가 악한 자를 이기었음이라 아이들아 내가 너희에게 쓴 것은 너희가 아버지를 알았음이요. 요일2:12-13

신약성서의 저자들이 교회를 각기 다른 다양한 이미지로 그리지만, 그들이 선호하는 이미지는 가족이다. "새로운 출생", "하나님의 자녀", "하나님의 아들들", "형제들brethren", "아비들", "형제들brothers", "자매들", 그리고 "권속" 같은 가족의 용어들이 신약성서를 가득 채운다.

바울은 교회들에 쓴 편지 전체에서 "형제들brethren"을 지칭하여 말하는데, 이것은 그리스도 안의 형제들과 자매들 둘 다를 포함하는 용어이다. 바울은 그가 쓴 편지들에서 이 가족의 용어를 130번 이상 사용한다. 따라서 의심의 여지없이 신약성서는 가족의 용어와 이미지로 가득 차 있다.

이에 반해서, 오늘날 일반적으로 교회를 위해 구축된, 두드러진 은유적 표현은 비즈니스 기업이다. 목사는 CEO이고, 부교역자들은 고위 매니저들이고, 복음전도는 판매와 마케팅이고, 회중은 고객이다. 그리고 같은 지역에 있는 다른 기업들교회들과의 경쟁이 치열하다.

그러나 교회를 기업으로 보는 은유적 표현은 큰 문제가 있다. 그것은 신약성서에 전혀 나오지도 않고, 그리스도교 정신에도 위배된다. 왜냐하면, 교회는 하나님의 관점에서 볼 때 무엇보다도 가족이기 때문이다. 정말 하나님의 가족.

유감스럽게도, 현대 사회는 사회학자들에 의해 "문제 있는 가정"이라 불리는 것으로 말미암아 고통을 받는다. 이것은 어떤 면에서 심각하게 깨어진 가정이다. 겉으로는 멀쩡한 것 같아도 속으로는 상해 있다. 사실을 말하자면, 상당수의 우리 현대 교회가 어느 모로 보나 "문제 있는 가정"이라는 말에 부합할 것이다.

대부분의 그리스도인들이 교회가 가족이라는 개념을 말로 시인하는 데는 문제가 없을 것이다. 하지만 교회의 가족적 성격을 머리로 동의하는 것은 그것에 함축된 진지한 의미를 구체화하는 것과는 달라도 한참 다르다. 우리가 가족의 은유적 표현을 세밀히 살펴보고 그것과 관련된 실제적 의미를 토론하면 좋을 것이다. 교회가 가족이라는 의미가 무엇인지, 그 모습 여섯 가지를 탐구해보자. 당신이 그 모습들을 하나씩 읽어나가는 동안, 나는 당신이 속한 교회를 그것들 하나하나와 비교하도록 당신에게 도전하고 싶다. 당신 자신에게 이렇게 질문하라: 내가 속한 교회는 하나님의 가족으로서의 실체 속에서 살고 있는가?

(1) 지체들은 서로를 돌본다

교회가 가족이기 때문에, 그 지체들은 서로를 돌본다. 건강한 가족이라고 가정하고 육신의 가족에 대해 생각해보라. 가족들은 그들의 식구를 책임진다. 당신이 당신의 핏줄을 돌보는 것이 사실 아닌가? 그리고 그들이 당신을 돌보는 것도 사실 아닌가? 당신의 어머니, 아버지, 형제, 자매, 아들, 또는 딸에게 문제가 생겼는데, 당신은 "미안하지만, 나를 가만 내버려둬"라고 말하는가, 아니면 그들을 돌봐주는가?

진정한 가족은 자신의 핏줄을 책임진다. 그렇지 않은가? 문제 있는 가정은 그렇게 하지 않는다. 문제 있는 가정은 자기중심적이고, 개인주의적이고, 아주 독립적이다. 그것은 무관심과 분리됨으로 특징지어진다. 식구들은 서로를 알고자 시간을 내지 않고, 서로에게 별로 관심도 없는 듯하다.

> 내 형제들아 만일 사람이 믿음이 있노라 하고 행함이 없으면 무슨 유익이 있으리요 그 믿음이 능히 자기를 구원하겠느냐 만일 형제나

> 자매가 헐벗고 일용할 양식이 없는데 너희 중에 누구든지 그에게 이르되 평안히 가라, 덥게 하라, 배부르게 하라 하며 그 몸에 쓸 것을 주지 아니하면 무슨 유익이 있으리요 이와 같이 행함이 없는 믿음은 그 자체가 죽은 것이라. *약2:14-17*

이 본문은 진정한 믿음의 의미에 중점을 둔다. 진정한 믿음은 그리스도 안에 있는 우리의 형제들과 자매들을 향해 그 믿음 자체를 사랑의 행동으로 옮긴다. 야고보가 한 말을 풀어 쓰면: "만일 네가 믿음이 있다고 말하면서 어려움에 처한 네 형제나 자매를 모른 체한다면 … 너의 믿음은 죽은 것이다."

야고보가 말하는 "행함"이란 기도나 성경공부가 아니라, 그리스도 안에 있는 우리의 동료 형제들과 자매들을 향한 사랑의 실천이다. 다음의 바울이 한 말을 숙고해보라:

> 도둑질하는 자는 다시 도둑질하지 말고 돌이켜 가난한 자에게 구제할 수 있도록 자기 손으로 수고하여 선한 일을 하라. *엡4:28*

맨 끝에 있는 문장을 주목하라: "자기 손으로 수고하여 … 일을 하라." 왜 그렇게 해야 하는가? "가난한 자에게 구제할 수 있도록."

당신은 "개신교의 직업윤리Protestant work ethic"에 대해 들어본 적이 분명 있을 것이다. 에베소서 4장 28절이 바로 그 "그리스도인의 직업 윤리"이다. 우리는 우리 자신의 필요만을 채우려고 일하지 않고, 다른 사람들의 필요를 채워주고자 일한다. 이것이 일을 보는 아주 다른 관점이지 않은가? 신약성서는 지체들을 돌보는 가족으로서 교회를 그린다. 영적으로뿐만 아니라, 육신적으로나 경제적으로도 말이다. 말하자면, 핵가족이나 대가족이 자기 식구들을 책임지는 모든 방법으로.

사실, 만일 당신이 사도행전의 처음 여섯 장을 읽는다면 예루살렘 교회가 어려운 형제들과 자매들의 짐을 짊어졌음을 금방 발견할 것이다.^{행 4:34} 왜 그렇게 했을까? 그들이 자신들을 대가족, 곧 삶을 나누는 공동체로 여겼기 때문이다.

초기 그리스도인들은 각 지체를 "그들의 식구"로 간주했다. 그들은 스스로를 "서로 지체"라고 보았다.^{롬12:5; 엡4:25} 그 결과, 그들은 서로를 책임졌다.^{롬12:13; 고전12:25-26; 고후8:12-15} 그런데 왜 그렇게 했을까? 교회가 가족이기 때문이다.

바울이 갈라디아의 그리스도인들에게 한 말을 상기하라: "너희가 짐을 서로 지라 그리하여 그리스도의 법을 성취하라."^{갈6:2} 그리스도의 법은 모든 믿는 사람의 마음에 기록된 내면적인 사랑의 법이다. 이 사랑은 갈보리의 사랑에 그 뿌리를 두고 있다.^{요15:12-13} 그리고 그것은 본질적으로 그리스도 안에 있는 우리의 형제들과 자매들을 향해 움직인다. "우리는 형제를 사랑함으로 사망에서 옮겨 생명으로 들어간 줄을 알거니와."^{요일3:14}

전반적으로, 만일 당신이 지체들의 필요를 채우지 않는 교회에 속했다면, 당신의 교회는 가족으로서의 신약성서적 비전을 구현하지 않고 있다. 다시 강조하지만, 교회는 비즈니스가 아니라 가족이다.

(2) 지체들은 함께 시간을 보낸다

교회가 가족이기 때문에, 지체들은 서로를 알고자 시간을 낸다. 말하자면, 그들은 정규 모임 밖에서 함께 시간을 보낸다.

문제 있는 가정에서는, 자녀들이 부모를 거의 알지 못한다. 그리고 부모 역시 자녀들을 거의 알지 못한다. 그것은 동기간에도 마찬가지이다.

그들은 한 지붕 아래 살지만 제각각의 삶을 살고 있다. 그들이 함께 하는 유일한 시간은 다음과 같은 집안의 행사 때이다. "우리 모두 이번 토요일에 펠리시아 아줌마의 결혼식에 참석해야 한다; 그때 가족 모두가 함께 모일 것이다." 그러나 그런 행사가 끝나면 식구들이 거의 서로를 보지 않는다.

질문: 당신이 속한 교회의 지체들은 정규 예배 때만 서로 만나는가? 당신은 주중에 그들과 연락하는가? 당신은 그들과 함께 식사를 하는가? 예루살렘 교회에 꿈틀거리던 유기적 본능을 숙고해보라:

*그들이 사도의 가르침을 받아 서로 교제하고 떡을 떼며 오로지 기도하기를 힘쓰니라. … 날마다 마음을 같이하여 성전에 모이기를 힘쓰고 집에서 떡을 떼며 기쁨과 순전한 마음으로 음식을 먹고*행 *2:42, 46*

초기 그리스도인들은 상호간의 교류가 활발한 삶을 살았다. 이것은 교회의 유전자가 작용한 결과이다. 만일 우리가 우리의 영적 본능을 따른다면, 자주 함께 모이고자 하는 고유의 소원을 갖게 될 것이다. 왜 그럴까? 성령이 그리스도인들을 함께 유기적으로 이끄는 일종의 자석처럼 역사하기 때문이다. 성령은 모든 참 신자의 마음에 진정한 공동체를 향한 소원을 집어넣는다.

길버트 빌리지키언이 말한 바와 같이, "공동체를 향한 열정은 전염성이 있다. 공동체를 향한 우리의 타고난 필요는 아주 강렬해서, 일단 관심의 불꽃이 점화되어 공동체를 향한 하나님의 꿈을 얼핏 보기만 해도, 공동체를 향한 불타는 열정이 삽시간에 퍼져나갈 수 있다."50)

성서는 예루살렘교회가 날마다 모였다고 말한다. 흥미로운 것은, 예루살렘에 있던 교회가 매일 함께 모임을 가졌던 유일한 교회가 아니었다는 사실이다.

약 삼십 년 후에, 히브리서 기자는 그리스도인들에게 "매일 피차 권면하여"히3:13라고 권고한다. 그런데 오늘날 대부분의 현대 교회들에서 교인에게 주어진 유일한 교제 시간은 목사가 "뒤로 돌아서 여러분 주위에 있는 분들과 인사하십시오"라고 할 때의 2분 정도이다.

물론 당신은 당신의 차로 직행하면서 주차장에서 시간을 좀 더 벌 수 있을 것이다. 그러나 우리가 정말 이것을 교제라고 부를 수 있을까? 솔직해져 보자: 많은 그리스도인에게 교회는 단지 일주일에 한두 번 참석하는 행사이다. 그리고 그것이 전부이다.

사실을 말하자면, 우리 21세기 서구 그리스도인들 중에는 친밀한 관계를 두려워하는 사람들이 꽤 있다. 이것이 왜 많은 사람이 가정집에서 모이는 교회에 전혀 관심을 갖지 않는지의 이유일 것이다. 회중석에서 맴돌며 누군가의 목 뒷부분을 두 시간 동안 살피다가 집에 가는 것이 훨씬 더 안전하다고 생각한다.

그러나 예수 그리스도의 교회는 가족이다. 극장이 아니다. 그리고 건전한 가족일 때 가족 안에서는 모두가 다른 식구들의 삶에서 무슨 일이 벌어지는지를 알고 있다. 아빠가 직장에서 상사와의 사이에 문제가 있으므로 우리는 아빠를 위해 기도한다. 여동생은 미적분학 클래스를 힘들어 한다. 우리 형은 새 직장에서 승진을 했다. 엄마는 고메이gourmet 음식 만드는 법을 배운다. 우리는 정규 가족 행사 밖에서 함께 시간을 보내기 때문에 다른 식구들의 삶에 무슨 일이 있는지를 안다. 교회는 확장된 가정이고, 매우 관계적이다.

이와는 대조적으로, 만일 우리가 속한 교회가 가족처럼 활동하지 않는다면, 우리가 어떻게 신약성서에 있는 "서로"피차의 권면을 정말 구체화할 수 있을까? 우리가 함께 교회생활 하는 사람들을 알지도 못하면서 어떻게 그 권면을 실천할 수 있을까?

(3) 지체들은 상호간에 따뜻한 마음을 보여준다

교회가 가족이기 때문에 그 지체들은 서로를 따뜻하게 맞이한다. 생각해보라: 당신이 어머니, 아버지, 자녀들, 또는 떨어져 있던 친척을 만날 때 그냥 떨어져서 거리를 두고 인사하는가? 아니면 안아주든가 또는 볼에 입맞춤을 하기도 하는가?

만일 당신의 가정이 건전하다면, 당신은 두 번째 질문에 긍정으로 대답할 것이다. 그것은 교회에서도 마찬가지이다. 왜 그럴까? 교회의 지체들이 서로 관계성을 갖고 있기 때문이다. 이런 이유 때문에, 사도들은 초기 그리스도인들에게 "거룩하게 입맞춤으로 모든 형제에게 문안하라"고 했던 것이다. 살전5:26; 고전16:20; 고후13:12; 롬16:16; 벧전5:14 그들에게는, 각 교회의 지체들이 그들 상호간의 사랑을 눈에 띄게 표현하는 것이 아주 중요했던 것 같다.

나는 이것에 대해 다음과 같이 거부감을 드러내는 사람들을 만난 적이 있다: "나는 우리 교회에서 잘 알지도 못하는 사람을 안아주는 것이 부담스럽다." 이런 반응은 이 장에서 내가 강조하려는 점을 강화시켜줄 뿐이다. 즉, 제도권 교회와 유기적 교회는 아주 다른 두 개체라는 것.

하나님의 가족으로 사는 것은 우리의 형제자매를 따뜻한 마음으로 대하는 것이 본능적일 정도로 그들을 안다는 뜻이다. 따뜻한 마음을 나타내는 특정한 방법은 그것이 안아주는 것이든, 볼에 입맞춤을 하는 것이든, 다른 것이든 관계없이 그 사람의 문화에 따라 다를 것이다.

이와는 대조적으로, 문제 있는 가정은 자기 식구들을 따뜻하게 대하지 않는다. 부모는 자녀들을 한 번도 쓰다듬어주지 않고, 자녀들은 사랑받지 못하고 받아들여지지 않는다는 느낌 속에 자라나게 된다. 그들은 말로든 말이 아닌 다른 것으로든 사랑의 표현을 거의 경험하지 못한다.

(4) 가족은 성장한다

교회는 가족이기 때문에 성장하게 될 것이다. 교회는 두 가지 방법으로 성장하는데, 하나는 분열과 증식을 통해서이다. 말하자면, 만일 교회가 너무 커지면 두 개의 교제권으로 분열시켜서 증식시킬 수 있다. 우리 몸도 같은 방식으로 성장한다. 세포가 분열된 다음 증식한다.

다른 하나는 증가에 의한 방법이다. 즉, 영적 자녀의 출생에 의한 것인데, 이것은 번식의 원리이다.

주님이 교회 안에서 역사하신다면 교회는 성장하게 될 것이다. 그것은 즉각 벌어지지 않고 시간이 걸릴 수도 있을 것이다. 그러나 교회가 살아있고 건강하다면 그 교회는 내적으로영적으로, 외적으로숫자적으로 성장할 것이다.

가족으로 사는 교회는 성장한다. 비즈니스 기업처럼 운영되는 교회들은 일반적으로 회심자들을 보존하지 못한다. 그들이 회심자를 얻기는 하지만, 그 회심자들은 거의 몸에서 기능을 발휘하는 제자와 지체가 되지 못한다. 그 이유는 적절한 영적 형성과 발달을 위해서는 그리스도인 공동체가 필수이기 때문이다. 가족으로 사는 교회는 지체들 속에 삶의 변화가 일어나게 할 것이다. 그렇지 않은 교회는 그런 변화를 일으키지 못할 것이다.

이와 관련해서, 개신교 개인주의의 망령이 2차대전 후에 일반적인 복음주의 교회를 떠나지 않고 있다. 그리고 복음주의 교회가 그 망령을 내쫓기 전에는 계속 교인들 속에서 영적 형성을 거의 보지 못하게 될 것이다.

사실을 직시하자. 오늘날 같은 포스트모던 세계에 사는 사람들은 가족을 찾는다. 그들은 진정한 공동체를 찾는다. 서로를 정말 사랑하고 돌보는 그리스도인 그룹을 찾는 것이다. 다르게 표현하자면, 그들은 유기적 그리스도교를 찾는다.

이 시대의 수많은 사람이 좋지 못한 표본에 의해 훈련되어 왔다. 결과적으로 그들은 서로를 위해 진정으로 자신의 삶을 희생하고, 서로를 조건 없이 받아주고, 또 흠이 있어도 자유롭게 서로 사랑하는 사람들의 그룹을 볼 때 목마른 사슴이 시냇물을 찾듯이 이끌리게 될 것이다. 이렇게 해서, 가족으로서의 교회는 사람의 마음 속 깊은 곳에 있는 외침에 응답한다.

(5) 지체들은 책임을 공유한다

육신의 가족을 살펴보면, 당신은 식구 각자에게 각기 다른 역할이 있음을 보게 될 것이다. 당신은 아이들에게 나가서 돈을 벌어오라고 시키지 않는다. 당신은 부모가 아기에게 지혜 구하기를 기대하지 않는다. 할아버지, 할머니, 아버지, 어머니, 자녀들, 아이들, 아기들 각자에게 뚜렷한 역할이 있다. 모두가 가족의 공동선을 위해 함께 힘쓴다.

하나님의 가족도 마찬가지이다. 요한은 요한1서 2장 13-14절에서 아비들, 청년들, 그리고 아이들에게 말한다. 그리고 그는 그들 각자에게 각기 다른 책임을 지우며 권고한다. 교회를 몸의 은유적 표현으로 보면, 눈, 귀, 손, 발 각 지체가 각기 다른 기능을 갖는다.

문제 있는 가정에서는, 식구들이 자신의 책임을 제대로 이행하지 못한다. 부모는 자녀들을 방치하든지, 아니면 학대한다. 어떤 때엔, 부모가 자녀들을 우상시하기도 한다. 그들은 자녀들을 훈련하지도 않고, 그들을 위로하거나 그들에게 지침을 주지도 않는다.

하나님의 가정에는, 영적 아비들과 어미들이 있다. 이 사람들은 오랫동안 주님을 알아온 남자들과 여자들이다. 하나님 앞에서 그들의 역할과 책임은 젊은 형제자매를 인도하고 지도하는 것이다. 아울러 그들은 그들의 지혜로 교회에 기여하는 것이다.

하나님의 가족 안에서, 이런 책임은 지위나 직분에 의해 행사되는 것이 아니고, 계층이 있는 것도 아니다. 그런 책임은 유기적이고 영적인 생명에 의해 이행된다.

그러나 여기에 비극이 있다: 우리 많은 사람은 제도권 교회에서 길들여졌기 때문에, 매주 회중석에 앉아서 수동적으로 설교를 듣는 것을 강요받아 왔다. 그리고 이것이 왜 수많은 그리스도인이 "교회"를 주간 연설을 듣는 청중과 연관 짓는지의 이유이다.

그 결과는 수많은 영적 아비가 그들이 해야 하는 일을 하지 않게 된 것이다. 그들 중 많은 사람이 나에게 고백하기를, 전통적인 교회에서는 그들이 기여할 수 있는 자리가 보이지 않는다고 했다. 그들은 주님을 경험해온 오랜 영적 내력과 그것을 통해 그들이 습득한 교훈이 그들과 함께 사라져버릴 것이라고 느낀다. 자신의 영적 경험이 쓸데없이 낭비된다는 느낌을 받는 사람이 많다.

그러나 에클레시아의 유기적 본능에 의해 움직이는 교회에서는 모든 지체가 교회 모임에서 기능을 발휘한다. 아울러 그들은 공동체의 모임 밖에서도 기능을 발휘한다. 영적인 아비들과 어미들은 이런 유형의 교회에서는 매우 활동적이다. 아비들은 젊은 형제들을 지도하고, 위기에 처했을 때 지혜를 공급해준다. 어미들은 젊은 자매들에게 아내와 어머니로서 어떻게 지혜롭게 행하며, 또 어떻게 역할을 감당하는지 가르쳐준다.딛 2:3-4

청년들은 교회에 활기와 힘을 공급한다. 그러나 그들은 자신을 단련하도록 나이 든 사람들의 안정성이 필요하다. 영적 자녀들은 믿는 자의 공동체에 새로운 열정을 주입한다. 그러나 그들에겐 양육이 필요하다. 그들을 살피고, 먹여주고, 기저귀를 갈아주고, 주님과 함께 동행하는 법을 가르쳐 줄 다른 사람들을 필요로 하는 것이다.

(6) 지체들은 그들의 관계성에 삼위일체 하나님을 반영한다

우리가 이미 정립한 바와 같이, 신약성서에 그려진 교회는 삼위일체 하나님을 모델로 삼은 교회 공동체이다. 아버지, 아들, 그리고 성령은 모두 관계성으로 연결되어 있다. 세 인격의 가족적인 교제가 바로 교회의 근원과 교회의 목표이다. 요일1:1-3

하나님은 각 인격 사이에 영원히 지속되는 상호 관계 속에서 사신다. 이런 이유 때문에, 교회는 그 무엇보다도 상호 관계적 공동체로 불려야 한다. 다른 말로 표현하자면, 가족이다.

우리는 하나님의 형상을 따라 지어졌기 때문에, 우리가 공동체로 살 때 비로소 진정한 사람이라 할 수 있다. 계층적 구조로 된 교회나, 또는 그 교제를 매주 한 번의 예배 의식으로 격하시키는 교회는 이런 영적 실체에 위배된다.

그러므로 삼위일체는 우리의 교회에 대한 이해를 형성시켜준다. 의미심장한 것은 옛 그리스도인들이 하나님 안의 교제를 영원한 춤으로 묘사했다는 사실이다. 삼위일체의 세 인격은 서로에게 자신을 영원히 내어주고, 각 인격이 자신을 희생하는 사랑의 영원한 원무를 추며 살아간다. 교회는 이런 교제와 희생의 춤을 반영하라고 부르심 받았다. 그러나 그 이상으로, 교회는 그 춤의 새로운 파트너로 소개되었다.

어째서 그런가? 교회가 가족 곧 하나님의 가족이기 때문이다.

흥미롭게도, 초기 그리스도인들은 아버지와 아들과 성령 사이에서 펼

처지는 신적 교제의 춤을 묘사하는데 페리코레시스perichoresis라는 단어를 사용했다. peri라는 접두사는 "주위에 둘러싸여around"라는 뜻이고, choresis는 "춤을 추다"라는 뜻이다.

인류의 마지막 장은 삼위일체의 춤 안으로 완전히 흡수되어, 하나님 안에 흐르는 그 넘쳐나는 사랑의 원 안으로 완전히 인도되는 것이다.^{고전 15:24-28; 엡1:10} 기쁜 소식은 우리가 지금 그런 미래의 실체를 미리 맛보며 살 수 있다는 것이다. 미로슬라브 볼프가 피력했듯이, "그렇지만, 삼위일체 하나님의 교류 속에 참여하는 것이 교회에게는 소망의 대상일뿐 아니라, 현재의 경험도 된다."51)

비극적인 것은, 우리가 교회를 너무 오랫동안 제도권 노선에 의해 형성해왔기 때문에 잘못된 스텝으로 춤추는데 길들여져 있다. 그러나 교회를 가족으로 보는 것이 삼위일체 하나님 안에 있는 우리의 정체성을 굳건히 받쳐주고 그 원 안으로 우리를 다시 이끌어줄 것이다.

공동체인가, 아니면 기업인가?

다시 강조하지만, 신약성서의 기자들은 교회를 그리는데 비즈니스 기업의 그림을 결코 사용하지 않는다. 많은 현대 "교회"와는 달리, 초기 그리스도인들은 동료 형제들에게 부담을 주면서까지 건축 프로그램과 사업 계획에 엄청난 돈을 쓰는 것에 대해서는 상상도 하지 못했다.

이런 식으로 하기 때문에, 많은 현대 교회는 사도적인 공동체보다는 본질적으로 제너럴 모터스를 더 많이 닮은 대기업이나 다름없다. 상당수의 교회가 개인주의적이고, 물질적이고, 사업 지향적이고, 소비자 위주이고, 자기만 섬기는 사회에 도취되어 그 유혹에 굴복해버렸다. 그리고 궁극적으로 그 기업체의 성공 여부는 CEO, 즉 목사의 어깨에 달려 있다.

저명한 소설가 프레데릭 뷰크너가 말한 대로,

> 교회는 종종 문제 있는 가정과 거북할 정도로 닮아 있다. 거기엔 권위주의적 목사가 버티고 있다. 답을 모두 다 알고 거의 전권을 쥔 전문가 말이다. 그는 감히 도전할 수 없기 때문에, 아니면 도전해봤자 아무런 이득이 없다고 느끼기 때문에 그에게 도전하려는 사람이 거의 없는 그런 사람이다. 거기엔 교인들의 표면적 동지애와 내면적 고독이 있다. 또 거기에는 무언의 규칙과 숨은 의도가 있고, 예의를 차리도록 어느 정도 숨겨진 의심과 대립이 있다. 평지풍파를 일으키지 않고 지금까지 항상 해왔던 대로 계속 뭐든지 해야 하는 풍조 때문에, 종종 충분히 활용되지 못하거나 인정받지 못하는 갖가지 열심과 독창성을 가진 사람들이 있다.[52]

요컨대, 성서가 우리에게 소개하는 교회는 사랑의 가정이지, 사업체가 아니다. 그것은 딱딱한 조직이 아닌, 살아있는 유기체이다. 종교적인 기업이 아닌, 예수 그리스도의 공동체적 표현이다. 계층적 구조를 가진 기름 친 기계가 아니라, 왕의 공동체이다.

그렇기 때문에, 교회가 그 본능대로 기능을 발휘할 때 다음과 같은 것들을 제공하게 된다:

- 독립 대신 상호 의존
- 분열 대신 일체감
- 관람 대신 참여
- 고립 대신 접속
- 개인주의 대신 결속

- ☐ 제도화 대신 자발성
- ☐ 프로그램 대신 관계성
- ☐ 지배 대신 예속
- ☐ 불안감 대신 풍요함
- ☐ 속박 대신 자유
- ☐ 기업 대신 공동체
- ☐ 분리 대신 결합

사도들의 말로 하면, 교회는 아기들, 아이들, 청년들, 형제들, 자매들, 어미들, 그리고 아비들로 구성된다. 고전4:15; 딤전5:1-2; 약2:15; 요일2:13-14 이것은 가족의 언어와 그림이다.

21세기를 살아가는 가족으로서의 교회

나는 플로리다 주에서 가장 큰 오순절교회 중 하나에 속했었다. 그 교회는 믿을 수 없을 만큼 돈이 많은 교회였다. 나는 그 교회를 다니는 한 가족과 친하게 지냈는데, 그들은 아주 가난했다.

아래의 이야기는 내 마음 속에 영원토록 각인되어 있는 장면이다. 나는 그 친구의 거실에서 그의 아내와 네 자녀와 함께 어둠 속에 앉아서 손전등과 촛불을 켜고 대화를 나누었다. 우리가 왜 어둠 속에 앉아 있었을까? 그들이 그 달에 전기세를 내지 못해서 전기가 끊겼기 때문이다.

우리 모두가 속했던 그 돈 많은 교회는 그 형제나 그의 가족에게 1센트짜리 동전 한 개도 주지 않았다. 나는 그때 그것이 아주 괘씸하다고 생각했는데, 재미있는 것은 내가 아직도 그렇게 생각한다는 사실이다. 이 사건은 나에게 마지막 치명타를 가했다. 이 일이 있고 나서 얼마 후, 나는 제도권 기독교를 떠났다. 다시는 결코 돌아가지 않을 작정으로. 그리고 유기적 교회생활로의 내 여정이 시작되었다.

지난 20년 동안 내가 함께 해온 유기적 교회들을 회상해보면, 많은 장면이 내 마음을 채운다. 그 교회들에 속한 지체들이 얼마나 성실하게 하나님의 가족을 구체적으로 실현했는지가 떠오른다. 가장이 다쳤는데 보험이 없고 일도 할 수 없었기 때문에 여러 달 동안 그 부부와 아이들을 경제적으로 지원했던 그런 교회가 생각난다.

한 자매가 갑자기 병에 걸려서 운전을 할 수 없었을 때의 장면도 떠오른다. 병원에 갈 때와 볼일을 보러 가야 하는 그녀를 위해 독신 형제들이 번갈아서 운전해주었고, 자매들은 음식을 만들어주었다. 이것이 몇 주 동안 지속되었다.

또 가정에 일어난 비극으로 말미암아 고통 속에 있던 한 형제와 함께 슬퍼하고 울어주었던 교회도 생각난다. 모든 성도가 여러 주 동안 그의 곁에서 필요를 채워주고 돌봐주었다.

한 자매가 우울증에 시달렸을 때 다른 자매들이 그 집에 불시에 들이닥쳐서 대청소를 해주고, 아이들과 놀아주고, 빨래를 해주고, 음식을 해주는 등, 잘 보살펴주었던 일도 생각난다. 그녀가 회복되어 스스로 할 수 있을 때까지 이렇게 했다. 또 생각나는 것은, 잘못을 저지른 형제를 포기하지 않고 그를 다시 주님께로 돌아오도록 사랑했던 교회이다. 나에겐 이 교회들의 지체들이 어떻게 일주일에 여러 번 만나 서로 교제를 나누었는지에 대한 생생한 기억, 곧 함께 식사하고, 함께 레크리에이션을 하고, 함께 웃고, 함께 즐기고, 함께 사역하고, 개인적인 문제들을 함께 해결하고, 자신의 삶을 서로 나누었던 기억이 있다.

또 다른 장면들이 내 마음을 채운다. 교회의 젊은 부부들이 일상을 떠나 잠시 조용한 곳에서 저녁식사를 하도록 독신 형제들이 자발적으로 그들의 아이들을 돌봐주었던 일. 교회의 아이들이 바닷가에서, 피크닉에서, 그리고 지체들의 뒤뜰에서 함께 뛰놀던 일. 부모들이 주님에 관한 얘기에 열중할 때 아이들이 그것을 엿듣고 있던 일. 그리고 나서 집에 돌아오는 길에 그 아이들이 들었던 내용에 관해 엄마와 아빠에게 질문했던 일.

우리가 이 장을 끝마칠 때가 되었지만, 내 생각엔 유기적 교회가 어떻게 그 지체들을 향한 사랑을 창조적인 방법으로 보여줄 수 있는지를 반영하는 특별한 이야기를 하나 소개하는 것이 좋을 것 같다. 다음은 내가 개척한 최초의 유기적 교회에 속한 자매 그룹이 보고한 내용이다. 그들이 들려준 이야기는 교회의 형제들이 자매들을 향한 그리스도의 사랑을 상기시켜 주려고 했던, 한 특별한 발렌타인 데이에 있었던 일이다.

금년 발렌타인 데이에, 형제들은 우리 자매들을 위해 성대한 잔치를 열어주었습니다. 그들은 우리에게 정장을 입고 한 자매의 집에서 그들을 기다리라고 했습니다. 이것은 결국, 멋진 축제로 드러났습니다. 세 명의 형제들이 나타났는데, 신사복에 넥타이를 한 정장차림이었습니다. 그들은 흰 튤립이 가득한 꽃병을 가지고 와서 우리 각 사람에게 그 흰 튤립 한 송이씩을 나눠주어 들게 했습니다. 그리고는 우리가 어떻게 그 튤립을 대표하는지에 대해 말해주었습니다. 흰색은 그리스도의 순결성을; 초록색 줄기는 우리 안에 있는 그리스도의 생명을 상징한다고 했습니다.

그리고 그들은 우리가 그날 저녁을 기억하도록 우리의 전체 사진을 찍었습니다. 이어서 그들은 우리를 데리고 다른 집으로 갔고, 우리는 밖에서 기다렸습니다. 그 다음 일어난 일은 정말 놀라움 그 자체였습니다. 우리는 전혀 예상치 못했습니다. 그들이 우리에게 말하

기를, 우리가 사는 도시에 있는 화가 한 사람이 자신의 미술관을 우리에게 공개했다고 했습니다. 마침내 문이 열렸고, 우리는 집 안으로 들어갔습니다. 거기에 우리를 집 안으로 인도하는 여행 가이드가 있었는데, 우리가 첫 번째로 인도된 곳엔 화분에 심긴 나무가 전시되어 있었습니다. 그 나무에는 우리 자매들 각 사람이 주님의 어떤 것을 대표하는지 말해주는 시가 적혀 있었습니다. 그 시는 우리를 나무의 각기 다른 부분과 동일시하는 시였습니다. 우리는 나뭇잎에 걸려 있는 우리 자매들 각 사람의 사진을 발견했습니다. 정말 감동 그 자체였습니다.

각 전시관에는 형제들 여러 명이 역할극을 하고 있었는데, 전시된 것이 무엇인지를 서로에게 얘기했습니다. 그들은 처음부터 내내 자신이 맡은 배역에 충실했습니다. 그들은 미술관 안에 있었습니다.

그 다음에 안내된 전시관은 표지판을 들고 있는 형제들의 콜라주 collage였습니다. 각 표지판에는 글자 하나가 씌어있었는데, 그 글자들을 합쳐놓으니 자신의 교회를 향한 그리스도의 사랑을 표현한 로맨틱한 시였습니다.

다음 전시관엔 액자에 하트 모양이 있었는데, 아주 크고 빨간 하트였습니다. 그 하트의 중앙엔 한 남자와 한 여자가 서로 손을 잡은 그림이 있었습니다. 남자의 형상을 만든 것은 교회의 형제 모두의 얼굴을 모아놓은 콜라주였고, 여자의 형상은 모든 자매의 얼굴을 모아놓은 콜라주였습니다. 마무리로는, 하트 밖으로 핑크색과 초록색과 푸른색의 광선이 발산되고 있었습니다. 핑크색은 주님의 사랑을; 초록색은 주님의 기쁨을; 그리고 푸른색은 주님의 생명을 상징했습니다. 남자와 여자는 그리스도와 그분의 신부를 나타냈습니다.

마지막 전시관에는 커다란 거울이 천장에 매달려 있었고, 거울 위에 "신부"라고 써있었습니다. 여행 가이드는 우리를 거울 앞에 세우고 거울의 각도를 틀어서 자매들 전부가 거울에 비친 자신들의 모습을 보게 했습니다. 그리고는 그가 손으로 가리킨 거울의 그 자리에 빨간 자국이 있었습니다. 그것은 그리스도의 핏자국을 상징했습니다. 그 핏자국 바로 위에 "우리가 지금은 거울로 보는 것 같이 희미하나 그 때에는 얼굴과 얼굴을 대하여 볼 것이요"라는 성경구절이 적혀 있었습니다. 이것은 우리 모두에게 크나큰 감동이었습니다.

관람이 끝나고 나서 우리는 집 밖으로 인도되었는데, 형제 두 사람이 나와서 우리에게 세레나데를 불러주었습니다. 한 사람은 기타를 치고, 둘이 함께 자신들이 작사한 노래를 불렀습니다. 그들은 "우리가 비록 돈은 없을지라도, 난 널 정말 사랑한단다"라는 노래를 개사해서 그들이 그리스도 안에서 얼마나 우리를 사랑하는지를 표현했습니다. Kenny Loggins의 히트곡 Danny's Song에 나오는 가사

그들은 그 이벤트 전체를 녹화했습니다. 그리고 우리에게 노래를 더 불러주었습니다.

그리고 그들은 우리를 다시 집 안으로 초대했는데, 가보니 방이 졸지에 식당으로 바뀌어 있었습니다. 하얀 식탁보를 깐 식탁들이 놓여 있었고, 우아한 분위기로 꾸며져 있었습니다. 그들은 금테를 두른 멋진 차이나를 사용했고, 또 잘 어울리는 은식기류와 크리스탈 잔을 사용했습니다. 그들은 나중에 그들이 우리 옆에 앉을 수 있도록 우리로 하여금 자리 하나씩을 비워두고 한 사람 건너 앉으라고 했습니다. 그리고 아주 근사한 독특한 유기농 고급 버터 gourmet butter를 갖고 들어왔습니다.

형제들은 우리를 위해 아주 풍요로운 식탁을 마련하고 우리 자매들의 시중을 들었습니다. 그리고 그들은 우리와 함께 식사하려고 앉았습니다. 모든 음식은 네 코스로 나온 요리였는데, 전부 다 형제들이 만들었습니다. 그것은 진짜 고급 음식이었습니다. 우리가 식사하는 동안 다시 두 명의 형제가 각각 우리에게 세레나데를 불러주었습니다.

그날 밤, 우리의 형제들은 자매인 우리들을 높여주었습니다. 그리고 그들이 지금까지 했던 것 그 이상을 했습니다. 그들이 우리가 아주 특별하고 크게 사랑받는 존재라는 느낌을 우리에게 주었던 것입니다. 그리스도께서 자신의 신부를 대하시듯이 그들도 우리를 여왕처럼 대해주었습니다. 우리는 이 날을 결코 잊을 수 없을 것입니다.

교회는 그 유기적 본능에 의해 움직일 때 진짜 하나님의 가족임을 보여준다. 그리고 그렇기 때문에 우리 구세주의 다음과 같은 말씀이 이루어지게 된다: "너희가 서로 사랑하면 이로써 모든 사람이 너희가 내 제자인 줄 알리라." 요13:35

짚고 넘어가야 할 질문들

? 당신은 신약성서 저자들이 선호하는 교회의 은유적 표현이 가족이라는 사실을 발견하고 놀랐는가? 이 사실은 우리에게 무엇을 가르쳐주는가?

? 수많은 젊은이가 기존 교회에 흥미를 잃게 된 주요 원인이 진정한 가족처럼 움직이지 않기 때문이라는 말이 있는데, 당신은 이것에 동의하는가, 아니면 동의할 수 없는가? 설명할 것.

? 교회의 지체들이 서로를 거의 알지 못하는데도 그 교회를 "가족"이라고 부르는 것이 진정 타당할까? 설명할 것.

? 당신에겐 하나님의 가족임을 배우는 순수한 신자들의 공동체에 속하고 싶은 소원이 있는가? 설명할 것.

6장
다시 그려보는 교회의 일치

신약성서에는 충분한 교훈들이 포함되어 있다: 우리가 무엇을 믿어야 하는지에 관한 것뿐만 아니라, 우리가 무엇을 해야 하는지 또 어떻게 그것을 해야 하는지에 관해서. 그 교훈들에서 벗어난 것은 그 어떤 것도 그리스도의 주님 되심을 부인하는 것이다. 나는 답은 간단하지만 그리 쉽지는 않다고 말한다. 왜냐하면, 그것이 우리가 사람보다 하나님을 순종할 것과 종교인들 대다수의 분노를 불러일으킬 것을 요구하기 때문이다. 그것은 무엇을 해야 할지를 아는 것의 문제가 아니다; 우리는 그것을 성서에서 쉽게 배울 수 있다. 그것은 우리에게 그것을 행할 용기가 있는지 없는지의 문제이다.

A. W. 토저

먹는 자는 먹지 않는 자를 업신여기지 말고 먹지 않는 자는 먹는 자를 비판하지 말라 이는 하나님이 그를 받으셨음이라… 그러므로 그리스도께서 우리를 받아 하나님께 영광을 돌리심과 같이 너희도 서로 받으라.

다소 사람 바울, 로마서 14장 3절, 15장 7절에서

교회는 예수 그리스도의 몸이다. 고전12:12, 27 좀 더 구체적으로 말하면, 교회는 일정한 지역에 있는 그리스도의 몸이다. 제대로 이해했다면,

지역 교회는 특정한 장소에 있는 그리스도의 몸에 속한 모든 지체를 포함한다.

이런 생각의 흐름을 따라, 바울은 로마에 있는 교회에 쓴 편지에서 그리스도인들에게 "그리스도께서 우리를 받아 하나님께 영광을 돌리심과 같이 너희도 서로 받으라"는 권면을 했다. 바울에 의하면, 교회는 하나님께서 받으신 모든 사람으로 이루어진다. 그리고 우리는 하나님께서 받으신 사람 그 누구도 거부할 수 없다. 우리가 다른 사람들을 받아주는 것이 그들을 교회의 지체로 만들지 않는다. 우리는 그들이 이미 지체이기 때문에 그들을 받아주는 것이다. 그러므로 만일 하나님께서 당신을 받으셨다면 당신은 교회에 속한 것이고, 따라서 나는 당신을 받아줘야 한다.

결론을 말하자면, 당신이 있는 도시에 사는 모든 그리스도인은 당신을 하나님의 가족에 속한 동기간으로 여겨야 한다는 것이다. 왜 그래야 하는가? 당신이 다른 모든 신자와 똑같은 생명을 공유하기 때문이다.

대부분의 그리스도인들은 내가 바로 위에서 언급한 원리에 동의할 것이다. 그렇지만, 그것을 실천하는 것은 완전히 다른 문제이다. 오늘날 큰 문제는 수많은 그리스도인이 하나님의 받아주심을 교제의 기반으로 삼지 않는데 있다. 그들은 이런 근본적인 기준에 무엇을 더하든지 아니면 제해버린다. 적지 않은 현대 "교회들"이 이것이 곧 그리스도의 몸이라는 그리스도인의 일치를 위한 성서적 기반을 넓혀 놓든지 아니면 좁혀 놓았다. 이것에 대해 좀 더 전개해보기로 하자.

당신이 사는 도시에 정기모임을 갖는 그리스도인 그룹이 있다고 가정해보라. 그들은 스스로를 "제일 장로 은사 침례 커뮤니티 교회"라고 부른다. 당신은 그 교회의 지체로 가입하는 것에 대해 알아본다. 당신에게 곧 그 교회의 신학적 신조가 나열된 신앙고백서가 주어진다. 이 목록에 등장하는 교리들 상당수는 모든 진정한 그리스도인을 특징짓는 예수 그리스도를 믿는 것, 주님의 구속사역, 주님의 육체적 부활 등 신앙의 근본적인 기초를 한참 벗어나 있다.

당신은 "제일 장로 은사 침례교회"를 계속 다니면서 금방 다음과 같은 것을 발견하게 된다: 당신이 그 교인들에게 완전히 받아들여지려면 성령의 은사에 관한 그들의 관점에 동의해야 한다. 아울러 당신은 하나님의 선택과 그리스도의 재림에 관한 그들의 관점에도 동의해야 한다. 만일 당신이 이것들 중 하나만이라도 그들과 동의하지 않는다면, 당신은 다른 교회를 다니는 것이 더 나을 거라는 느낌을 받게 될 것이다.

이것의 문제가 무엇인지 아는가? "제일 장로 은사 침례교회"가 교회라고 주장하긴 하지만, 그들은 교회를 위한 성서적 기준에 미치지 못한다. 의도적이든지 그렇지 않든지, 그들은 교제를 위한 성서적 기반을 무효화했다. 그 기반은 오로지 그리스도의 몸뿐인데도 말이다. 신약성서가 그런 그룹을 일컫는 용어를 사용하는데, 그것이 곧 분파sect라는 단어이다.

사람들은 회개하고 주 예수 그리스도를 신뢰함으로 하나님에 의해 받아들여진다. 다시 강조하지만, 누가 주님께 속했다면 그 사람은 그리스도의 몸에 속한 일부이다. 그리고 우리는 오직 이 기반 위에서 그들을 교제 안으로 받아들이는 것이다.

만일 어떤 그리스도인 그룹이 교제 안으로 누구를 받아들이기 전에 그리스도를 영접한 사실 외에 무엇을 더 요구한다면, 그 그룹은 교회라는 단어의 성서적 의미로 볼 때 교회는 아니다. 그것은 분파이다. 예외가 있다면, 어떤 그리스도인이 고의로 죄를 짓고 돌이키기를 거부하는 때이다.53) 재차 강조하지만, 하나님께서 받아주신 모든 사람은 그리스도의 몸에 속한 일부이다.

분파주의sectarianism의 문제

성서에 등장하는 분파sect, 파당라는 단어의 의미를 생각해보자. 분파의 헬라어 단어는 하이레시스hairesis이다. 이 단어가 신약성서에 9번 사용되었는데, "파sect", "당파party", "파당faction", 그리고 "이단heresy"으로 번역된다.

분파는 분열 또는 대립이다. 그것은 자신들의 신조를 따라 더 큰 전체에서 스스로를 분리시키기로 선택한 한 무리의 사람들을 가리킨다. 분파주의의 죄를 범한 전형적인 예를 바울이 쓴 고린도전서에서 볼 수 있다:

> 내 형제들아 글로에의 집 편으로 너희에 대한 말이 내게 들리니 곧 너희 가운데 분쟁이 있다는 것이라 내가 이것을 말하거니와 너희가 각각 이르되 나는 바울에게, 나는 아볼로에게, 나는 게바에게, 나는 그리스도에게 속한 자라 한다는 것이니 그리스도께서 어찌 나뉘었느냐 바울이 너희를 위하여 십자가에 못 박혔으며 바울의 이름으로 너희가 세례를 받았느냐. 고전1:11-13

하나님의 생각에는 고린도 안에 살던 모든 그리스도인이 고린도교회에 포함되었다. 고전1:2 하지만 어떤 사람들은 고린도에 있던 그리스도의 몸보다 더 작은 원을 그들을 중심으로 그리고 있었다.

고린도에 있던 어떤 사람들은 그리스도의 몸을 그리스도인의 일치를 위한 그들의 기반으로 삼는 대신 그들이 선호하는 사도적 일꾼을 교제의 기반으로 삼았다. 바울은 사랑하는 마음으로 교회의 분파주의 성향을 육신의 일로 간주하고 교회를 엄히 꾸짖었다. 고전3:3-4; 갈5:19-20; 유19절

만일 바울의 책망에 유의하지 않았다면, 교린도교회 안에 자신들이 교회라고 주장하는 네 개의 다른 분파가 생겼을 것이다. 즉, "베드로의 교

회", "아볼로의 교회", "바울의 교회", 그리고 "그리스도의 교회." 마지막 그룹은 아마 다음과 같이 주장했을 것이다: "우리만이 그리스도를 따르는 유일한 사람들이다. 우리에겐 우리를 돕는 바울이나 베드로나 아볼로 같은 사도적 일꾼이 필요없다. 우리에게 필요한 것은 예수님뿐이다. 우리는 그리스도의 것이다."

이것을 꼭 이해해야 한다. 그리스도인의 그룹이 하나님께서 받아주신 사람들을 제외시키면서 교제의 성서적 기반을 무너뜨릴 때는 그것이 겉으로 드러났든지 속에 내포되어 있든지 관계없이 언제나 분파이다. 그들은 건물에 "교회"라고 쓴 간판을 달았을 수도 있고, "교회의 신분"으로 법인 단체 등록이 되어 있을 수도 있다. 그러나 교회의 성서적 정의에는 미치지 못한다. 그 이유는? 지체들이 분파의 태도를 취하기 때문이다.

이것은 분파의 지체들이 그리스도의 몸에 속하지 않았다는 의미가 아니다. 그들은 대부분 그리스도의 몸에 속해 있다. 그러나 분명 그것은 그들이 교회라고 내세우려고 만든 조직이 그 실체에 미치지 못한다는 뜻이다.

그렇기 때문에, 그리스도인들은 결코 어떤 분파에도 합류하면 안 된다. 왜냐하면, 분파는 본질적으로 분열하는 성향이 있기 때문이다. 그리고 하나님에게는 분파가 없기 때문이다. 쉽게 말해서, 우리 믿는 자들이 주장할 수 있는 유일한 교회는 예수 그리스도께서 시작하신 그 교회, 즉 지역에서 표현되는 주님의 몸이다. 그리고 이 몸은 예수님을 신뢰하는 모든 사람을 영접하고 받아준다. 적지 않은 그리스도인들이 그리스도의 몸의 범위를 축소시켜 놓은 것에 반해, 어떤 사람들은 그것을 넓혀 놓았다. 이 그룹들은 누구든 포함시키려는 시도로 불신자들과도 하나가 되려고 했다. 그러나 이런 식의 하나 됨은 성서와는 동떨어진 것이다. 왜냐하면, 오직 그리스도께서 받아주신 사람들만이 그분의 몸에 속하기 때문이다.

그리고 오직 그들만이 그분의 교회를 구성하기 때문이다.

불신자들을 가족으로 받아들이는 것은 교회를 땅의 것과 인간적인 어떤 것으로 탈바꿈시키는 것이다. 고전5:6; 갈2:4; 딤후3:6; 벧후2:1; 유4, 12절 물론 이것이 그리스도인들이 그들의 모임에 불신자들의 참석을 금해야 한다는 뜻은 아니다. 우리는 그들의 참석을 금하면 안 된다. 고전 14:23-24 그러나 그것은 분명 우리가 그들을 우리의 형제로 받을 수 없다는 의미이다. 그렇다면, 교회의 하나 됨은 그리스도의 몸에 국한된 것이다. 그리고 그것이 몸보다 작거나 크게 형성될 수 없다.

우리가 어떻게 궤도를 이탈하게 되었는가?

흥미로운 것은 1세기 교회의 그리스도인들은 한 도시에 교회가 하나 이상이라는 생각을 가져본 적이 없다는 사실이다. 이런 이유로, 신약성서의 저자들은 특정한 교회를 지칭할 때는 언제든지 그 도시의 이름으로 그것을 확인했다. 행8:1; 13:1; 18:22; 롬16:1; 살전1:1; 고전1:2; 계2:1, 8, 12, 18; 3:1, 7, 14

만일 당신이 AD 40년에 예루살렘성에 살았다면 스무 명의 신자와 함께 모임을 가져도 스스로를 예루살렘교회의 일부로 여겼을 것이다. 행2:46 아울러 당신은 예루살렘에 있던 교회의 다른 지체들과도 영적으로 연결되어 있었을 것이고, 그들과 주기적으로 함께 모였을 것이다. 행15:4 이하

오늘날은 상황이 아주 다르다. 같은 도시 안에 수백 개의 "교회"가 존재한다. 각 교회는 스스로를 다른 교회들과 구분하려고 개별적인 이름을 취한다.

사람들이 거의 묻지 않는 중요한 질문이 있다: 이런 분열이 어떻게 해서 생겨났는가? 그리스도인들이 어떻게 스스로를 그 도시에 있는 한 교

회의 일부로 보는 것에서 떠나 같은 도시에 있는 수많은 파당이 되었는가?

나는 크리스천 교회의 분열이 성직자/평신도 계급 구분의 발달에 뿌리를 둔다고 믿는다. 이 구분은 3세기 전후에 구체화하기 시작했다. 전신자 제사장주의를 성직자 계급과 평신도 계급으로 심히 갈라놓은 이 계급구조의 출현은 그리스도의 몸에 알려진 최초의 두드러진 분열이었다.54)

일단 성직자/평신도의 단절이 형성되자, 성직자들 중에서 신학적인 문제들로 말미암아 각양각색의 성직자로 나뉘지기 시작했다. 이것이 시대를 불문하고 다양한 신종 분파를 번식시켜온, 영구적인 운동을 낳았던 것이다.55) 이런 분파들의 주목할 만한 특징은 그것들에 속한 사람들이 예수 그리스도만이 아닌 그들이 선호하는 지도자또는 교리를 중심으로 모인다는 사실이다.

어쩌면 현대적 비유 하나가 이런 악순환을 설명하는데 도움에 될지도 모른다. 소위 평신도라 불리는 밥Bob이 성서를 가르치라는 부르심을 느꼈다고 가정해보자. 대부분의 제도권 교회들에서는, 밥이 "사역을 위해 떠나서" 그의 부르심을 성취하도록 스스로 교회를 세워야 한다. 평신도가 가르치는 은사를 가졌다 해도 목사는 그의 강단을 계속해서 평신도와 공유한다는 생각은 아예 하지 않는다. 이런 사고방식이 얼마나 어리석은지를 알려면 고린도전서 14장 26절을 참조할 것.

밥은 적절한 제도적 절차를 밟아서 목사가 되어 그가 사는 부근에 새로운 교회를 시작한다. 실은, 밥의 "교회"는 그 자신의 사역이 연장된 것에 지나지 않는다. 그리고 그 자신의 개성이 연장된 것일 가능성이 아주 높다. 아울러 그것은 그가 사는 도시에 이미 존재하는 수도 없이 많은 분파 모두가 새로운 회원을 모집하려고 서로 경쟁하는 분파들에 불필요한 것을 하나 첨가한 것이다.

여기에 문제의 뿌리가 놓여있다. 밥이 다녔던 제도권 교회는 그 교회의 모임에서 그가 자유롭게 자신의 가르치는 은사를 사용하도록 허용하지 않았다. 따라서 그는 자신의 교회를 시작하는 것 말고는 다른 선택의 여지가 없다고 생각했다. 그런데 나는, 많은(대부분이 아니라면) 현대 교회가 목사의 가르치는 은사를 사용할 강단을 그에게 제공하려고 존재한다고 믿는다.

이렇게 해서, 성직자/평신도의 구분은 그리스도의 몸 안에서 헤아릴 수 없는 분쟁을 끝도 없이 일으키는 모판이 되어왔다. 왜냐하면, 은사를 받은 사람들이 하나님의 부르심을 성취하는 것이 막힐 때 부득이 그들 자신의 교회를 시작할 수밖에 없다고 느끼기 때문이다. 하나님께서 그렇게 하도록 결코 그들을 부르신 적이 없을 수도 있지만 말이다.

이런 상황은 수많은 분파의 출현을 초래했을 뿐만 아니라, 은사를 받은 많은 그리스도인으로 하여금 신약성서 그 어디에서도 그리지 않는 직무를 행하도록 강요해왔다: 현대 목사의 직책이 그것이다. 9장을 참조할 것.

위의 시나리오를 1세기에서 행해졌던 방식과 대조해보자. 만일 밥이 1세기 교회의 지체였다면 그 스스로 하나님께서 절대로 허락하신 적이 없는 단체를 시작하려는 모험을 감행할 필요가 없었을 것이다. 밥은 유기적 교회의 지체로서 그의 가르치는 은사를 거리낌 없이 발휘하는 자유가 있었을 것이다. 2장을 참조할 것. 교회는 일치된 의견에 의해 결정했을 것이므로, 밥은 교회가 결정하는 모든 일에 발언권을 가졌을 것이다. 10장을 참조할 것.

밥은 다음의 다섯 가지 상황 중 하나일 때에만 교회를 떠났을 것이다: (1)만일 그가 교회에 의해 지적을 당한 후에도 드러난 범죄의 중단을 거부한다면, (2)만일 그가 다른 도시로 이사간다면, (3)만일 그가 야심을 부려 독립적으로 자신의 사역을 시작한다면, (4)만일 그가 속한 교회가 진정한 에클레시아가 되기를 그치고 사업체나 분파가 된다면, (5)만일 하나님께서 그를 순수한 사도적 사역으로 부르신다면, 이 때는 교회가 그를 파송할 것이다. 1세기 교회의 사도들이 그들 자신의 영적 체인점을 차리라고 파송되지 않았음을 유념하라. 그들은 교회가 없는 곳에 유기적 교회를 세웠다.

요약하자면, 현대 분파주의의 뿌리는 성직자/평신도의 계급 구분에서 찾을 수 있다. 이런 점에서, 인류 역사에서 교회의 중심적 위치를 차지하는데 목말랐던 사람은 유독 디오드레베만이 아니다. 요한이 묘사하기를 "으뜸되기를" 좋아한다고 한 그 사람 말이다. 요삼 9-10절 통탄할 것은, 그리스도의 몸에 속한 지체들이 주님의 집에서 사역하는 것을 디오드레베가 여전히 금한다는 사실이다.

조직을 통한 일치

대부분의 그리스도인들은 우리 시대에 교회가 심히 분열되어 있다는 데 동의한다. 우리 주님의 몸에 속한 수족이 교파들로, 운동들로, 기독교 단체들로 잘렸고, 산산조각 났고, 베어졌고, 그리고 토막 났다.

어떤 사람들은 분파주의의 문제를 보면서 조직의 일치를 그 해결책으로 제시해왔다. 이런 부류의 일치는 기독교 안의 다양한 줄기들 전부가 통합된 단체의 기치 아래 서로 협조하고 관계성을 맺는 그런 그림을 상상한다. 그러므로 이런 종류의 교파 통합ecumenism은 일반적으로 고위직에서만 스스로를 드러낸다. 여러 교회의 목사들이 "목사회" 같은 것을 만들어 정기적으로 함께 모일 것이다.

그런 일치의 표현은 좋긴 좋지만 부적합하다. 그것은 단지 그리스도의 몸 일부에만 영향을 미치고, 분파주의의 근원적인 문제를 건드리는 데는 실패하고 만다. 이런 이유로, 그것은 울타리 위에서 손을 잡는 것이나 다를 바 없다.

그것이 기독교의 다른 전통들을 받아들이려는 훌륭한 발걸음이지만, 그렇게 하는 것은 충분하지 못하다. 교파들은 인간이 분리시켜 놓은 것으로써, 주 예수 그리스도 이외의 공통분모를 중심으로 모인 종교 조직이다. 그렇기 때문에, 교파들은 성서적 원리를 손상시키고 그리스도의 몸을 산산조각 나게 한다. 이런 이유에 의해, 초대교회는 교파에 관해서는 상상도 하지 못했다. 그렇다면, 내가 보기에 하나님의 이상은 "울타리"를 모조리 걷어내는 것이다.

그리스도인의 교제에서 유일한 기반은 그리스도의 몸에 더하거나 제한 것이 없는, 오직 그리스도의 몸뿐이다. 이런 이유로, 조직신학 교수인 존 프레임은 성서가 "교파주의의 철폐를 요구한다"고 말했다.56) 프레임은 그의 책 중 하나를 교파주의의 저주로 명명할 것을 고려하기도 했다.57)

유감스럽게도, 오늘날 수많은 신자가, 특히 점점 더 많은 성직자가 이 아픈 곳을 건드리려 하지 않는다. 우리 자신의 것과 일치하는 신조를 가진 사람들과 가깝게 교제하는 편이 우리의 육신에겐 훨씬 쉽다. 그리고 교리, 성격, 예배 방식, 영적 관습 등등이 다른 사람들과 함께 하는 것이 훨씬 더 어렵다.

많은 그리스도인이 어느 정도까지는 기꺼이 안락한 삶을 떠나지만, 일치를 어중간하게 표현하는 것이 우리 대부분의 한계이다. 그 결과, 선good이 종종 최선best의 원수가 되고 만다.

이것은 나에게 산당은 그대로 두고 성전만 정결케 했던 이스라엘의 왕들을 상기시켜 준다. 참된 하나 됨은 우리의 삶 깊은 곳에서 역사하는 십자가의 능력을 요구한다. 이런 이유로, 바울은 에베소서에서 다음과 같이 사랑으로 교회에 권면했다: "모든 겸손과 온유로 하고 오래 참음으로 사랑 가운데서 서로 용납하고 평안의 매는 줄로 성령이 하나 되게 하신 것을 힘써 지키라 몸이 하나요 성령도 한 분이시니 이와 같이 너희가 부르심의 한 소망 안에서 부르심을 받았느니라."엡4:2-4

만일 바울이 편지를 쓴 대상이 자신들을 분파로 나누어놓고 편할 때만 서로 교제를 나누었다면 그런 권면은 별로 이치에 맞지 않을 것이다. 이에 반해서, 신약성서에 그려진 교회는 교파나 기독교 체인점이나 종교적 당파나 또는 영적 동아리에 의해 그리스도인들을 분리시키는 것에 대해서는 상상도 하지 못했다. 그리고 목사회를 조직하는 것에 대해서도 전혀 상상하지 못했다.

오히려, 일정한 지역에 있는 그리스도의 몸에 속한 모든 지체가 같은 교회 소속이었다. 영적으로만이 아니고, 실제적인 표현에서도 그랬다. 믿는 자 각 사람은 자신의 동료 그리스도인들을 같은 몸 안의 기관organs으로 보았고, 같은 건물의 벽돌로 보았고, 같은 가족의 동기간으로 보았고, 같은 군대의 병사로 보았다.

존 W. 케네디가 말한 대로,

> 흩어져 있는 벽돌더미가 보기에는 결합되어 있는 것 같지만 집은 아니다; 벽돌 하나가 다른 벽돌과 아주 흡사하게 보인다. 마찬가지로, 너도나도 자기가 그리스도 안에서 하나라고 주장하는, 흩어져 있는 중생한 사람들의 무리가 교회는 아니다. 그들은 각 사람이 영적인 건물 안에서 자신의 특별한 위치로 기여하며, 그들 모두를 함께 묶는 생명의 끈과 상호간의 책임을 의식하면서 "적절하게 함께 연결"되어야 한다.[58]

이것이 사실이므로, 그리스도인은 스스로를 "교회"라고 부르는 분파나 종교 단체를 떠나야 할 것이다. 이것이 오직 그리스도만을 토대로 모이는 교회를 떠나는 것과는 같지 않다.

교리를 통한 일치

교리의 일치가 사람들이 교회의 분열을 바로잡는 해결책으로 제시하는 또 다른 사상이다. 이런 유의 일치를 지지하는 그리스도인들은 "교리의 순수성"의 필요에 대해 얘기를 많이 한다. 그러나 결국, 교리의 순수성을 교제의 기반으로 놓는 것이 일반적으로 그리스도의 몸을 한참 더 산산조각 내고 만다.

그 문제를 질문 형식으로 바꿔보겠다: 당신은 누구의 교리로 기꺼이 그리스도의 몸을 나눌 것인가? 만일 당신이 "성서의 교리들"이라고 답한다면, 다음과 같은 질문이 따라오게 된다: 어떤 교리들이며, 또 누구의 해석인가?

기억하라: 하나님의 받으심으로 이끄는 것은 예수 그리스도 안에서의 회개와 믿음이다.

내가 관찰한 바로는, 교리의 일치를 강조하는 사람들은 종종 다른 전통을 가진 그리스도 안의 형제자매를 극단적인 의심의 눈초리로 보는 경향이 있다. 나는 영적 분별이 오늘날의 그리스도인들에게 가장 절박한 필요 중의 하나라고 믿는다. 그러나 우리의 동료 형제들을 비판적인 눈으로 면밀히 살피는 것이야말로 근본적으로 비성서적이고 완전히 비그리스도인적이다.

성서는 교만하고 흠 잡으려는 영에 의해 지배받는 사람들을 향해 경고한다. 이것은 형제들을 참소하는 자 곧 그리스도의 몸을 분열시키는 우두 머리를 특징짓는 바로 그 영이다.유16절; 계12:10 우리가 유일하게 주님만을 추구한다면, 주님께서 우리에게 거짓이 언제 나타나는지를 보여주실 것이다. 그러나 우리가 항상 다른 사람들에게 있는 잘못의 기미를 살피려 한다면, 주님께서 그분의 작은 자들 중 하나를 통해 말씀하실 때 틀림없이 주님을 놓치고 말 것이다.

따라서 내가 제안하고 싶은 것은, 다른 그리스도인들의 오류에 불을 켜고 달려들 것이 아니라, 형제나 자매가 입을 열 때는 언제든지 우리가 그리스도의 어떤 것을 찾고자 하는 자세를 갖는 것이다. 다시 말하지만, 성서의 부정확한 해석은 그리스도의 몸을 나누는 토대가 될 수 없다. 예수 그리스도께서 당신을 받아들이셨다면, 나 또한 당신을 받아들여야 한다. 당신에게 깨달음이 부족할지라도, 또는 성서를 보는 당신의 눈이 부정확할지라도 관계없이. 그리고 당신은 같은 토대 위에서 나를 받아들여야 한다.

만일 성서의 완벽한 해석이 그리스도인의 교제를 위한 표준이라면, 나는 이미 15년 전에 나 자신과의 교제를 끊었어야 했을 것이다! 감사하게도 나는 아직도 배우는 중이다. 그리고 나의 성서 해석도 성숙해져 가고 있다. 우리 중에 진리를 다 터득한 사람은 아무도 없다. 만일 누가 그렇다고 생각한다면 그건 착각이다. 바울의 말에 "우리는 부분적으로 알고"라고 했다.고전13:9

이와 관련해서, 나는 예수님께서 재림하실 때 벌어질 일에 놀라고 말 것이다. 완벽한 교리에 집중했던 모든 그리스도인이 하나님나라에 들어온 사람들을 본 후에 기절할 것을 나는 상상할 수 있다. 천사들은 그들을 깨우려고 정신이 들게 하는 약을 가지고 사방을 돌아다닐 것이다!

유기체를 통한 일치

우리가 만일 삼위일체 공동체와 함께 시작한다면, 그리스도인의 일치를 해부하여 볼 때 그것이 조직적이거나 교리적이 아니라는 결론에 도달할 수 있다. 그것은 유기적이다. 교제와 하나 됨에 관한 결정적 이슈는 그리스도의 생명에 관한 것이다.

그러므로 우리의 교제를 좌우해야 하는 핵심질문은 바로 이것들이다: 하나님께서 이 사람을 받아주셨는가? 그리스도의 생명이 그 사람 안에 내재하는가? 그 사람이 구원해주시는 주님의 이름을 불렀는가?롬10:12-13 그 사람이 그리스도의 몸에 속한 일부인가?

예수 그리스도의 내재하는 생명이 성령의 일치를 위한 유일무이의 요건이다. 그리고 놀랍게도, 우리 그리스도인들이 서로 만날 때는 언제든지 그 공유하는 성령을 인지할 수 있다. 우리에게 같은 아버지가 계심을 입증하는, 우리가 친족관계라는 것을 즉시 알 수 있는 감각이 있다.

의심할 여지없이, 성령으로 난 사람들은 어떻게든 이 사실에 일치하도록 살 것이다. 하지만 그들은 영적인 많은 것에 대해 확실하지 않을 수도 있다. 그들의 성격이 다른 사람들과 부딪힐 수도 있고, 예배 방식이 우리 마음에 들지 않을 수도 있다. 그들이 미성숙해서 우리에겐 문제가 되지 않는 영역에서 씨름할 수도 있고, 심히 유별날 수도 있을 것이다. 성서에 대한 그들의 이해도 형편없을 수 있다. 그들은 후회할 잘못을 범할 수도 있고, 그냥 그릇된 사상을 좀 가졌을 수도 있다. 하지만 그리스도께서 그들 안에 거하신다는 사실이 우리로 하여금 그들을 가족의 일원으로 받아들이도록 요구한다. "말과 혀로만"이 아니라, "행함과 진실함으로" 말이다. 요일3:18

우리의 공통된 하나 됨을 회복하기

오늘날 교회의 하나 됨을 실제적으로 표현하는 것이 심히 훼손되어 있다. 하나님의 사람들 모두가 서로 독립적으로 운영하면서, 스스로를 단절되고 분리된 회중의 집단들로 산산조각 내어 버렸다. 주님께서는 그분의 사람들이 분열된 것과 관계없이 그들을 통해 역사하실지라도, 나는 주님께서 그들을 승인하신다고는 믿지 않는다.

신약성서 시대에는, 각 교회가 온전히 하나였다. 특정한 지역의 믿는 사람 모두가 한 가족의 일원으로 살았다. 예를 들어, 만일 당신과 내가 예루살렘성에 살았다면, 비록 우리가 도성 도처에 있는 다른 가정집들에서 모임을 가졌을지라도 같은 교회에 속했을 것이다. 흥미로운 것은 초대교회가 언제나 도시의 이름을 취했다는 사실이다. 그들에게는 다른 이름이 없었다. 행8:1; 13:1; 18:22; 롬16:1; 등등

만일 내가 내 마음에 드는 사도를 일치의 기반으로 삼겠다는 마음을 품고 "바울의 교회"를 세우고자 같은 생각을 가진 사람들과 함께 모이기를 감행한다면, 나는 나의 분파적인 성향을 지적받을 것이다. 고전3:3-4

아이러니한 것은, 우리가 "나는 침례교인입니다", "나는 오순절교인입니다", "나는 은사주의자입니다", "나는 캘빈주의자입니다", "나는 장로교인입니다" 등등으로 말할 때, 우리도 주저함 없이 같은 당파적 구분을 한다는 사실이다. 고린도 교인들이 스스로를 이런 식으로 부르기 시작했을 때 바울이 그들을 가차 없이 책망했다는 사실을 우리는 쉽게 잊어버린다. 고전1:11-13

터놓고 말한다면, 현대의 교파 제도는 예수 그리스도의 교회가 가진 유기적 본능에 위배된다. 그 본능은 마치 아버지와 아들과 성령이 삼위일체 안에서 하나이듯이 하나님 사람들의 온전한 하나됨을 향해 움직인다.

레오나르도 보프의 말을 빌리자면, "이 세상에서, 교회는 삼위일체의

교류 위에서 살아간다; 교회의 일치는 하나님의 세 인격 사이에 존재하는 페리코레시스상호 관통에서 나온다." 요한복음에 있는 우리 주님의 기도를 다시금 주목하라:

> 내가 비옵는 것은 이 사람들만 위함이 아니요 또 그들의 말로 말미암아 나를 믿는 사람들도 위함이니 아버지여, 아버지께서 내 안에, 내가 아버지 안에 있는 것 같이 그들도 다 하나가 되어 우리 안에 있게 하사 세상으로 아버지께서 나를 보내신 것을 믿게 하옵소서 내게 주신 영광을 내가 그들에게 주었사오니 이는 우리가 하나가 된 것 같이 그들도 하나가 되게 하려 함이니이다 곧 내가 그들 안에 있고 아버지께서 내 안에 계시어 그들로 온전함을 이루어 하나가 되게 하려 함은 아버지께서 나를 보내신 것과 또 나를 사랑하심 같이 그들도 사랑하신 것을 세상으로 알게 하려 함이로소이다. 요17:20-23

삼위일체 하나님 안에는 통일된 다양성이 있다. 즉, 단일성 안의 복수성이다. 하나님은 세 인격 안의 한 분이시다. 세 인격은 모두 다양하지만 분리되지는 않는다.

교제라는 의미의 헬라어 단어 코이노니아는 우리를 신약성서적 교회론의 중심으로 인도한다. 코이노니아는 삼위일체 안에 내재된 통일된 다양성을 반영한다. 그리고 1세기 교회를 특징짓는 것이 바로 그것이다. 케빈 가일즈는 그것을 이렇게 설명한다: "이 교제는 모든 다양성을 극복하는 것에 목표를 두지 않고, 오히려 그 다양성을 사랑과 이해의 역동적이고, 관계적이고, 성장하는 결속으로 포용하는 것을 목표로 한다."59) 삼위일체 하나님 안에 통일된 다양성이 있기 때문에, 교회 안에도 통일된 다양성이 있다. 교파주의는 이 영적 실체를 파괴하고, 그리스도의 몸 안에서 분열을 허용한다.

오늘날의 예

어쩌면 당신은, 내가 다음과 같이 믿는 것은 아닐까라고 생각할지도 모른다: 언젠가는 교파제도가 사라지고, 도처에 있는 그리스도인들이 그리스도 안에서 하나인 것을 실제로 표현하기 시작할 것이다. 유감스럽게도, 나는 내 생애에 그런 날은 오지 않을 것이라고 본다. 그러나 나는 이 책을 읽는 여러분이 그 메시지를 삶에 적용해서 그대로 행하기를 소망해 본다.

나는 제도권 교회 밖으로 나오기 전까지는 그리스도인의 일치가 어느 정도로 가능한지를 전혀 가늠하지 못했다. 그때 이후로, 나는 오직 예수 그리스도만을 중심으로 연합된 여러 유기적 교회에 속하는 특권을 누려왔다.

지체들이 믿기 힘들 정도로 가깝지만 서로의 정치적인 관점에 대해 지나치게 상관하지 않는 교회를 상상해보라. 지체들이 휴거에 관한 서로의 관점을 알지 못하는 교회를. 지체들이 천년왕국에 대한 서로의 견해를 알지 못하는 교회를. 그리고 그것을 별로 알고 싶어 하지 않는 교회를. 오직 한 가지 추구, 한 가지 집념, 한 가지 목표, 그리고 원대한 목적 한 가지만 가진 교회를 상상해보라: 주 예수 그리스도를 알고 사랑하기 위한.

이것은 다양한 주제를 토론하는 것이 금지되어 있다는 의미가 아니다. 그러나 그것들이 교회의 초점이 되거나, 하나님의 사람들을 분리시키는 토대로 작용하지 않을 것이라는 뜻이다.

이것과 관련해서 실제로 있었던 이야기 하나를 소개하겠다. 1992년에, 나는 두 개의 아주 다른 그리스도인 그룹이 합병해서 그리스도 몸의 하나 됨을 표현하는 것을 지켜보았다. 한 그룹은 은사주의 배경을 가졌고, 다른 그룹은 그리스도의 교회 배경을 가졌다. 나는 은사주의 배경을 갖고 있던 그룹에 속했었다

몇 번의 연합 모임을 가진 후에, 두 그룹은 인간적으로는 불가능한 것을 하기로 결정했다. 우리는 한 교회로 함께 모이기로 결의했다. 그 결정을 한 후 얼마 지나지 않아서, 불꽃 튀는 논쟁이 시작되었다.

나는 그 당시를 생생하게 기억한다. 우리는 가정집에서 모였는데, 우리의 모임은 열려 있었고 누구나 참여할 수 있었다. 하지만 우리가 가졌던 모임 전부가 마치 지뢰밭을 가로지르는 것 같았다. 그 분위기는 감정이 실려 있었고 불붙기 일보 직전이었다. 그룹의 반쪽은 그들의 모임방식 성령의 은사에, 다른 반쪽은 또 다른 방식에 익숙한 상태로 모임에 참석하는 긴장감은 견디기 힘들었다.

내가 무용담을 상세하게 늘어놓을 수 있지만, 당신을 아끼려 한다. 다만 우리가 합병한지 몇 달 후에 교회가 갈라지는 것을 목격했다고만 말하겠다. 그리고 사전에 중재하고 영적 수완을 발휘했던 우리의 절박한 노력은 그것을 막을 수 없었다.

갈라지기 전에, 우리는 우리의 차이점들에 대해 다소 격렬한 토론을 했다. 그러나 그것들 중 해결된 것은 아무것도 없었다. 그 토론들 대부분은 소음으로 전락했다. 그들이 올려놓은 단 한 가지는 혈압이었다.

결과적으로, 그룹을 떠난 사람들이 생겨났다. 그러나 화약 냄새가 채 가시지 않았을 때, 함께 남아있던 우리는 주님으로부터 온 한 줄기 빛을 발견했다. 한 가지 제안이 들어왔고 모두가 그 제안에 동의했다. 내 생각엔, 우리의 결정이 엄청난 가치가 있음을 증명했다.

그 결정이 무엇이었을까? 바로 이것이다: 우리 모두가 성령의 은사에 관한 우리의 관점을 십자가 밑에 내려놓는 것. 우리는 그렇게 했다. 우리

각 사람이 성령의 역사에 관한 우리의 생각이나 경험은 무엇이든지 내려놓기로 합의했다. 우리는 그것에 대해 완전히 죽었다. 그것을 포기한 것이다. 그리고 우리를 어린아이처럼 처음부터 다시 가르쳐주십사 주님께 부탁드렸다.마18:3

그 시점에서, 우리의 전체적인 초점은 우리가 성령에 관해 안다고 생각했던 것에서 주 예수 그리스도 자신에게로 바뀌었다. 우리는 오직 그리스도께만 벗어 던지기로 결심했고, 우리의 눈을 오로지 그리스도께만 고정하기로 했다.

약 일 년 후에, 뭔가 기적적인 일이 벌어졌다. 생명의 새로움 속에서 죽음에서, 무덤에서 성령의 은사들이 부활했다. 그러나 그것들은 우리가 오순절/은사주의 운동에서 보아왔던 것들과는 전혀 다른 모습이었다. 그리고 그리스도의 교회 전통에 속한 그 무엇과도 아주 달랐다. 모든 것이 부활 안에서 다르게 보였다.

폭풍우를 참고 견뎌내며 남아 있기를 고수한 우리는 함께 순수하게 지어졌다. 그리고 나는 성경 안에서만 읽었던 뭔가를 경험하게 되었는데, 두 개의 아주 판이한 그리스도인 그룹이 그들의 차이점을 통해 서로 사랑하는 것을 보았다. 그 결과는 바울이 고린도 교인들에게 권고한 말 그대로였다: "형제들아 내가 우리 주 예수 그리스도의 이름으로 너희를 권하노니 모두가 같은 말을 하고 너희 가운데 분쟁이 없이 같은 마음과 같은 뜻으로 온전히 합하라."고전1:10 이 경험은, 비록 처음에는 피로 얼룩졌지만, 믿음의 일치가 경건한 이상을 뛰어넘는다는 것을 생생한 색채로 나에게 증명했다.

건강한 유기적 교회생활은 분파적이지 않고, 엘리트적이지도 않고, 배타적이지 않다. 그런 교회들은 오직 그리스도만을 토대로 모인다. 그러므로, 유기적 교회에 속한 그리스도인들이 기꺼이 십자가로 가서 교리적인 차이에 의해 서로 분열되기를 거부한다면, 하나님께서 그들의 마음과 생각을 함께 묶어주실 것이다.

    그것은 엄청난 오래참음, 용납, 그리고 수천 번의 죽음을 필요로 할지도 모른다. 그러나 이것이 바로 바울이 말한 성령의 일치를 보존하려면 치러야 할 대가이다: "모든 겸손과 온유로 하고 오래 참음으로 사랑 가운데서 서로 용납하고 평안의 매는 줄로 성령이 하나 되게 하신 것을 힘써 지키라."엡4:2-3

짚고 넘어가야 할 질문들

? 우리가 신학적 신조, 종말론, 정치, 인종, 성서 번역본, 어린이 교육, 그리고 이런 유의 다른 것들을 놓고 분열할 때, 주님의 사람들 안에서의 일치를 위해 기도하신 주님의 기도를 진정 심각하게 받아들이는가? 당신은 분열의 다른 요소들을 이 목록에 추가할 수 있는가?

? 고린도전서 1장 12-13절의 내용으로 볼 때, 당신은 교파주의가 그리스도의 몸 안에 분열을 초래했다는 주장이 타당하다고 생각하는가, 아니면 그렇지 않다고 생각하는가? 설명할 것.

? 신자들 사이에 분열을 일으키는 허다한 지엽적 이슈들 대신에 모든 지체가 그리스도만을 중심으로 하는 교회를 당신은 상상할 수 있는가? 설명할 것.

7장
교회의 관습 및 하나님의 영원한 목적

교회는 삼위일체 하나님 자신과의 연계 속에서 볼 때 공동체이다. 궁극적으로, 교회를 특징짓기 위한 공동체는 우리와 성령과의 교류에서 생겨난다. 우리가 이것을 이해하려면, 하나님의 영원한 목적의 큰 범위가 하나님 자신의 삼위일체적 본성과 어떤 관계가 있는지를 재검토해야 한다. 아버지는 인류와 피조물을 자신의 생명에 참여시키는 하나님의 영원한 계획을 실현하시려고 아들을 보내셨다. 우리는 오직 성령이 이루어내는 통합 안에서만 삼위일체 하나님의 마음에 놓여있는 막강한 원동력을 모든 피조물에 진정으로 반영시킬 수 있다. 우리의 교제는 성령에 의한 아버지와 아들 사이의 신적 교류에 단지 우리가 일상적으로 참여하는 것뿐이다.

스탠리 그렌츠

미국 사람들은 고립된 개인을 모든 도덕적 선의 근원으로 보고, 사회를 이런 개인들의 집단에 불과한 것으로 본다. 복음주의는 암암리에 이것에 동의했다. 복음주의가 개인의 구원에 대해서는 유창하게 말하지만; 이런 개인들이 구원받고 어디로 향하는지에 대해서는 심각하게 생각지 않는다. 그들이 개인의 복음은 아주 충분하게 전했지만, *진짜 미국인답게* 하나님께서 더 나아가 이 개인들에게서 백성을 만드시려고 작정하셨음은 보지 못했다. 복음주의는 사람들을 변화시켜서 세상을 변화시키려고 했다. 그들은 이 비전에 뭔가 빠져 있음을 보지 못했고, 미국 개인주의에 대한 그들의 가정이 그들에게서 뭔가 숨기려 한 것을 보지 못했던 것이다. 참된 그리스도인의 비전은 사람들을 변화시키고, 그들을 백성으로 변화시킨 다음, 결국 세상을 변화시키는 것이다. 복음주의자들은 이 중간 단계를 놓치고 말았다. 그들은 교회를 새로운 사회의 전조로 볼 수 없었다; 교회는 그저 새로운 개인들을 위한 클럽이었다. 복음주의자들은 단지 미국 개인주의에 그리스도인의 옷을 입혔을 뿐이다. 그들은 고립된 새로운 개인들을 낡은 사회 안에 두는 결과를 초래하고 말았다.

핼 밀러

지난 몇 년 동안, 수많은 사람이 나에게 질문했다: "프랭크, 교회가 진짜 관건은 아니지 않습니까? 그리스도인의 삶이 우선이고 교회는 이차적인 것 아닙니까?"

이 질문에 대한 나의 대답은 이것이었다: "교회는 하나님께 아주 많이 중요하기 때문에, 매우 중요한 문제이지요. 그리고 교회가 그리스도인의 삶에서 결코 분리되어서는 안 되지요."

결과적으로, 교회의 관습 이면에는 거대하고 놀라운 목적이 있다. 바울은 그것을 "영원한 목적"이라고 부른다. 엡3:11 60)

하나님의 사명

바울은 에베소서를 통틀어 소아시아의 그리스도인들에게 하나님의 영원한 목적을 밝히 드러내려고 상당한 지면을 할애한다. 편지 전체에서 그 신성한 목적이 깜짝 놀랄만하게 펼쳐진다. 바울은 그 안에서 가장 숭고한 진리를 인간의 언어로 표현하고 있다. 에베소서에서는, 하나님께서 영원 전부터 가슴 속에 품고 계시던 궁극적인 목적과 열정이 풍성하게 드러난다.

에베소서는 하나님의 목적이 구속의 손이 닿는 곳보다 훨씬 더 밖에 서 있음을 우리에게 가르쳐준다. 영원 전에, 하나님 아버지께서는 자신의 아들을 위한 신부와 몸을, 자신을 위한 집과 가족을 마련하고자 하셨다. 신부, 몸, 집, 그리고 가족 이 네 가지 이미지는 성서 전체의 원대한 이야기를 구성한다.61) 그리고 그것들은 하나님의 고동치는 가슴 중심에 놓여있다. 그것들은 하나님의 궁극적인 열정이고, 영원한 목적이고, 지배적인 의도이다. 다르게 표현하자면, 하나님의 영원한 목적은 밀접하게 교회로 귀결된다.

내가 이 책을 집필하는 동안, 기독교계에서는 하나님의 사명Missio Dei에 관한 말이 많이 회자되고 있다. 나는 이것에 대한 강조가 건전할 수 있다고 생각한다. 그러나 정확하게 하나님의 사명이 무엇인가? 나는 그것이 다름 아닌 하나님의 목적임을 제안하고자 한다.

나는 그리스도인으로 살아온 내내 다음과 같은 단순한 관찰을 해왔다: 우리의 현대 복음은 완전히 사람의 필요에 중점을 두고 있다. 그 복음의 줄거리는 자비로운 하나님에 관한 것, 즉 주된 목적이 타락한 세상을 축복하고 치유하는 그런 하나님에 관한 것이다. 따라서 우리의 목표는 복음전도로 인간의 영혼을 구원하고, 병자를 치유하고, 포로 된 자를 해방시키고, 가난한 자를 구제하고, 억압받는 자와 함께 하고, 땅을 회복하고, 등등 인간의 육신을 구원하는 것에 중점을 둔다. 요약하자면, 오늘날 일반적으로 전파되는 복음은 "인간 중심적"이다. 그것은 영적이든 육적이든 간에 인류의 필요에 초점을 맞춘다.

그러나 하나님 안에는 하나님을 위한 목적이 있다. 이 목적은 타락이 발생하기 그 이전에 그리스도 안에서 계획된 것이다. 인간의 필요를 채우는 것은 그 목적의 부산물이자 자연발생적인 분출이다. 그것은 주산물이 아니다.

분명한 것은 하나님께서 구원을 필요로 사람을 창조하시지 않았다는 사실이다. 창세기 1장과 2장에 있는 창조 역사로 가보면 하나님의 목적이 타락에 선행함을 발견하게 될 것이다. 이것이 우리로 하여금 아주 예리한 질문을 하도록 이끌어야 한다: 만일 인간이 전혀 타락하지 않았다면 하나님께서 그들과 함께 무엇을 하시려고 했을까?

나는 그리스도인으로 살아온 삶을 통틀어 복음전도 운동과 사회활동과 성령의 은사 운동에 가담했었다. 이 모든 것은 다 "그 자체가 목적"이었다. 그것들 중 하나님의 궁극적인 목적과 일치된 것은 하나도 없었다. 사실, "영원한 목적"이라는 말은 전혀 언급된 적도 없었다. 그 결과는? 그런 활동들이 비록 좋고 훌륭하긴 하지만 하나님의 고동치는 가슴을 만족시키기엔 역부족이었다.

이것을 설명하는데 적합한 예를 하나 들어보겠다. 한 건축업자가 대규모 주거 단지를 조성하려고, 20 에이커약 2만 5천 평의 땅을 구입했다고 가정해보자. 그는 집들을 지은 후 그 단지의 입구에 정원을 꾸미고자 했다. 이것이 그의 목표였다. 그래서 사람을 사서 아름다운 나무들을 심게 하고, 또 다른 사람을 시켜 큰 바위들을 실어다 놓고, 또 다른 사람으로 하여금 예쁜 꽃들을 심게 하고, 또 다른 사람을 시켜 관목과 덤불을 심게 했다.

나무를 심은 사람은 그 정원 곳곳에 임의로 심어놓았고, 바위를 갖다 놓은 사람도 그런 식으로 했고, 꽃을 심은 사람과 관목과 덤불을 심은 사람도 똑같이 했다.

건축업자는 그들 모두가 해놓은 것을 보고 크게 실망했다. 그의 목표는 정원을 꾸미는 것이었는데, 그 대신 그가 본 것은 꽃들, 바위들, 나무들, 관목들, 그리고 덤불들이 모두 정원 여기저기에 제멋대로 뒤죽박죽인 상태로 흩어져 있는 광경이었다.

나무를 심는 것이 좋은 것인가? 그렇다. 꽃을 심는 것은? 물론이다. 그러나 그것들 "그 자체로서"는 건축업자의 목표가 아니었다. 그는 잘 꾸며진 정원을 원했던 것이다.

이것이 오늘날의 하나님 나라를 묘사해준다. 많은 선한 일, 그러나 하나님의 궁극적인 목표에서 벗어난 형편없이 뒤죽박죽인 상태가 되었다. 주님에게서, 주님을 통해서, 그리고 주님에게로여야만 하는 목적인데 말이다. 롬11:36; 골1:16-18; 엡1:5

요점에서 빗나가다

수많은 우리 그리스도인이 어째서 요점에서 벗어나게 되었을까? 우리가 그 많은 책, 잡지, 웹사이트, 블로그, CD, DVD, 컨퍼런스, 세미나를 갖고 있으면서도 어째서 하나님의 더 큰 목적을 보지 못했는가?

내가 만일 이것에 대한 답을 안다면, 솔로몬 둘을 합친 것쯤은 될 것이다. 그렇지만, 나의 경험에서 우러난 추측을 해보겠다. 내 생각에 그 원인 중 하나는 복음주의 그리스도인들이 그들의 신학을 주로 로마서와 갈라디아서 위주로 정립했기 때문이다. 그리고 많은 비복음주의 그리스도인들은 그것을 복음서 특히 공관복음-마태복음, 마가복음, 누가복음 위주로 정립했기 때문이다. 또한 두 그룹 모두에게 에베소서와 골로새서가 각주 정도로 취급되어 왔기 때문이다.

그러나 우리가 사람의 필요가 아닌, 하나님의 의도와 목적으로 시작했다면 어떻게 되었겠는가? 우리가 우리의 출발점을 타락 이후의 땅이 아닌, 물리적인 시간의 제한 그 이전에 있었던 하나님 자신 안의 영원한 활동에 두었다면 어떻게 되었겠는가?

달리 말해서, 우리가 우리의 신학을 에베소서와 골로새서 위에 정립하고 다른 신약성서의 책들이 그 선례를 따르도록 했다면 어떻게 되었겠는가? 왜 에베소서와 골로새서인가? 그것은 에베소서와 골로새서가 바울의 복음, 즉 그리스도께서 바울에게 위탁하신 복음의 가장 분명한 모습을 우리에게 제시하기 때문이다. 이 두 편지는 타락 이후의 인간에게 필요한 것이 아닌, 창세 전 부터 갖고 계시던, 시간을 초월하는 하나님의 목적으로 시작한다. 아울러 그 편지들은 성육신하시기 전의 그리스도께로 우리를 소개한다.

나는 단언한다: 만일 우리가 위와 같이 한다면, 복음서와 신약성서의 다른 모든 책은, 구약성서 전체는 말할 것도 없이, 우리에게 있어 아주 다른 위치를 차지할 것이다. 그리고 예수 그리스도와 그분의 짝인 교회의 중심성과 우월성이 영적인 것과 육적인 것을 망라한 우리의 이해를 지배하게 될 것이다.

일반적인 견해와는 반대로, 복음서는 그리스도인 신앙의 출발점이 아니다. 구약성서도 그 출발점이 아니다. 이 둘은 우리에게 이야기의 중간 단계를 제공해준다. 에베소서, 골로새서, 그리고 요한복음이 이야기의 서론과 시작 부분이다. 이 셋은 우리로 하여금 창세 전의 그리스도와 그분의 사명이 무엇인지에 대해 감을 잡게 해준다. 마태복음과 마가복음과 누가복음에 제시된 이 땅에서의 주님의 삶은 이런 배경에서 이해해야 한다.

이런 점에서, 우리는 복음을 우리 대부분이 먼저 관람했던 영화 스타워즈Star Wars 4, 5, 6 편에 비유할 수 있겠다. 그러나 우리가 그 드라마에서 무슨 일이 벌어졌는지를 정말 이해하려면, 그 영화의 1, 2, 3 편을 순서대로 보아야 한다.

다시 강조하지만, 사람은 구원을 필요로 이 세상에 등장하지 않았다. 영혼을 구원하고, 가난한 자를 구제하고, 인류의 고통을 완화시키는 일은 영원 전에 있었던 하나님의 첫 번째 움직임의 일부가 아니었다. 왜냐하면, 타락은 아직 일어나지 않았기 때문이다.

제발 오해가 없기를 바란다. 내가 위에서 언급한 활동들에 반대하는 것이 아니다. 오히려 나는 그것들을 환영한다. 그러나 하나님은 목적을 갖고 계신다. 영원한 목적이 바로 그것이다. 그것은 죄가 들어오기 전에 인류가 성취했어야 할 목적이다. 그리고 하나님은 결코 그 목적을 포기하신 적이 없다. 다른 모든 것은 그 목적과 관련되고 또 관련되어야만 한다. 디번 프롬키는 말하기를,

> 우리가 에베소서에서 보는 이것은 하나님 아버지께서 아들 안에서 실현하려고 의도하신 것인데, 그것은 결코 죄나 타락이나 시간의 영향을 받지 않았다. 그것은 전에 비밀이었던 것을 이제 사도 바울이 드러낸 바로 이 목적이다. 왜냐하면 하나님 아버지께서 영원 전부터 자신을 위한 놀라운 목적(물론 사람을 포함시키신)을 갖고 계셨기 때문이다. 구속은 끝이 아니고 다만 회복 프로그램일 뿐이다. 그것은 단지 주제에 편입된 삽입구일 뿐이다.[62]

사실, 하나님의 영원한 목적을 제대로 펼쳐 내려면 다른 책이 필요할 것이다.[63] 여기서는 그 목적의 주된 요소들 몇 가지를 간략하게 소개하겠다.

끊어지지 않는 실을 추적하기

하나님의 영원한 목적을 발견할 수 있는 가장 쉬운 곳 중의 하나는 성서의 처음 두 장과 창세기 1장과 2장 마지막 두 장이다. 요한계시록 21장과 22장 그 이유는 이 네 장이 성서에서 죄에 물들지 않은 유일한 부분이기 때문이다. 이것에 대해 알아보자.

창세기 1장과 2장의 내용은 타락 이전에 벌어진 일들이고, 요한계시록 21장과 22장은 타락이 지워진 이후의 일과 관련된다. 타락은 창세기 2장이 끝난 직후에 시작하고, 요한계시록 21장 직전에 끝이 난다. 창세기 3장은 사단이 하와를 유혹하는 것으로 시작하고, 요한계시록 20장은 사단이 불못에 던져지는 것으로 끝난다.

창세기 1장과 2장, 그리고 요한계시록 21장과 22장의 내용은 독특하기 때문에 우리에게 하나님의 영원한 목적에 관해 많은 것을 가르쳐준다. 네 개의 장 모두에 구약성서 전체와 신약성서 전체를 통틀어 추적될 수 있는 많은 영광스런 주제로 가득하다. 그것들은 끊어지지 않는 실처럼 창세기 1장에서부터, 나머지 성서의 모든 장들을 거쳐, 요한계시록 22장의 장엄한 클라이맥스까지 이어진다.

우리는 이 사실 하나만으로도 하나님께서 자신의 영원한 목적을 결코 포기하신 적이 없음을 알 수 있다. 하나님은 타락의 한 가운데서도 여전히 그 목적을 이루고 계셨다.

당신이 시간을 내어 살펴볼 가치가 있는 과제는 창세기 1장과 2장, 그리고 요한계시록 21장과 22장에 등장하는 모든 일반적인 항목을 확인하는 일이다. 당신은 거기에 그것들이 얼마나 많은지에 대해 놀라게 될 것이다. 당신이 그것들을 발견하는 족족, 성서 전체를 통틀어 하나씩 추적해보라. 이것을 철저하게 하려면 몇 년은 족히 걸릴 것이다. 그러나 그것이 당신에게 하나님의 궁극적인 목적을 아는데 있어 엄청난 통찰력을 가져다 줄 것이다.

시간과 지면 관계상, 이 네 장에 등장하는 가장 중요한 항목 열 가지만 간략하게 열거하겠다. 당신이 그것 모두를 함께 엮는다면, 신성한 목적에 대해 아주 분명하게 감을 잡게 될 것이다. 그것들은 다음과 같다.

1. 공동체적 하나님, 하나님은 창세기 1장 26절에서 "우리의 형상을 따라 우리의 모양대로 우리가 사람을 만들고"라고 말씀하셨다. 이것은 삼위일체 하나님께서 하신 말씀이다. 그리고 말씀하셨을 뿐만 아니라, 또한 계획도 하셨다. 삼위일체 하나님께서 자신 안에서 논의하시고 영원한 계획을 잉태하신 것이다. "우리가"라고 하셨다. 이것은 신적인 공통성과 신적인 공동체, 즉 신적 교제의 교환이다. 삼위일체 하나님께서 자신의 영원한 목적을 태어나게 하셨다.

2. 사람, 창세기 1장과 2장에 사람이 등장하고, 요한계시록 21장과 22장에도 사람이 있다. 성서는 두 사람의 이야기이다. 옛 사람과 새 사람. 그리고 이 두 사람은 타락의 벽두부터 지금까지 엄청난 싸움을 해왔다.

아담은 새 사람이었는데, 곧 옛 사람으로 전락했다. 아담의 후손으로 태어난 사람은 모두 옛 사람의 계보에 속한다. 예수 그리스도는 새 사람의 머리이고, 이 새 사람은 몸을 갖고 있다.

옛 사람은 제도권 종교의 창시자이다. 제도권 종교는 인간의 의식과 계급제도 위에 세워졌다. 이와는 대조적으로, 그리스도교는 유기적으로 시작하였다. 그러나 시간이 흘러가면서, 로마제국의 계급구조를 도입했고, 우리 모든 교파가 이와 같은 조직구조를 도입했다. 이 구조는 옛 사람으로 거슬러 올라갈 수 있다. 그것은 원래 바빌론 사람들에게서 온 것인데, 로마를 포함한 다른 문화권으로 전파되었다.

새 사람은 영적 유기체이지, 제도적 조직이 아니다. 그는 유기적인 몸이다. 따라서 하나님의 영원한 목적은 새 사람의 창조로 귀결된다.

3. 공동체적 인류, 창세기 1장 26절은 "우리가 사람을 만들고 … 그들로 …"라고 말한다. 하나님께서 말씀하시기를, "우리가[복수] 사람을 만들고 … 그들로[복수] …"라고 하셨다. 삼위일체 하나님 안에 원대한 공동체적 목적이 있다. 그리고 그 목적의 중심에 자신들을 위해서가 아닌 하나님을 위해 공동체적으로 살며 활동하도록 창조된 인류가 있다. 그래서 하나님 안에 공동체적 특성이 있고, 사람 안에도 공동체적 특성이 있다. 하나님의 영원한 목적은 매우 공동체적이다.

4. 형상을 입는 것, 창세기 1장 26절은 "우리의 형상을 따라 … 우리가 사람을 만들고"라고 말한다. 하나님은 사람이 이 땅에서 하나님의 형상을 입는 존재가 되기를 원하신다. 보이지 않는 전능하신 창조주께서 천사들과 동물들과 하나님 자신이 볼 수 있도록 자신의 보이는 형상을 창조하셨다. 하나님의 형상은 성서를 통틀어, 창세기부터 요한계시록까지, 추적될 수 있다.

하나님의 형상을 드러내는 임무가 그 어떤 개인에게 주어지지 않았음을 주지하라. 그것은 그들에게 주어졌다. 하나님은 이 땅에서 하나님 자신의 공동체적 표현을 원하신다. 하나님은 자신의 형상을 이 물리적인 차원에 가져오시기로 작정하셨다. 다르게 표현하자면, 하나님께서 삼위일체 안에 있는 공동체를 반영하는데 걸맞은 공동체를 이 땅에 두시고자 하셨다. 그리고 하나님이 공동체적이시기 때문에 오직 공동체적인 사람들만이 이것을 할 수 있었다. 스탠리 그렌츠에 의하면, "우리는 오직 성령이 만들어내는 우리의 공동체적 특성 안에서만 삼위일체 하나님의 마

음에 깃든 막강한 원동력을 모든 창조세계에 참으로 드러낼 수 있다."(64)

5. 다스림, 창세기 1장 26절은 계속해서 "우리의 형상을 따라 … 우리가 사람을 만들고 그들로 … 다스리게 하자"라고 말한다. 이 공동체적인 사람창세기 1장의 "그들"은 땅에 기는 모든 것을 포함한 창조세계 위에 통치권을 가졌다. 창3:1 이하; 눅10:9; 계12:9 하나님은 공동체적 인류를 통해 땅을 다스리고자 하셨다. 그리고 이 다스림은 하나님 자신의 대적에게로 확대되었다. 뱀은 땅에서 기어 다닌다.

6. 동산, 창세기 2장 8절에는 동산이 등장한다. 동산은 두 개의 차원이 만나는 곳이다. 그곳은 만남의 장소였다. 보이는 사람과 보이지 않는 하나님이 동산에서 함께 거닐었다. 우리는 동산에서 두 개의 차원이 만나는 것을 본다. 그곳은 하나님의 공간과 사람의 공간이 교차하는 장소였다.

여기에 중요한 영적 원리 하나가 놓여있다: 처음부터 하나님은 두 차원이 결합할 것을 결정하셨다. 하나님은 이 땅에 하나님 자신의 형상을 드러내고 하나님의 통치를 실현할 뭔가를 두기로 작정하셨다.(65) 그리고 하나님은 궁극적으로 그것을 이루실 것이다. 영적인 존재와 육적인 존재 사이에 … 보이는 것과 보이지 않는 것 사이에 … 나타난 것과 숨겨진 것 사이에 … 신적인 것과 인류 사이에 … 하나님과 사람 사이에 결혼식이 있을 것이다. 하나님은 예수 그리스도 안에서 이 결혼식을 가지셨고, 그분의 교회 안에서 결혼식을 가지실 것이다.

동산은 또한 목재소이다. 하나님께서 건축하는데 사용하실 재목들이 거기에 있다. 동산에는 생명나무라고 불리는 특별한 나무가 있다. 그리고 사람은 그 나무의 열매를 따먹고 그 안에 있는 생명에 의해 살도록 부르심 받았다. 아울러 동산에는 흐르는 강이 있다. 그리고 그 강은 건축 재료를 산출해낸다: 순금, 진주베델리엄, 그리고 귀한 보석.

당신은 구약에서 신약까지 성서 전체를 통틀어 동산, 나무, 강, 순금, 진주, 그리고 귀한 보석을 추적할 수 있다. 이 모든 항목은 하나님의 영원한 목적과 밀접한 관계가 있다.

우리는 성서의 마지막 부분에 이르러서 하나님의 집이 순금, 진주, 그리고 귀한 보석으로 지어지는 것을 발견하게 된다. 동산이 영광스런 도성으로 탈바꿈한 것이다. 그리고 생명나무와 강이 멋진 장관으로 다시 등장한다.

7. 여자. 창세기 1장에는 또한 여자가 있다. 그러나 그녀는 숨겨져 있고, 창세기 2장까지는 등장하지 않는다. 여자가 어디에 숨겨져 있는가? 그녀는 남자의 안에 숨겨져 있다. 하나님은 창세기 2장에서 아담을 깊이 잠들게 하시고 그에게서 여자를 취하신다.

사람남자이 하나님의 형상대로 지어진 사실을 기억하라. 그러므로 아담 안에 숨겨진 여자가 있었듯이, 하나님 안에도 숨겨진 여자가 있었다.

그리스도의 신부는 영원 전에 그리스도 안에서 택하심을 받았다.엡1:4-5 그리고 때가 차서, 하나님의 아들이 이 땅에 오셨다. 하나님 아버지는 이 땅에서 아들의 사역이 완성된 후 갈보리라고 불리는 언덕에서 아들을 깊이 잠들게 하셨다. 그리고 나서 하나님은 아들이 부활하실 때 그 여자를 이 땅에 드러내셨는데, 그녀의 이름은 에클레시아이다.롬5:14; 엡5:23-33 그녀는 살아계신 하나님의 교회 곧 그리스도의 신부이다. 그리고 놀라운 소식은 당신과 내가 그 여자의 일부라는 사실이다!

당신은 이 여자를 창세기 1장과 2장부터 성서 전체를 통틀어 추적할 수 있다. 사실, 예수 그리스도의 복음은 이 여자에게서 시작한다. 요한복음 3장에 보면, 침례자세례자 요한이라 불리는 선지자가 이렇게 선포한다: "신부를 취하는 자는 신랑이나 서서 신랑의 음성을 듣는 친구가 크게 기뻐하나니 나는 이러한 기쁨으로 충만하였노라."요3:29 그러므로 하나님의 영원한 목적은 영원 전부터 하나님 안에 감추어졌던 신비와 뭔가 관련이 있다—그리고 이 신비가 곧 여자이다.엡3:1-9; 5:32; 골1:26-27 이 여자는 요한계시록 21장과 22장에 영광스런 모습으로 다시 등장한다.

8. 땅, 우리는 창세기 1장에 흙과 땅이 언급된 것을 볼 수 있다. 성서의 역사를 통틀어, 흙과 땅을 놓고 격렬한 쟁탈전이 벌어졌다. 이것은 하나님과 그분의 원수 사이의 싸움이었다. 이 싸움의 중심적인 이슈는 바로 이것이다: 누가 통치할 것인가?

이 싸움은 성서의 주된 주제인 하나님나라와 관계있다. 그러므로 영원한 목적은 공동체적인 사람을 통해 이 땅을 다스리시는 하나님의 통치와 밀접하게 관계있다.

유감스러운 것은 많은 복음주의자가 다음과 같이 배워왔다는 사실이다: 아담과 하와가 타락했을 때 하나님은 땅을 폐기처분하고 천국으로 데려갈 작은 그룹을 그 땅에서 구속하시기로 결정하셨다. 그러나 하나님은 땅을 사랑하시고 구속하시기를 원하신다.시78:69; 전 1:4; 롬8:20 이하 하나님은 물이 바다를 덮음 같이 하나님의 영광으로 땅을 채우시겠다고 약속하셨다.사11:9; 합2:14 궁극적으로, 하나님은 에덴동산에서처럼 하늘을 땅으로 가져오실 것이다.계22장

이런 점에서, 타락 이후의 교회의 목적 중 하나는 누가복음 4장 18절에 그려진 예수님의 사역을 계속하는 것이다. 즉, 가난한 자에게 하나님나라의 복음을 전하고, 상처받은 영혼을 치유하고, 포로 된 자를 해방시키고, 눌린 자를 자유롭게 하고, 눈 먼 자를 다시 보게 하는 사역.

그리스도의 몸은 새 하늘과 새 땅의 시범 프로젝트를 수행하는 지역 공동체로 부르심 받았을 뿐만 아니라, 이 타락한 세상에 구속의 치유를 가져오는 하나님의 대리자로도 또한 부르심 받았다. 교회는 "천하 만민에게 복"이 되는 아브라함의 언약을 성취하도록 부르심 받다.창18:18; 22:18; 갈3-4장 이 모든 방법을 동원해서, 하나님의 뜻이 "하늘에서 이루어진 것 같이 땅에서도" 이루어지리라고 한 주님의 기도가 교회를 통해 눈에 보이는 표현으로 주어졌다

9. 아들 신분, 사람이 아들이 되는 것엔 세 가지 방법이 있다. 하나는 창조에 의해서이고, 다른 방법은 입양에 의해서이고, 또 다른 방법은 출생에 의해서이다. 아담은 하나님의 아들이라고 불렸는데,눅3:38 그는 창조에 의해 하나님의 아들이 되었다. 아담에게는 하나님 외에는 아버지가 없었다.

그러므로 하나님은 아담이 생명나무을 통해 하나님의 신적 생명에 참여하기를 바라셨다. 그래서 출생에 의한 아들로 삼으려 하셨다. 아담은 이것에 실패하고 말았지만, 예수 그리스도는 두 번째 아담으로 이 땅에 오셔서 오늘날 그분을 영접하는 모든 사람이 하나님의 진정한 자녀가 되게 하셨다.요1:12; 6:57 당신은 아들 신분의 주제를 구약과 신약성서를 통틀어 추적할 수 있다. 하나님의 목적은 하나님의 독생자로 하여금 많은 형제 중에서 맏아들이 되게 하시고, 또 많은 아들을 이끌어 영광에 들어가게 하시는 것이다. 롬8:28-29; 히2:10

10. 하나됨, 끝으로, 창세기 1장과 2장에는 하나 됨이 있다. 창세기 2장은 남자와 여자가 하나 되는 것으로 끝난다. 당신은 하나 됨의 주제를 성서 전체를 통틀어 추적할 수 있다. 이 주제는 요한계시록 21장과 22장

에 가서 그리스도의 신부가 하나님의 아내가 되어 둘이 하나가 될 때 그 클라이맥스에 이른다.

모두 함께 그리기

위의 모든 요소는 하나님의 영원한 목적에 관해 우리에게 많은 것을 가르쳐준다. 처음부터 하나님은 결혼하실 신부와 거주하실 집과 즐거움을 함께 할 가족과 눈에 보이는 몸(하나님 자신을 표현하실)을 원하셨다. 이 모든 이미지 신부, 집, 가족, 몸은 주님에게서 와서, 주님으로 말미암아 살아가고, 궁극적으로는 주님께로 돌아갈 주 예수 그리스도의 교회를 가리킨다. 롬11:36

> 여호와여 영광을 우리에게 돌리지 마옵소서 우리에게 돌리지 마옵소서 … 주의 이름에만 영광을 돌리소서. 시115:1

미로슬라브 볼프가 말했듯이, "교회는 교회 자신보다 더 큰 어떤 것으로부터, 그리고 그것을 향하여 사는 것이다."66) 이 어떤 것이 바로 하나님과 그분의 영원한 목적이다.

그렇다면, 교회는 복음을 선포하도록 부르심 받았을 뿐만 아니라, 공동체적 삶에 의해 그 복음을 구현하도록 부르심 받은 것이다. 유감스러운 것은 서구의 교회가 개인주의적이고 반 공동체적 힘에 의해 지배된다는 사실이다. 소비자 중심주의, 개인주의, 그리고 물질주의에 대한 서구 교회의 집착이 교회가 하나님의 궁극적인 목적을 성취하지 못하게 했다.

이것과 관련해서 길버트 빌리지키언은 다음과 같이 말했다: "그리스도는 단지 우리를 죄에서 구원하려고가 아니라 우리를 함께 공동체로 인도하시려고 돌아가셨다. 우리가 그리스도께로 온 그다음 단계는 공동체에 가담하는 것이다. 공동체를 경험하지 못하는 교회는 패러디이고, 가짜이다."67)

간단히 말해서, 교회의 목적은 하나님의 영원한 목적을 대표하는 것이다. 교회는 요한계시록 21장과 22장을 미리 맛보며 살도록 부르심을 받았다. 따라서 하나님의 영원한 목적의 관점에서 볼 때 교회는 다음과 같이 되도록 존재한다:

- 하나님의 궁극적인 열정을 실현하고 드러냄
- 삼위일체 하나님의 공동체를 유기적으로 표현하고 물리적으로 확장시킴
- 이 땅에서 주 예수 그리스도의 형상을 공동체적으로 드러냄
- 하나님의 가족
- 주님의 성전을 이루도록 모든 산 돌이 변화되고, 형태가 바뀌고, 함께 지어지는 신성한 건물
- 앞으로 올 하나님나라의 전초 식민지
- 하나님의 걸작품
- 나사렛 예수를 거역하는 세상 한 가운데서 예수님을 영접하고, 순종하고, 받드는 영적 "베다니"
- 그리스도의 부활 생명의 능력이 눈에 보이게 나타나는 그릇
- 하나님께서 최고로 사랑하시고 기뻐하시는 대상
- 그리스도의 임재를 드러내는 자발적인 매개체
- 예수님을 증언하려고 횃불을 드는 자
- "한 새 사람", 새로운 종족, "제 3의 인종"
- 예수 그리스도의 약혼녀, 주님의 몸 그 자체, 주님의 신부 그 자체

- 영원 전에 하나님의 아들 안에서 계획되어 주님의 십자가에 의해 등장한 새로운 인류
- 그리스도인 고유의 거주지
- 신랑과 신부 사이의 친밀한 만남이 일어나는 영적 환경
- 하나님 아들의 충만하심과 머리되심의 산 증인
- 통치자의 형상을 드러내는 하늘에서 온 식민지

요약하자면, 교회가 함께 모일 때는 언제든지, 교회를 이끄는 원리와 그 역할수행의 원리는 단순히 그리스도를 구현하는 것이다. 고전12:12

짚고 넘어가야 할 질문들

? 이 장에서 가장 당신의 눈에 띈 것은 무엇인가? 설명할 것.

? 만일 당신이 하나님의 영원한 목적과 궁극적인 열정에 관해 질문을 받았다면(이 장을 읽기 전에), 당신은 어떻게 대답했을까? 설명할 것.

? 만일 그리스도인들이 자신의 필요를 채우는 것에서 하나님의 궁극적인 목적을 성취하는 것으로 돌아선다면 어떤 결과가 일어날까?

? 당신은 오늘날 일반적으로 전파되는 인간 중심의 복음을 뒤로 하고, 기꺼이 당신의 인생을 하나님의 지배적인 목적 한 가운데에 두겠는가? 만일 그렇다면, 어떻게 하겠는가?

2
리더십과 책임

8장
다시 그려보는 리더십

그러므로 사역에 관한 신약성서적 교리는 성직자와 평신도의 구분에 있지 않고, 상호보완적 두 기둥인 전신자 제사장주의와 성령의 은사에 달려 있다. 오늘날, 종교개혁이 4세기가 지났는데도, 개신교의 이 확신이 내포한 충분한 의미가 아직 실현되지 않고 있다. 성직자와 평신도의 이분법은 종교개혁 이전의 로마 가톨릭에서 직접 넘겨받은 것이고, 구약 제사장제도로의 후퇴이다. 그것은 오늘날 교회가 효과적으로 하나님나라를 대표하는 하나님의 대리인이 되는데 있어 주된 장애물 중 하나이다. 왜냐하면, 그것이 오로지 "거룩한 사람들" 곧 안수 받은 목사들만이 진정으로 리더십과 중요한 사역을 감당할 자격과 책임이 있다는 그릇된 사상을 만들어내기 때문이다. 신약성서에는 다양한 종류의 사역 사이에 기능적인 구분은 있지만 성직자와 평신도 사이의 계급 구분은 없다.

하워드 스나이더

우리가 하나님의 말씀으로 돌아가서 그 말씀을 다시 읽는다면 성직자라는 직업이 교회를 향한 하나님의 뜻이 아니라 우리 인간의 문화와 역사의 산물임을 보게 될 것이다. 우리가 아는 성직자제도를 위해 변호할 수 있는 성서적 정당성을 구축하는 것은 한마디로 불가능하다.

크리스천 스미스

오늘날, 현대 교회를 특징짓는 리더십 구조는 계급적이고 지위적이다. 우리는 이 책의 후반부에서 이 구조를 살펴보고 완전히 다른 형태의 리더십을 다시 그리게 될 것이다. 성서에서 그려지고 삼위일체 하나님 안에 뿌리를 둔 리더십.

오늘날의 리더십 구조는 지위적인 사고방식에서 유래한다. 이 사고방식은 채워야 할 자리, 수행해야 할 직무 내용, 과시할 직함, 그리고 확보해야 할 지위에 의해 권위를 행사한다. 그것은 겉으로 드러난 리더십 구조에 대한 관심에 공감한다. 지위적인 사고방식에 의하면, 목사, 장로, 선지자, 감독, 그리고 사도 같은 단어들은 교회의 직분을 나타내는 명칭이다. 직분은 어떤 그룹을 정의하는 사회적인 자리이다. 그것은 그 자리를 차지하는 사람의 성품이나 행동과는 동떨어진 실체를 가진다.

이와는 대조적으로, 리더십의 신약성서적 개념은 기능적인 사고방식에 뿌리를 둔다. 그것은 일이 어떻게 유기적으로 되는가에 의해 권위를 묘사한다. 즉, 그것은 영적인 삶의 표현에 초점을 맞춘다.

신약성서의 리더십은 각 지체의 독특한 은사와 영적 성숙과 희생적 섬김을 매우 중시한다. 그것은 직분이 아닌 기능을 강조하고, 명칭보다 임무를 중시한다. 그것의 주된 관심은 목자의 기능, 장로의 기능, 예언의 기능, 감독의 기능, 사도의 기능 등과 같은 활동에 있다.

달리 표현하자면, 기능적 사고가 동사를 중시하는데 반해 지위적 사고는 명사에 매달려 있다.

지위적 리더십의 테두리 안에서는, 교회가 현대 문화의 군대구조와 경영구조를 모델로 삼는다. 기능적 리더십의 테두리 안에서, 교회는 생명 곧 신적 생명에 의해 작동한다. 상호간의 사역은 하나님의 사람들이 훈련되고 계급적 구조가 없을 때 자연스럽게 발생한다.

계급/지위 지향적 교회들에는 보이지 않는 곳에서 작동하는 태생적인

정치 조직이 있다. 이 조직은 교회에서 힘과 권위를 갖는 지위에 특정한 사람들을 앉힌다. 기능 지향적인 교회들에는 타고난 그 지체들 상호간의 책임과 동등한 권한의 교류가 있다. 그들은 주님의 음성을 함께 듣고, 그들에게 주어진 성령의 은사들을 서로 인정한다. 그들은 그리스도를 위하여 서로를 격려한다.

요약하자면, 신약성서 지향적인 리더십은 유기적이고 기능적이다. 계급/지위 지향적인 리더십은 근본적으로 세상적이다.

예수님과 리더십의 이교적/계급적 사상

우리 주님은 이방 세계의 계급적 리더십 스타일과 하나님나라의 리더십을 대조해서 말씀하셨다. 야고보와 요한이 자신들을 주님의 보좌 양 옆의 영광스러운 자리에 앉게 해달라고 구한 후에, 주님께서는 다음과 같이 대답하셨다:

> 이방인의 집권자들이 그들을 임의로 주관하고 그 고관들이 그들에게 권세를 부리는 줄을 너희가 알거니와 너희 중에는 그렇지 않아야 하나니 너희 중에 누구든지 크고자 하는 자는 너희를 섬기는 자가 되고 너희 중에 누구든지 으뜸이 되고자 하는 자는 너희의 종이 되어야 하리라 인자가 온 것은 섬김을 받으려 함이 아니라 도리어 섬기려 하고 자기 목숨을 많은 사람의 대속물로 주려 함이니라. 마 20:25-28

그리고 누가복음은 이것을 이렇게 기록한다:

> 이방인의 임금들은 그들을 주관하며 그 집권자들은 은인이라 칭함을 받으나 너희는 그렇지 않을지니 너희 중에 큰 자는 젊은 자와 같고 다스리는 자는 섬기는 자와 같을지니라. 눅22:25-26

중요한 것은 마태복음에 있는 "…에게 권세를 부리는"의 헬라어 단어는 카텍수시아조katexousiazo인데, 이것은 두 단어의 합성어이다: '위에'라는 의미의 카타kata 그리고 '권세를 부리다'라는 의미의 엑수시아조exousiazo. 예수님은 여기서 또한 헬라어 단어 카타큐리유오katakurieuo를 사용하셨는데, 이것은 다른 사람들을 "임의로 주관하다"라는 뜻이다.

예수님께서 이 본문에서 책망하시는 것은 포학한 지도자 같은 부류의 사람들이 아니라, 이방 세계를 지배하는 계급적 형태의 리더십이다.

이것은 반복해서 말할 필요가 있다.

예수님께서는 단지 압제적인 지도자들만 책망하신 것이 아니라, 계급적 형태의 리더십 자체를 책망하셨던 것이다.

계급적 형태의 리더십이란 무엇인가? 그것은 상명하달식의 사회구조에 기초한 리더십 스타일이다. 그것은 권력과 권세가 위에서 내려온다는 사상에 뿌리를 둔다. 계급적 리더십은 세상적인 권력개념에 그 뿌리를 둔다. 그것이 왜 모든 전통적 관료제도에 만연하는지의 이유를 이것이 설명해준다. 그것은 사악한 형태의 군주/영주 봉건제도, 그리고 주종 관계 안에 존재한다. 그러나 그것은 또한 고도의 양식을 갖춘 미국 군대와 기업의 영역에도 존재한다.

계급적 리더십 스타일이 피를 부르는 일은 많지 않지만 하나님의 사람들에게는 바람직하지 않다. 왜 그런가? 그것이 사람 사이의 교류를 명령 계통의 관계성으로 축소시키기 때문이다. 그런 관계성은 신약성서적 사고와 관습과는 이질적이다. 하지만 계급적 리더십이 세상 문화에 편만해 있다. 그리고 제도권 교회는 그것에 의해 운영된다.

이런 스타일의 리더십에 대한 우리 주님의 가르침을 요약하면 다음과 같이 선명하게 대조를 이룬다:

- 이방 세계에서는 지도자들이 정치적, 상명하달식 사회구조등급이 있는 계급제도를 토대로 활동한다. 하나님나라에서는 리더십이 어린 아이 같은 온순함과 희생적인 섬김에서 나온다.
- 이방 세계에서는 권위가 지위와 계급에 기초한다. 하나님나라에서는 권위가 경건한 성품에 기초한다. 지도자에 대해 그리스도께서 묘사하신 것을 주목하라: "섬기는 자가 되고let him be a servant", 그리고 "젊은 자와 같고let him be as the younger" 주님의 눈에는, 되는 것being이 하는 것doing보다 우선한다. 그리고 하는 것이 되는 것에서 나온다. 달리 말해서, 기능이 성품을 따라간다. 섬기는 사람들은 자신들이 섬기는 자이기 때문에 그렇게 하는 것이다.
- 이방 세계에서는 위대함을 탁월함, 외부적 권세, 그리고 정치적 영향력에 의해 평가한다. 하나님나라에서는 위대함을 겸손과 섬김에 의해 평가한다.
- 이방 세계에서는 지도자들이 그들의 지위를 다른 사람들을 지배하는데 이용한다. 하나님나라에서는 지도자들이 특별하게 존경받는 것을 부담스러워 한다. 그들은 오히려 자신들을 "젊은 자"로 여긴다.

요약해 보면, 계급적 리더십 구조는 이 세상 사람들의 정신을 특징짓는다. 그러므로 이런 구조를 교회로 이식하는 것은 신약성서적 그리스도교에 맞지 않는다. 우리 주님은 리더십의 이교적 개념에 대해 그분이 품고 계셨던 은근한 경멸을 드러내시면서 거리낌 없이 말씀하셨다: "너희 중에는 그렇지 않아야 하나니!"마20:26라는 말씀이 그것에 대한 주님의 솔직한 느낌이었다.

결론적으로, 예수님의 가르침에는 제도권 교회를 특징짓는 계급적 리더십 모델의 설 땅이 없다

예수님과 리더십의 유대교적/지위적 모델

우리 주님은 또한 하나님나라의 리더십과 종교 세계를 특징짓는 리더십 모델을 대조해서 말씀하셨다. 예수님은 다음의 본문에서 유대교의 시각과는 대조적으로 권위에 대한 하나님의 시각을 생생하게 표현하셨다. 주님의 말씀을 주목하라:

> 그러나 너희는 랍비라 칭함을 받지 말라 너희 선생은 하나요 너희는 다 형제니라 땅에 있는 자를 아버지라 하지 말라 너희의 아버지는 한 분이시니 곧 하늘에 계신 이시니라 또한 지도자라 칭함을 받지 말라 너희의 지도자는 한 분이시니 곧 그리스도시니라 너희 중에 큰 자는 너희를 섬기는 자가 되어야 하리라 누구든지 자기를 높이는 자는 낮아지고 누구든지 자기를 낮추는 자는 높아지리라. 마23:8-12

이 본문의 내용을 정리해보면 다음과 같은 것들을 찾아낼 수 있다:

▫ 유대인들의 종교적 분위기에서는, 종교적이고 정신적 지도자 같은 전문가들과 비전문가들로 이루어진 등급 시스템이 존재한다. 하나

님나라에서는 모두가 같은 가족의 형제들이다.
- 유대교에서는, 종교 지도자들에게 존경받는 직함이 주어진다. 예를 들면, 스승, 아비, 신부, 목사, 감독, 성직자 등. 하나님나라에서는 그런 직함들이 예수 그리스도께만 가야할 영예를 가리고, 모든 그리스도인을 사역자와 제사장으로 그리는 신약성서의 계시를 흐리게 한다.
- 유대교에서는, 지도자들이 눈에 띄는 지위와 밖으로의 과시로 높여진다. 하나님나라에서는, 지도자들이 낮은 자세로 섬기는 것과 주제 넘지 않은 겸손에서 자신의 정체성을 찾는다.
- 유대교에서는, 리더십이 신분, 직함, 그리고 지위에 뿌리를 둔다. 하나님나라에서는 리더십이 내면적 생명과 성품에 뿌리를 둔다. 이런 맥락에서, 현재 유행하는 수도 없이 많은 성직자의 이름 앞에 명예로운 "박사Dr."를 붙이는 것은 현대 교회가 얼마나 하나님의 나라에 위배되는 가치들을 반영하는지의 한 예일 것이다.

요약하자면, 예수님에 준하는 리더십은 제도권 교회의 리더십과는 아주 다르다. 우리 주님은 이교적/계급적 모델과 유대교적/지위적 리더십 모델에 치명타를 안기셨다.

이렇게 자아만 키우는 모델은 유기적 교회의 원초적 간결성과는 양립할 수 없다. 또 거꾸로 된 예수 그리스도의 나라의 그것과도 양립할 수 없다. 그런 모델은 하나님 사람들이 진보하지 못하도록 방해하고, 믿는자의 제사장으로서의 자유로운 역할수행을 억압한다. 또 가족으로서의 교회의 이미지를 파괴하고, 삼위일체 하나님 안에 존재하는 리더십에 역행한다. 그리고 그리스도의 머리되심에 제한을 둔다. 이런 이유들 때문에 "너희 중에는 그렇지 아니 하나니," 즉 구세주의 이름을 간직한 사람들은 그렇게 할 수 없다.

현대 성직 제도

성서는 예수님께서 계급적/지위적 리더십 구조를 책망하셨음을 분명히 한다. 그러나 바울과 다른 사도들은 어떤가?

흔히 생각하는 것과는 반대로, 신약성서의 편지들은 절대로 교회 지도자들을 "직분"과 여타 인간의 사회적인 조직의 관례에 의해 이해하지 않았다. 9장에서 우리는 교회 "직분들"을 지지하려고 일반적으로 사용하는 다양한 구절을 다룰 것이다.

신약성서가 영적으로 돌보는 일에 특히 책임 있는 사람들을 묘사할 때는 언제든지 그들이 하는 사역을 언급한다. 기능적인 언어들이 지배적이고, 동사들이 두드러지게 사용된다.

이와 관련해서, 현대 성직 제도는 성서적 기반이 없는 종교적 유물이다. 이 제도가 그리스도의 몸으로 하여금 한 명의 지도자를 지나치게 의존케 함으로써 관객으로 전락하도록 했고, 또 교회를 그리스도인들이 전문가들의 공연을 관람하는 장소로 둔갑시켰다. 그리고 거룩한 모임을 평신도 구경꾼들의 지지를 받는 전문 설교가들의 무대로 바꾸어버렸다.

어쩌면 성직 제도의 가장 위압적인 특성은 그 제도가 섬긴다고 주장하는 사람들을 영적 유아기에 방치하는 것이다. 성직 제도는 공동체의 모임에서 영적 사역을 감당하는 그리스도인의 권리를 강탈하기 때문에, 결국 하나님의 사람들을 약화시키고 만다. 그리고 그들을 쇠약한 상태로, 또 불안정한 상태로 내버려둔다.

의심의 여지없이, 성직에 몸담은 많은 사람은 하나님의 사람들을 사랑하고 또 그들을 섬기기 원한다. 그들 중 많은 사람은 그들의 동료 형제들이 영적 책임의식을 갖는 것을 진정으로 보고 싶어한다. 많은 성직자가 자기 교인들이 더 큰 책임감을 갖는 것을 보지 못하는 좌절감을 토로하지만, 그 문제의 원인을 자신들의 직업으로 돌리는 사람들은 별로 없다.

하지만 전문 성직은 결국 전신자 제사장주의를 무력화하고 또 누그러뜨리고 만다. 이것은 그 자리를 차지한 사람이 얼마나 제 맘대로 하는지와는 관계없다.

그것은 이런 식으로 작동한다: 성직자가 맡은 영적 작업량 때문에 대다수의 교인들은 수동적이고, 게으르고, 자기에게만 관심을 갖고, "나에게 먹여주세요" 그리고 영적 발육장애에 처한다.

똑같이 심각한 것은 성직 제도가 그 자리를 차지하는 많은 사람을 빗나가게 한다는 사실이다. 그 이유는? 하나님께서 그 누구에게도 교회의 필요를 채우는 사역의 힘든 짐을 홀로 지라고 부르신 적이 결코 없기 때문이다.68) 하지만 성직이 초래하는 이런 영적 비극과는 관계없이, 일반 대중은 계속해서 그것을 의존하고, 변호하고, 고집한다. 이런 이유로, 소위 평신도들도 성직주의의 문제에서 성직자 못지않게 문제에 책임이 있다.

사실, 많은 그리스도인이 누군가에게 봉급을 주고 사역과 목양의 책임을 지게 하는 편리함을 선호한다. 그들 생각엔, 자신의 희생을 요구하는 섬김과 돌봄의 부담을 스스로 안기보다는 하나님 사람들의 필요를 채워주는 종교 전문가를 고용하는 것이 더 낫다.

옛 선지자의 말이 이런 사고방식을 향한 주님의 마음을 잘 포착한다: "그들이 왕들을 세웠으나 내게서 난 것이 아니며 그들이 지도자들을 세웠으나 내가 모르는 바이며."호8:4 요약하자면, 현대 성직 제도는 하나님의 생각에서 아주 멀리 떨어져 있고, 살아 숨 쉬는 유기체인 교회를 구약의 속박으로 몰아넣는다.

이런 냉정한 현실에 비추어서, 성직이 어떻게 오늘날 일반적으로 받아들여지는 교회 리더십의 형태로 남게 되었는지를 우리는 진지하게 물어 볼 필요가 있다. 그 대답은 종교개혁의 역사 속에 깊이 그 자리를 굳힌 것에 달려 있다. 그리고 그것은 계속해서 오늘날의 문화적 요청에 의해 보강되고 있다.

요약하자면, 성직은 종교적 필요를 위해 하나의 직책으로 포장된, 행정과 심리학과 설교의 만능 합작품이나 다름없다. 그렇기 때문에, 서구에서 시행되는 성직자의 사회적 역할은 신약성서의 그 어떤 것이나 사람과도 거의 연결점이 없다.

다시 강조하자면, 성직자가 상호간의 사역을 방해하기 위한 폭군일 필요는 없다. 그들 대부분은 하나님께서 자신을 그 직업으로 부르셨다고 진심으로 믿는 유능하고 선의를 가진 그리스도인이다. 많은 사람이 자애로운 독재자이다. 어떤 사람들은 교인들의 삶을 구속하고 얼어붙게 하는, 마키아벨리식목적이 수단을 정당화한다는 이론 권력에 목마른 영적 폭군이다.

중요한 것은, 성직자가 몸의 생활에 해가 되는 악한 형태의 권위를 사용할 필요가 없다는 것이다. 단지 한 단계 위/한 단계 아래의 계급적 리더십 모델만 거기 있어도 상호간의 사역을 억누르게 된다. 이것은 성직자의 기질이 아무리 권위적이지 않다 해도 사실이다.

단순한 성직자의 참석 자체가 교인들을 수동적이게 하고 영구적으로 의존하도록 조절해서 약화시키는 결과를 초래한다. 그리스도인들은 어려서부터 목사들그리고 사제들이 종교 전문가라고 배웠다: 다른 모든 사람은 세속적인 일로 부름을 받았지만, 그들은 하나님의 "영적인"것들을 다룰 자격이 있는 사람들이다. 성직자들이 종교 전문가로 여겨지기 때문에, 교회의 다른 사람들은 스스로를 수동적으로 받기만 하는 존재로 여긴다.

크리스천 스미스가 말했듯이, "문제는 우리의 신학이 성직자의 목적에 관해 우리에게 알려주는 것과 관계없이, 성직의 실제적인 영향이 그리스도의 몸을 불구로 만든다는데 있다. 이것은 성직자가 그렇게 의도하기 때문이 아니라 그들의 의도는 보통 그 반대이다. 성직의 객관성이 필연적으로 평신도들을 받기만 하는 수동적인 사람으로 바꾸어버리기 때문에 벌어지는 것이다."69)

일반적인 신자는 어쩌면 자신이 가진 리더십 개념이 수세기약 1700년 가량에 걸쳐 내려온 교회사에 의해 형성되었음을 알지 못할 수도 있다. 이런 이유 때문에, 성직자 개념이 우리의 생각 속에 너무나도 깊숙이 박힌 나머지 그것에서 벗어나려는 그 어떤 시도라도 종종 극심한 반대에 부딪히게 될 것이다.

많은 현대 그리스도인은 성직자를 폐기하자는 주장에 성직자 자신들 못지않게 반발한다. 예레미야의 말이 여기에 딱 들어맞을 것이다: "선지자들은 거짓을 예언하며 제사장들은 자기 권력으로 다스리며 내 백성은 그것을 좋게 여기니."렘5:31 요약하자면, 성직자와 성직자가 아닌 사람들 모두 다 현대 교회의 고질병에 대한 책임이 있다.

사실은 우리 많은 사람은 아직도 옛 이스라엘처럼 왕이 우리를 다스려주기를 요구한다. 우리는 눈에 보이는 중개자가 "하나님께서 하신 말씀"을 우리에게 들려주기를 원한다.출20:19; 삼상8:19 교회 안에서 인간 중개자의 존재는 많은 그리스도인이 철저하게 고수하는, 소중히 여기는 전통이다. 그러나 그것은 성서와는 일치하지 않는다. 그리고 나의 판단으로는, 그것이 그리스도의 몸이 자유롭게 기능을 발휘하고 온전히 성숙하게 되는 것을 억압한다.

요점을 반복하자면: 문제는 성직자라는 사람에게 있는 것이 아니라,

그들이 속한 제도에 있다. 크리스천 스미스가 이것에 대해 멋지게 표현했다:

> 성직은 근본적으로 자멸하는 것이다. 그것의 명시된 목적은 교회 안에서 영적 성숙을 촉진시키는 것, 곧 귀한 목적이다. 그렇지만 실제로는 평신도들이 성직자에게 영구적으로 의존하게 하는 정반대의 결과를 가져온다. 성직자는 그들의 교인들에게 마치 전혀 성장하지 않는 자녀를 둔 부모처럼, 전혀 치료되지 않는 환자를 둔 치료사처럼, 절대로 졸업하지 못하는 학생을 둔 교사처럼 된다.
>
> 풀 타임 전문 목사의 존재는 교인들이 계속되는 교회생활에 대한 책임 회피를 너무 쉽게 하도록 만든다. 그들이 책임질 이유가 무엇인가? 그것은 목사가 해야 할 일인데 … 이런 식으로 생각한다. 그러나 결국 평신도들이 수동적으로 의존하는 상태에 머무르고 마는 결과를 초래한다. 그렇지만, 목사가 사임을 하고 후임을 찾지 못하는 교회를 상상해보라.
>
> 이상적으로 볼 때, 궁극적으로는 교회의 지체들이 회중석을 박차고 일어나 함께 머리를 조아리며 누가 가르칠 것인지, 누가 조언을 할 것인지, 누가 다툼을 해결할 것인지, 누가 병든 자를 방문할 것인지, 누가 예배를 인도할 것인지 등등을 연구하게 될 것이다. 그들은 약간의 통찰력을 발휘해서 다음과 같이 깨달을 것이다: 성서가 그들이 어떤 은사로 기여해야 하는지, 그리고 몸을 세우고자 어떤 역할을 감당할지를 숙고하도록 각 사람을 자극함으로써 그리스도의 몸 전체가 이것들을 함께 행하도록 부른다.

어떤 현대 목사들은 그들의 직분이 성직 계급제도의 일부라는 것을 부인하지만, 케빈 가일즈는 이런 부정에 정면돌파한다. 그는 목사가 인도하는 교회들을 묘사하면서 다음과 같이 정곡을 찌른다:

> 이상할 정도로 앞뒤가 맞지 않는 것은 그런 교회들도 일반적으로 평신도 사역을 아주 강조한다는 사실인데, 때로는 그것이 은사주의적 은사들 charismatic gifts의 사용에 의해 표현되곤 한다. 그러나 우리가 발견하는 것은 몸 전체의 사역이 하나님을 대표하는 목사의 사역과는 언제나 큰 차이를 보인다는 것이다. 이런 교회들에서는 교회와 가정 안에서의 권위 구조에 관한 가르침이 항상 주어진다. 목사나 목사들은 양무리 위에 세워졌고, 리더십은 남자의 영역이고, 양들은 순종해야 한다는 것이 강조된다. 이것은 좀처럼 계급적 서열로 묘사되지 않지만, 이것이 현실에 있는 그대로이다.[70]

위의 내용으로 볼 때, 성직자-평신도 전통이 대부분의 이단들보다 신약성서의 권위를 더 손상시켰다고 말한 저명한 학자 제임스 D. G. 던의 말은 놀랄만한 것이 아니다.[71] 던은 또한 다음과 같이 피력했다:

> 제도권주의를 발전시키는 것이 초기 가톨릭의 가장 두드러진 특징이다. 특히 교회가 점점 더 제도와 동일시 될 때, 권위가 점점 더 직분과 가까워질 때, 성직자와 평신도 사이에 근본적인 구분이 점점 더 자명해질 때, 은혜가 점점 더 뚜렷한 의식 활동으로 좁혀질 때 … 그런 특징들은 1세대 그리스도교에서는 없었던 것들이다. 2세대에 가서는 그 그림에 변화가 생기기 시작했지만.[72]

이런 냉정한 평가 위에, 교회 안에서 새로운 종류의 리더십을 다시 그려보자. 그리스도의 몸의 유기적인 본질에 근거하고 하나님 자신 안에 뿌리를 둔 그런 리더십.

짚고 넘어가야 할 질문들

? 우리가 계급적/지위적 형태의 리더십을 받아들이는 것보다 리더십에 관한 예수님의 가르침을 따른다면 교회가 더 나아질 것이라고 당신은 생각하는가? 설명할 것.

? 성직이 예수님과 사도들이 기초를 놓은 교회와 동떨어진 것이라면, 우리가 그것을 계속해서 지지하고 승인해야 하겠는가? 설명할 것.

? 바울은 골로새서 2장8절에서 골로새의 성도들에게 그 누구도 철학과 세상의 초등학문으로 그들을 사로잡지 못하도록 하라고 권면했다. 당신은 이것에 비즈니스 세계의 원리와 철학이 포함된다고 믿는가? 설명할 것.

9장
다시 그려보는 돌봄 사역

교회 운영을 위한 성직 제도는 지나치게 보편화되어 있지만, 그런 발상 자체가 성서와는 동떨어진 것이다. 교회에서는 모든 지체가 활동적이다. 그분[하나님]께서는 몇몇 사람들에게 돌봄 사역을 맡기셔서 그 사역이 효과적으로 수행되게 하셨다. 신자들 대다수가 오로지 세속적인 일들에만 집중하고 교회의 일을 영적 전문가 그룹에게 떠맡기는 것은 결코 하나님의 생각이 아니었다.

워치만 니

우리의 교회생활 안에는 두 계급으로 된 시스템이 견고하게 뿌리를 박고 있다. 이 두 계급 시스템에는 훈련되고, 부름을 받고, 봉급을 받고, 사역하는 것이 기대되는 성직자 계급이 있고, 또 일반적으로 성직자가 한 일에 대해 사례비를 주거나 아니면 그 일에 구멍이 숭숭 뚫렸음을 몹시 비판하는 (거기엔 언제나 뚫린 구멍이 있다) 청중 노릇을 하는 평신도 계급이 있다. 낮은 계급 곧 평신도 계급에게 기대를 거는 사람은 아무도 없다.(참석, 십일조, 그리고 간증 외에는) 그리고 모두가 윗 계급 곧 성직자 계급에게 엄청난 기대를 건다.(성직자 자신을 포함해서!) 이 비즈니스 전체의 가장 큰 문제는 사역에 대한 성서의 관점이 이런 시스템과는 완전히 반대라는 사실이다.

로버트 C. 지라드

모든 교회에는 리더십이 있다. 리더십은 그것이 눈에 띄든지 그렇지 않든지 관계없이 언제나 거기에 있다. 헬 밀러가 말한 것처럼, "리더십은 존재한다. 그것은 좋을 수도 있고 나쁠 수도 있다. 그것이 인정받고 승인될 수도 있고 그렇지 않을 수도 있다. 그러나 그것은 언제나 존재한다." 리더십은 누가 인도하는지에 따라 교회의 가장 괴로운 악몽일 수도 있고 가장 큰 자산일 수도 있다.

리더십에는 "지킬박사와 하이드"의 가능성이 있기 때문에, 그리스도인들이 그 주제를 새로운 시각으로 바라볼 필요가 절실히 요구된다. 신약성서에서는 두 종류의 리더십이 확인된다: 돌보는 리더십과 결정하는 리더십. 우리는 이 장에서 돌봄에 대해 다룰 것이다. 그리고 다음 장에서는 결정에 대해 살펴볼 것이다. 다음 본문들을 숙고해보라:

> 바울이 밀레도에서 사람을 에베소로 보내어 교회 장로들을 청하니 … 여러분은 자기를 위하여 또는 온 양 떼를 위하여 삼가라 성령이 그들 가운데 여러분을 감독자로 삼고 하나님이 자기 피로 사신 교회를 보살피게 하셨느니라 내가 떠난 후에 사나운 이리가 여러분에게 들어와서 그 양 떼를 아끼지 아니하며, 행 20:17, 28-29

> 너희 중 장로들에게 권하노니 나는 함께 장로 된 자요 그리스도의 고난의 증인이요 나타날 영광에 참여할 자니라 너희 중에 있는 하나님의 양 무리를 치되 억지로 하지 말고 하나님의 뜻을 따라 자원함으로 하며 더러운 이득을 위하여 하지 말고 기꺼이 하며 맡은 자들에게 주장하는 자세를 하지 말고 양 무리의 본이 되라 그리하면 목자장이 나타나실 때에 시들지 아니하는 영광의 관을 얻으리라. 벧전 5:1-4

> 내가 너를 그레데에 남겨 둔 이유는 남은 일을 정리하고 내가 명한 대로 각 성에 장로들을 세우게 하려 함이니 책망할 것이 없고 한 아내의 남편이며 방탕하다는 비난을 받거나 불순종하는 일이 없는 믿는 자녀를 둔 자라야 할지라 감독은 하나님의 청지기로서 책망할 것이 없고 제 고집대로 하지 아니하며 급히 분내지 아니하며 술을 즐기지 아니하며 구타하지 아니하며 더러운 이득을 탐하지 아니하며, 딛1:5-7

장로들, 목자들, 그리고 감독들

헬라어로 장로presbuteros는 단지 연장자라는 뜻이다. 그러므로 1세기의 장로는 성숙한 그리스도인, 곧 경험과 지혜를 가진 원로였다. 장로들은 "감독들"이라고 불렸다. 이것은 교회의 일들을 관리하는 그들의 역할을 묘사했던 용어이다. 장로들의 임무는 또한 "목자"의 비유로 그려져 있다. 이것은 그들이 돌보는 사람들이었기 때문이다. 실제의 목자들이 양들을 돌보듯이 장로들은 그들의 동료 그리스도인들을 돌보는 것이다.

모든 장로가 "가르칠 수" 있었고 양떼를 돌보는 은사를 가졌지만, 양을 돌보고 가르쳤던 모두가 다 장로는 아니었다. 딛2:3-4; 딤후2:2, 24; 히5:12 가르침은 교회를 위한 교훈의 말씀을 가진 그리스도인이라면 그 누구라도 할 수 있었다. 고전14:24-26

결론적으로, 교회 안에서 돌보는 사역을 공급했던 사람들은 장로들, 감독들, 그리고 목자들로 불렸다. 이것은 단순히 그들이 연장자였기 때문인데, 그들은 미성숙한 지체들에게 성숙한 본이 되었다. 벧전5:3 그들은 돌보는 일을 했고, 교회의 영적 안녕을 지키기 위해 힘썼다.2절 그리고 그들은 목양을 했다. 즉, 하나님 사람들의 필요를 돌봐주었다.2절 그렇다면, 장로들을 사회적 지위^{직분}와 동일시하는 것은 오직 상당한 위험부담을 안고서만 할 수 있을 것이다. 그렇게 하려면, 우리가 하나님 사람들을 돌보는 사람이라는 그 의도된 의미인 "목자"를 버려야 한다. 아울러 "장로"를 연장자라는 그 의도된 의미에서 이탈시켜야 한다. "감독"을 다른 사람들을 지켜주는 사람이라는 그 고유의 의미에서 분리시키는 것은 말할 것도 없고.

그래서 장로들은 감독과 목자였다. 장로라는 단어는 그들의 성격을 가리킨다. 감독이라는 단어는 그들의 역할을 가리키고, 목자라는 단어는 그들의 은사를 가리킨다. 그들의 주된 책임은 개인적인 어려움이 있을 때 교회에 지침을 주고 교회를 돌보는 것이었다.

직분과 직함에 대한 우리 서구인들의 집착은 우리로 하여금 우리가 가진 교회의 서열 개념을 신약성서에 첨가하도록 했다. 하지만 신약성서의 근본적 성격은 단일 목사의 개념에 불리하게 작용한다. 그것은 또한 공식적인 장로의 개념에도 불리하게 작용한다.

성서는 동시에 "담임목사"의 개념과도 일치하지 않는다. 이것은 장로들 중 한 사람을 최고 권위의 지위에 올려놓는 일반적인 관습이다. 신약성서는 그 어디에서도 프리머스 인터 파레스^{primos inter pares}, 즉 "평등한 위치 중의 첫째" 개념을 승인하지 않는다. 적어도 공식적으로나 형식적인 방법으로는 승인하지 않는다.

"목사"와 다른 장로들 사이의 단절은 교회사의 우발적 사건이었다. 그러나 그것이 변질된 우리 문화의 종교적 사고방식과 딱 맞아떨어지기 때문에, 오늘날의 신자들에게는 이런 거짓된 이분법으로 성경을 읽는 것이 거의 문제가 되지 않는다.

장로들은 돌봄 사역을 공급하지만 교회 모임에서의 사역을 독점하지 않았다. 또한 교회를 대표해서 결정을 내리지도 않았다. 그런 것이 아니라, 그들은 공동체적 삶의 혹독함을 경험해나가던 교회를 지휘하고 감독했다.

이렇게 감독하는 것이 주로 수동적인 역할이었음을 주지하기 바란다. 장로들의 감독 역할이 교회의 생명을 억누르지 않았고, 또 다른 신자들의 사역을 간섭하지도 않았다. 은사를 받은 장로들이 주로 가르침에 관여했지만, 그들은 다른 모든 지체와 동등한 위치에서 사역했다. 그들은 교회의 모임을 독점하지 않았다.

더 상세히 말하자면, 신약성서적 장로들은 그들의 영적 기업체를 주도하는 영적 CEO처럼 행세하지 않았다. 대신에, 교회는 자신들에게 속하지 않았고 오히려 사랑하는 주인이신 주 예수님께 속했음을 온전히 인식하고 있었다. 주님 홀로 "촛대 사이를 거니시는"계2:1 권리를 갖고 계셨다. 그러므로 만일 1세기의 장로 앞에서 당신이 "그의 교회" 또는 "그의 교인들"이라는 말을 사용했다면, 그는 틀림없이 몸을 사렸을 것이다.

1세기의 장로들은 단순히 영적으로 성숙한 사람들이었다. 즉, 교회의 일들을 좌우하거나 주도하지 않고 감독했던 본이 되는 그리스도인들이었다.

장로들은 조직의 수장이 아니었다. 그들은 고용된 설교자나 전문 성직자나 교회의 의장이 아니었다. 그들은 단지 원로의 역할, 목양, 돌보는 일 등 실제적인 역할을 수행하는 나이가 많은 형제들이었다.

그들의 주된 임무는 세 가지였다: 교회에서 섬김의 모델이 되는 것; 신자의 공동체가 섬김의 사역을 하도록 동기를 부여하는 것; 젊은 신자들의 영적 성장을 연마하는 것.벧전5:1-3 아울러 장로들은 교회의 골치 아픈 상황을 다루었다.행15:6 그러나 그들은 결코 교회를 위해 결정을 내린 적이 없었다. 결정을 내리는 신약성서적 방법은 독재적이지도 않았고, 민주적이지도 않았다. 그것은 합의에 의한 것이었다. 그리고 그것은 모든

형제와 자매를 포함시켰다. 10장을 참조할 것

장로들은 감독으로서 다른 사람들의 사역을 지휘했다. 그 사역을 대신한 것이 아니라 그들은 자신의 눈을 뜬 채로 기도한 사람들이었다. 즉, 그들의 영적 안테나를 항상 올린 상태로 이리떼에 대비했다. 그리고 그들이 말할 때 그들의 목소리에는 경험에서 우러나온 무게가 실려 있었다.

장로들이 어떻게 이런 식으로 역할을 수행했는지를 설명하는데 있어 어쩌면 오늘날의 실례가 도움이 될지도 모른다. 내가 속했던 교회 중 하나에 삼십 명 가량이 있었는데, 4년이 지나는 동안 좀 더 성숙한 세 명의 형제들이 표면에 드러나게 되었다. 교회 사람들이 개인적 문제가 생겼을 때는 언제든지 자연스럽게 그 세 명 중 하나에게로 향했다.

본능적으로 교회는 이해심이 많고 지혜가 있는 이 사람들을 신뢰했다. 분명한 것은, 그들의 사역 대부분이 교회의 모임 밖에서 일어났다는 사실이다. 개인 집에서, 식당에서 커피를 마시면서, 또는 전화로.

이 사람들은 개인적으로 문제를 겪는 주님의 사람들을 바로 인도하도록 도왔다. 그 특정한 교회에서는, 그들이 "장로들"이라고 불린 적이 한 번도 없었다. 그리고 그들은 교회 모임에서 다른 신자들과 구별되지 않았다. 방문자들은 장로들이 누구인지 알 길이 없었다. 그 이유는? 교회의 모임이 절대로 장로들에게 속하지 않고 교회 전체에게 속했기 때문이었다. 모두가 동등한 위치에서 자유롭게 나누고, 사역하고, 기능을 발휘했다.

이런 식으로 하면, 장로들의 역할은 사람의 간에 비유할 수 있다. 간은 보이지 않는 곳에서 독과 다른 유해한 물질을 제거한다. 또 면역 요소를 생산하고 혈액에서 박테리아를 제거함으로써 감염을 막아낸다. 간은 사람의 몸을 유기적으로 해독함으로써 몸이 제대로 기능을 행하도록 한다. 그러나 조용하게 숨어서 기능을 발휘한다. 마찬가지로, 장로들도 보이지 않는 곳에서 교회를 해독함으로써 그리스도의 몸이 훼방 받지 않고 역할을 수행하게 한다.

간단히 말해서, 장로들은 교회 안에서 안내자 역할을 하고, 양육을 제공하고, 충성하도록 격려해주던 영적 조력자였다. 그러므로 장로직은 그 사람이 하는 일을 말하는 것이지 그 사람이 차지하는 자리가 아니다.

신약성서는 이것을 꽤 분명하게 입증한다. 만일 바울과 다른 사도들이 장로를 직분으로 그리려 했다면, 그들이 사용할 수 있었던 많은 헬라어 단어가 있었다. 그렇지만 놀랍게도 다음의 헬라어 단어들은 사도들이 사용한 교회의 언어에는 빠져 있다:[73]

- 아르케 (일반 대중의 지도자, 우두머리, 또는 통치자)
- 티메 (간부 또는 고관)
- 텔로스 (통치자에게 속한 고유의 권세)
- 아르키수나고고스 (회당의 간부)
- 하잔 (공식 예배 인도자)
- 탁시스 (직위, 지위, 또는 계급)
- 히에라테이아 (제사장 직분)
- 아르콘 (통치자 또는 우두머리)

신약성서는 이 단어들 중 그 어떤 것도 결코 교회의 리더십을 묘사하는데 사용한 적이 없다. 예수님과 마찬가지로, 교회 지도자들을 묘사하려고 사도들이 선호했던 단어는 '섬기는 자' 또는 '시중드는 자'라는 뜻을 가진 디아코노스diakonos이다.

그러므로 교회 안에서 섬기는 지도자들을 간부와 전문 성직자로 그리려는 경향은 성서적 언어의 참된 의미를 박탈하고 전신자 제사장주의의 신경을 끊어버리는 것이다.

돌봄을 공유하는 원리

신약성서는 돌봄을 공유하는 비전을 제시한다. 사도들은 그들이 개척한 교회들 안에 항상 복수의 돌보는 사람들을 세웠다. 예루살렘교회에 장로들복수이 있었고,행11:30 남 갈라디아의 네 교회에도 장로들이 있었고, 행14:23 에베소에도 장로들복수이 있었고, 행20:17 빌립보에도 장로들복수이 있었고, 빌1:1 유대의 교회들에도 장로들이 있었고, 약5:14 그리고 그레데의 각 성에도 장로들이 세워질 예정이었다. 딛1:5

요약하자면, 성서는 복수의 장로들이 초대교회들의 삶을 돌봤다고 확고하게 증언한다.74) 1세기의 교회들 중 단일 지도자를 둔 교회는 없었다.

결과적으로, 일반적으로 받아들여지는 개념인 단일 목사제도sola pastora는 신약성서와는 일치하지 않는다. 성서는 지역 교회의 주도권을 잡고, 거기서 벌어지는 일들을 주도하고, 주일마다 설교를 하고, 침례를 베풀고, 세상 사람들 앞에서 교회를 대표하고, 성찬식또는 주의 만찬을 주관하고, 지역사회의 행사에서 축사를 하고, 결혼식을 주례하고, 장례식을 집례하는 사람에 대해 상상도 하지 못한다. 신약성서 전체에 그런 사람은 존재하지 않는다. 만일 당신이 이것에 의심이 있다면, 당신의 성서에서 이 사람을 찾을 수 있는지 살펴보라. 내가 장담하건대 당신은 절대로 찾을 수 없다.

신약성서가 바울을 "사도"로, 빌립을 "전도자"로, 마나엔을 "교사"로, 그리고 아가보를 "선지자"라고 부르지만, 그 누구를 목사라고 한 적은 한 번도 없다. 사실, 명사인 "목자"우리말 성서에는 "목사"로 되어 있음가 신약성서를 통틀어 단 한번 사용된 적은 있다. 엡4:11 그런데 그것이 서술적 은유로 사용되었지, 결코 교회의 직분으로 사용된 적은 없다. 아울러 그것은 단수가 아닌 복수이다.

이것은 일반적인 관행에 정면으로 도전한다. 오늘날 "목사"는 표면상 교회의 대표로 여겨진다. 그의 이름은 서구세계 전역에 있는 교회들의 입구를 독점하며 큼지막하게 써있다. 신약성서에서 훨씬 더 주의를 끄는 다른 사역들이 어째서 이 교회들의 입구에는 등장하지 않는지가 놀라울 따름이다.

조지 바나와 나는 우리가 공저한 『이교에 물든 기독교』에서 현대 목사의 직책이 고상한 그러나 별로 도움 되지 않는 성직주의를 환기시키는 성서 이후의 산물임을 역사적으로 입증한다. 성직주의는 제사장이 하나님과 사람들 사이에서 중재자로 활동한다는 믿음이다. 그것은 본질적으로 로마 가톨릭 사제에게서 이어받은 것이다. 그렇기 때문에 그것은 신약성서 안에서 발견되는 어떤 것보다도 레위기식 제사장제도의 연약하고 빈약한 요소들을 더 잘 반영한다.

말이 나온 김에, 단일 목사제도를 정당화하고자 구약성서의 단일 지도자들을 들먹이는 사람들은 두 가지 과오를 범한다. 첫째, 구약의 모든 단일 지도자들 요셉, 모세, 여호수아, 다윗, 솔로몬 등이 직분을 맡은 사람이 아닌 주 예수 그리스도의 예표라는 사실을 그들은 간과한다. 둘째, 그들은 신약성서를 통틀어 분명하게 설명되는 돌봄의 모델을 대체로 무시한다.

1세기의 장로들은 모두 다 동등한 위치에 있었다. 아마 그들 중엔 다른 사람들보다 영적으로 더 성숙한 사람들이 있었을 것이다. 그리고 그들은 의심의 여지없이 각기 다른 은사들을 갖고 있었을 것이다. 그러나 그들 중에 계급적 구조는 없었다.

사도행전을 주의 깊게 읽어보면, 하나님께서 종종 특별한 때에 때로는 야고보, 다른 때는 베드로 등등 여러 다른 감독들을 임시적인 대변자로 사용하시긴 했지만, 다른 감독들 위에 최고의 자리를 영구적으로 차지한 감독은 없었음을 발견할 것이다.

결과적으로, "담임 목사", "수석 장로", 그리고 "수석 목사" 같은 오늘날의 직책들은 초대교회에서는 결코 존재하지 않았다. 1세기 그리스도인들은 장로들 중에서 한 사람을 구별하여 월등한 권위를 가진 지위로 올려놓지 않았다. 장로들은 그들을 예수님 아래에, 그리고 교회의 위에 두는 명령계통에 속하지 않았고, 피라미드식 계층에도 속하지 않았다. 그들은 단순히 그리스도의 몸에 속한 지체였고, 소수가 권력을 독점하는 엘리트가 아니었다.

다시 말하자면, 우리 시대의 단일 목사제도는 신약성서적 교회와는 철저하게 동떨어진 것이다. 우리는 신약성서 그 어디에서도 장로들 중 하나가 특급 사도의 지위로 탈바꿈해서 행정 최고 권위를 차지했던 사례를 찾을 수 없다.

그런 권위는 오직 한 분이신 주 예수 그리스도께만 해당되었다. 주님만이 교회의 유일한 머리였다. 그렇기 때문에, 주님만이 자신의 양들에게 명령을 내릴 자격을 갖고 계셨다. 교회 안에서 복수의 감독체제가 그리스도의 머리되심을 보호했다. 그것은 또한 감독들 중에서 독재와 부패를 감시하는 역할을 했다.

장로들의 공개적 인정

교회의 돌봄 사역은 공유될 뿐만 아니라 자생적이었다. 이것은 장로들이 그 지역의 교회 안에서 영적으로 양육된 형제들이었다는 뜻이다. 그러므로 일반적으로 받아들여지는, 교회를 인도하기 위한 지도자일반적으로 목사를 다른 지역에서 영입하는 관행은 신약성서에 근거한 것이 아니다. 오히려 장로들은 현존하는 공동체 안에서 하나님께서 일으키신 그 지역에 사는 사람들이었다.

똑같이 중요한 것은, 장로들이 언제나 교회가 시작 된지 한참 후에 생겨났다는 사실이다. 예루살렘교회 안에 장로들이 생겨난 것은 교회가 시작된 다음 적어도 14년이 걸렸다.^{행11:30} 바울과 바나바는 남 갈라디아 지역에 네 교회를 개척한 후 꽤 시간이 지난 다음 각 교회에서 장로들을 인정했다.^{행14:23} 바울은 에베소에서 교회를 개척한지 5년 후에 교회의 장로들을 밀레도로 청하여 만났다.^{행20:17} 바울은 12년 된 교회인 빌립보교회에 쓴 편지에서 그곳의 감독들에게 문안했다.^{빌1:1 75)}

요점: 교회가 시작된 직후에 장로들이 등장한 때는 신약성서 그 어디에도 없다. 모든 영적 은사에서처럼, 교회는 장로들을 자연스럽게 배출하는 영적 유기체이다. 그들은 교회의 유전자 안에 들어 있다. 그러나 그들이 나타나기까지는 시간이 걸린다. 결과적으로, 장로들을 서둘러서 임명하는 가정집 교회들은 그렇게 하는 성서적 정당성이 없다.

덧붙여서, 장로들은 결코 스스로를 임명한 적이 없다. 장로들이 교회 안에 생겨난 후에 순회 사도적 일꾼들이 그들을 인정했음을 성서는 일관성 있게 보여준다. 장로들은 스스로 임명하지 않았다.

장로들이 생겨나기 전에는 교회 안에서의 돌봄 사역이 그 교회를 개척한 사도적 일꾼의 몫이었다.^{살전2:7-12} 그 이후엔, 돌봄 사역이 장로들의 손으로 넘겨졌다.

돌봄 사역을 하는데 있어 장로들의 권위는 그들의 영적 성숙에 달려 있었다. 그것은 안수를 통해 그들에게 외적인 자격을 수여한 성직에 달려 있지 않았다.

성령이 장로들을 택한 후에, 사도적 일꾼들은 나중에 가서 그들의 부르심을 공중 앞에서 확인했다. 행14:23; 20:28; 딛1:5 그러나 기능이 형식에 우선했다.

그러므로 장로들을 공개적으로 인정하는 것과 우리 시대의 전문 성직 같은 분리된 등급 제도의 제정을 동일시하는 것은 크게 잘못된 것이다. 장로들이 사도적 일꾼들에 의해 인정된 것은 교회 안에서 이미 "장로 역할을 하던" 사람들을 공개적으로 인정하는 것뿐이었다. 민11:16 그것은 오늘날 우리가 아는 "목사 안수"가 아니었다.76) 교회는 단지 "장로 역할을 한다"고 인정했던 사람들을 신뢰한 것뿐이다.

유감스러운 것은, "직분"과 "지위"에 대한 서구적 성향이 수많은 그리스도인으로 하여금 이런 개념들을 성서 본문에 대입시켜서 장로들을 고위 관리로 여기게끔 했다는 사실이다. 그러나 그런 생각은 초대교회의 돌봄 사역과 오늘날의 사회적 관행을 혼동하는 것이다. 아울러 그것은 성서에서 발견되는 리더십 용어가 가진 그 고유의 의미를 박탈시킨다.

다시 말해서, "장로"는 성숙한 사람이라는 뜻이고, "목자"는 양떼를 양육하고 보호하는 사람을 뜻한다. 그리고 "감독"은 관리하는 사람을 뜻한다. 알기 쉽게 말하자면, 돌봄 사역의 신약성서적 개념은 기능적이지, 공식적이 아니다. 참된 영적 권위는 직분이나 지위가 아닌 영적인 삶과 기능에 근간을 둔다.

달리 표현하자면, 신약성서적 리더십은 명사보다는 동사에 의해서 가장 잘 이해될 수 있다. 우리 주 예수님께서 당대의 권위적인 서열을 거부하셨음을 상기하라. 마20:25-28; 눅22:25-27 주님의 눈에는, 영적 권위가 외적 지위가 아닌 섬김에서 나오는 것이었다. 마23:8-12

인품 대 은사

신약성서에 언급되는 장로들은 특별한 은사를 가진 사람들이 아니라 믿을만한 인품의 소유자였다.딤전3:1-7; 딛1:5-9 그들은 섬김에 의해 인도하는 사람들이었지, 종을 부리는 사람들이 아니었다.마20:25-26 그리고 유능한 행정가가 아니라 믿음직한 형제들이었다.

장로들은 양 무리 위에 주장하는 자세를 취하지 않고 그들의 본이 되었다.벧전5:3 그들은 다른 사람들의 사역을 하지 않고 자신들의 사역을 하면서 다른 사람들을 돌봤다. 그들은 영적 시저가 아닌 섬기는 종으로 역할을 수행했다.눅22:24-27 폭군이 아닌 조력자였고, 독재자가 아닌 아비였다.딤전3:4; 5:1

장로들은 진리를 납득시키는 사람들이었지, 그들의 자아가 권력으로 살찌는, 교권을 손에 쥔 사람들이 아니었다.딛1:9 그들은 양육하는 사람들이었지, 강압적으로 복종시키는 사람들이 아니었다. 영적인 관리자였지, 전문 설교자가 아니었다.행20:28-35

장로들은 하나님나라를 찾는 사람들이었지, 제국을 건설하는 사람들이 아니었다. 그들은 다양한 은사를 가지고, 다재다능하고, 초인적이고, 우상시되고, 유명 인사 같은 전문 공연자들이 아니라 평범한 그리스도인들이었다. 그들은 섬기는 종이었지, 독재자가 아니었다. 하나님의 사람들을 지배하거나, 조작하거나, 겁먹게 하지도 않았다.77) 유감스럽게도, 나는 위의 내용에 있는 대로 행하는 장로들에 의해 상처를 입은 많은 그리스도인을 만났다. 반면에, 내가 묘사한 1세기의 장로들과 일치하는 사람들도 많이 만나보았다.

장로들의 훈련은 학구적이거나, 공식적이거나, 신학적이지 않았다. 그런 게 아니라, 그것은 유기적인 교회생활의 범주 안에서 이루어졌다. 그들의 자격은 전문적인 학교나 자격증에서가 아니라 하나님의 영으로

부터 왔다.행20:28 그들은 재정관리 능력, 연설의 기교, 아마추어 심리학 기법, 이런 것들의 혼합물을 습득함으로써 스스로 돌봄 사역을 감당할 자격이 있다고 판단하지 않았다. 그들의 돌봄은 교회 안에서 그들의 삶에서 유기적이고 자연적으로 생겨나온 것이었다.

장로들은 종교 전문가로 여겨지지 않았고, 믿음직하고 신뢰할만한 형제로 여겨졌다. 그들은 직업적 성직자가 아니라, 세속적인 직업을 갖고 스스로 생계를 책임지는 가장이었다.행20:27, 32-35; 딤전3:5, 7; 딛1:6; 벧전5:2-3

어떤 장로들은 그들의 지칠 줄 모르는 수고 때문에 교회에서 배로 존경을 받았다. 배로 존경받는다는 것은 단순히 존경을 더 받는다는 뜻이다.

이런 견지에서, 어떤 사람들은 디모데전서에 있는 다음의 고립된 본문 하나에서 전문 성직자의 정당성을 주장하려고 해왔다:

> 잘 다스리는 장로들은 배나 존경할 자로 알되 말씀과 가르침에 수고하는 이들에게는 더욱 그리할 것이니라 성경에 일렀으되 곡식을 밟아 떠는 소의 입에 망을 씌우지 말라 하였고 또 일꾼이 그 삯을 받는 것은 마땅하다 하였느니라.딤전5:17-18

그렇지만, 이 본문의 문맥은 그렇지 않음을 밝혀준다. 첫째, 신약성서에서 사용된 "지불하다" 또는 "임금"미스도스(misthos)와 오프소니온(opsonion)에 해당하는 특정한 헬라어 단어들이 장로들에게 지급되어야 할 것을 일컫는 데는 사용되지 않았다. 이 본문에 나오는 "존경"의 헬라어 단어는 티메time인데, 그것은 누구 또는 어떤 것을 "존경하다" 또는 "가치를 두다"라는 뜻이다.

이 단어가 디모데전서에서 네 번 사용되었는데, 전부 다 존경을 의미한다. 하나님께서 사람에게 존귀를 받으시고,1:17; 6:16 장로들은 교회에서 존경을 받고,5:17 상전들은 종들에게 공경 받아야 한다6:1는 것. 바울이 과부가 교회에 의해 존대를 받아야 한다고 할 때 그 단어의 다른 형태가 사용되었다. 티메가 1세기 문서에서 "사례비"를 지칭한 적은 한 번도 없다.

둘째, 모든 신자는 서로 존경티메하도록 부르심 받았다.롬 12:10 이것을 모든 신자가 상호간에 돈을 주고받는 것을 의미한다고 받아들이는 것은 터무니없는 생각이다. 다시 말하지만, 잘 섬기는 장로들은 더 존경 받아야 한다.

셋째, 바울이 말하려고 했던 것이 존경이라는 사실은 19절에 나타난다. 바울은 더 나아가서 두세 증인이 없으면 장로들에 대한 고발불명예, 모욕은 받지 말 것을 말한다.딤전5:19

물론 배로 존경하는 것은 때때로 축복의 상징으로서의 자발적인 헌금을 포함했다.갈6:6; 딤전5:17-18 그러나 이것이 지배적인 생각은 아니었다. 그것은 장로들이 받을 만한 존경이지 봉급이 아니었다. 결론적으로, 디모데전서 5장은 사도행전 20장에 기록된, 바울이 에베소 장로들에게 한 말과 완벽하게 일치한다:

> 내가 아무의 은이나 금이나 의복을 탐하지 아니하였고 여러분이 아는 바와 같이 이 손으로 나와 내 동행들이 쓰는 것을 충당하여 범사에 여러분에게 모본을 보여준 바와 같이 수고하여 약한 사람들을 돕고 또 주 예수께서 친히 말씀하신 바 주는 것이 받는 것보다 복이 있다 하심을 기억하여야 할지니라.행20:33-35

바울은 에베소 장로들에게 그의 모본을 따르라고 말했다. 이 모본은 하나님의 사람들에게서 돈을 취하지 않고, 그 대신 스스로 일해서 생활을 책임지고 남을 돕는 것이었다. 디모데전서 5장17-18절과 사도행전 20장 22-25절이 같은 대상인 에베소 장로들에게 한 말임을 주목하라.[78] 따라서 여기에 모순은 없다. 디모데전서 5장17-18절에 있는 바울의 주장은 단순히 이것이다: 일하는 소가 먹을 자격이 있고 일하는 일꾼이 삯을 받는 것이 마땅하듯, 잘 다스리는 장로들도 배로 존경받아야 마땅하다.[79]

그렇다면, 초대교회의 장로들은 교회에 기대지 않았다. 그 대신, 그들은 자신들이 교회에 주는 위치에 있었음을 확실하게 했다. 그들은 오늘날의 전문 목사들처럼 고정된 봉급을 전혀 받지 않았다. 또한 교회들을 세우고자 돌아다니던 순회 사도들처럼 일체의 재정적 지원을 받도록 성서적으로 인정받지도 않았다.고전9:1-18

바울은 순회 사도적 일꾼이었으므로 하나님의 사람들에게 일체의 재정적 지원을 받을 합법적 권리를 갖고 있었다. 그러나 그는 새 교회와 함께 사역할 때는 언제든지 의도적으로 그 권리를 포기했다.고전9:14-18; 고후11:7-9; 12:13-18; 살전2:6-9; 살후3:8-9

바울은 그가 한 교회를 섬기는 동안 그 교회에 재정적인 아무런 부담도 주기 원치 않았기 때문에 이 권리를 포기했다. 따라서 재정적 지원에 관한 바울의 원칙은 다음 문장으로 요약할 수 있다: "또 내가 너희와 함께 있을 때 … 아무에게도 누를 끼치지 아니하였음은"고후11:9 [80]

다시 강조하자면, 신약성서적 교회는 상주하는, 고용된 성직자에 대해서는 상상도 하지 못했다. 장로들은 평범한 형제들이었기 때문에 양떼 위에 있지 않았다. 또한 양떼를 떠나 있지도 않았다. 그 대신, 양 무리 중에 있는 사람들로서 교회를 섬겼다.벧전5:1-3

신약성서에 있는 리더십에 대한 엄청난 관심의 결핍

바울의 편지들은 본이 되는 행동에 관해 끊임없이 말하고, 직함이나 공식적인 지위에 관해서는 관심을 보이지 않는다. 이것을 생각해보라: 바울은 문제가 있는 교회에 편지할 때는 언제든지 장로들보다는 교회 자체를 향해 말했다. 이것은 바울의 첫 번째 편지부터 마지막 편지까지 한결같다.81)

다시 한번 말하자면, 바울은 교회에 편지를 쓸 때는 언제든지 교회 전체를 향해 말했다. 결코 장로들을 향하지 않았다. 다음을 보라:

사도 된 바울은 … 갈라디아 여러 교회들에게갈1:1-2

바울과 실루아노와 디모데는 하나님 아버지와 주 예수 그리스도 안에 있는 데살로니가인의 교회에 편지하노니살전1:1

바울과 실루아노와 디모데는 하나님 우리 아버지와 주 예수 그리스도 안에 있는 데살로니가인의 교회에 편지하노니살후1:1

하나님의 뜻을 따라 그리스도 예수의 사도로 부르심을 받은 바울과 형제 소스데네는 고린도에 있는 하나님의 교회 곧 그리스도 예수 안에서 거룩하여지고 성도라 부르심을 받은 자들과 또 각처에서 우리의 주 곧 그들과 우리의 주 되신 예수 그리스도의 이름을 부르는 모든 자들에게고전1:1-2

하나님의 뜻으로 말미암아 그리스도 예수의 사도 된 바울과 형제 디모데는 고린도에 있는 하나님의 교회와 또 온 아가야에 있는 모

든 성도에게고후1:1

예수 그리스도의 종 바울은 사도로 부르심을 받아 하나님의 복음을 위하여 택정함을 입었으니 … 로마에서 하나님의 사랑하심을 받고 성도로 부르심을 받은 모든 자에게롬1:1, 7

하나님의 뜻으로 말미암아 그리스도 예수의 사도 된 바울과 형제 디모데는 골로새에 있는 성도들 곧 그리스도 안에서 신실한 형제들에게 편지하노니골1:1-2

하나님의 뜻으로 말미암아 그리스도 예수의 사도 된 바울은 에베소에 있는 성도들과 그리스도 예수 안에 있는 신실한 자들에게 편지하노니엡1:1

그리스도 예수의 종 바울과 디모데는 그리스도 예수 안에서 빌립보에 사는 모든 성도와 또한 감독들과 집사들에게 편지하노니빌1:1

더 놀라운 것은 바울이 편지를 써서 보낸 신약성서의 모든 교회가 위기에 처해 있었다는 사실이다. 예외가 있다면 에베소서의 수신인들이었다. 하지만 바울은 그 중 어떤 교회에도 결코 장로들에게 호소하거나 그들을 특별히 구분한 적이 없었다.

신약성서에 언급된 교회들 중 가장 문제가 많았던 고린도교회를 예로 들어보자. 고린도교회에 쓴 편지 전체에서, 바울은 단 한 번도 장로들에게 호소하지 않는다. 또 그들을 책망한 적도 전혀 없고, 그들에게 순종할 것을 제안한 적도 아예 없다. 사실, 그는 그들을 언급조차 하지 않는다.

오히려, 바울은 교회 전체에 호소한다. 그들 스스로 입은 상처를 다룰 책임이 교회에 있음을 그는 보여준다. 바울은 고린도전서에서 30번 이상이나 "형제들"에게 권고하고 간청한다. 그리고 마치 직분을 맡은 사람이 없는 것처럼 쓴다. 이것은 또한 위기에 처한 교회들에 쓴 다른 모든 편지에서도 마찬가지이다.

만일 고린도교회에 직분을 맡은 사람들이 정말 있었다면, 당연히 바울은 문제의 해결을 위해 그들을 지칭했을 것이다. 그러나 그는 결코 그렇게 한 적이 없다. 바울은 편지의 말미에서 자신들을 희생하는 스데바나의 집 사람들에게 순종할 것을 교린도교회 교인들에게 권한다. 그러나 그는 이 사람들의 범위를 다음과 같이 다른 사람들에게로 늘려서 말한다: "이 같은 사람들과 또 함께 일하며 수고하는 모든 사람에게."

바울이 강조한 것이 지위가 아닌 기능임을 주지하라. 그의 교훈은 교회 전체의 어깨에 놓여 있다. 고린도 전후서 전체가 교회의 문제들을 교회 전체가 다루라는 호소이다.

아마 고린도교회에 공식적인 장로들이 없었다는 가장 확실한 예를 고린도전서 5장에서 찾을 수 있을 것이다. 바울은 거기서 타락한 자를 사탄에게 내어줌으로써 징계할 것을 교회 전체에게 요청한다. _{고전5:1 이하} 바울의 권면은 오늘날 이해하는 것과는 분명하게 상충된다. 오늘날의 사고 방식은, 오직 "교회의 권력"을 소유한 사람들만이 그런 막중한 임무를 수행할 자격자라고 여긴다.

장로들에 대해 바울이 생각한 것과 대부분의 현대 교회들이 생각하는 것의 차이는 정말 주목할 만하다. 바울은 그가 교회들에 보낸 아홉 개의 편지 중 그 어디에서도 장로들에 관한 속삭임조차 하지 않는다. 이것은 갈라디아 교인들을 향한 강도 높은 책망의 편지도 포함한다. 그 대신, 바울은 지속적으로 "형제들"을 향해 권면한다.

바울은 교회에 보낸 그의 마지막 편지 서두에서 문안을 하며 감독들을 언급한다. 그러나 그는 그냥 지나가면서 언급한다. 아울러, 오직 교회 전체에게 문안한 다음에 감독들에게 문안한다. 그의 편지는 다음과 같이 시작된다: "그리스도 예수의 종 바울과 디모데는 그리스도 예수 안에서 빌립보에 사는 모든 성도와 또한 감독들과 집사들에게 편지하노니."빌1:1 만약 바울이 교회 직분자의 개념을 가졌다면 이런 식의 배열은 좀 이상할 것이다.

바울은 이렇게 문안한 후에 교회를 향해 현재의 문제들에 관해 말한다. 그리고는 다시는 감독들을 언급한 적이 없다.

이런 경향은 히브리서에서도 두드러진다. 히브리서 기자는 편지 전체에서 교회 전체를 향해 말한다. 그리고 오직 편지의 제일 끝에 가서야 그들의 장로들에게 문안할 것을 성도들에게 즉흥적으로 부탁한다.히 13:24

요약하자면, 장로들에 대한 바울의 철저한 무관심은 다른 사람들 위에서 공식적인 권한을 행사하는 특정한 사람들이 교회 안에 있다는 사상을 배격했음을 보여준다. 또한, 그것은 바울이 교회의 직분에 대해 믿지 않았다는 사실을 강조한다.

베드로의 편지들도 비슷하게 말한다. 베드로도 바울처럼 교회 지도자들이 아닌 교회에 편지를 썼다. 그는 또한 장로들에게는 말을 최소한으로 줄여서 했다. 그리고 이방인들의 사상을 도입하지 말 것을 그들에게 경고했다. 사실, 그는 장로들이 양 무리 위에 군림하지 않고 그들 중에 있다는 점을 분명히 했다.벧전5:1-2

베드로에 의하면, 장로들은 "맡은 자들에게 주장하는 자세"카타큐리유오(katkurieuo)를 하지 말아야 한다.벧전5:3 흥미롭게도, 베드로는 예수님께서 마태복음에서 권세에 관해 말씀하실 때 사용하신 똑같은 단어를 사용한다. 주님은 이렇게 말씀하셨다: "이방인의 집권자들이 그들을 임의

로 주관하고카타큐리유오 그 고관들이 … 너희 중에는 그렇지 않아야 하나니."마20:25-26

이것과 똑같이 강조한 것이 사도행전에 등장한다. 거기에서 누가는 바울이 에베소 장로들에게 어떻게 권면했는지의 이야기를 전개하면서 다음과 같이 말한다: "자기를 위하여 또는 온 양 떼를 위하여 삼가라 성령이 그들 가운데 여러분을 감독자로 삼고."행20:28 장로들이 양 떼 "위에"가 아닌 그들 "가운데" 있음을 주목하라.

야고보, 요한, 그리고 유다도 동일선상에서 편지를 썼다. 그들도 감독들이 아닌 교회들을 향해서 썼다. 사실, 그들 모두 돌봄 사역에 관해서는 거의 말하지 않았고, 공식적인 장로직에 관해서도 아무 말이 없었다.

그렇다면, 분명한 것은 이것이다: 신약성서는 교회 안에서 공식적인 직분의 개념을 일관되게 배격한다. 아울러, 장로들의 역할을 아주 가볍게 여긴다.

장로직 대 형제관계

신약성서가 왜 장로들에 관해서 지면을 별로 할애하지 않는지의 이유를 묻는 것은 우리에게 유익할 것이다. 자주 무시되는 이유가 제도권의 사람들에겐 깜짝 놀랄만한 일일 것이다: 에클레시아에서 대부분의 목양과 가르침과 사역에 대한 책임은 모든 형제와 자매의 어깨 위에 직접적으로 놓여 있다.

사실, 그리스도의 몸에 대해 바울이 가졌던 비전의 풍성함은 몸 안에서 모든 지체에게 은사가 있고, 사역이 있고, 책임이 있음을 지속적으로 강조하는 것에서 생겨난다. 롬12:6; 고전12:1; 엡4:7; 벧전4:10 따라서 사역에 관한 책임이 결코 소수의 사람들에게 국한되어서는 안된다.

이것이 왜 "형제들"이라고 번역된 아델포이adelphoi가 신약성서에 346번이나 등장하는지 그 이유를 설명해준다. 이 단어가 바울의 편지들에는 134번 등장한다. 대부분 이 단어는 교회 안의 모든 신자남자들과 여자들를 일컫는 바울의 속기법이다. 이와는 대조적으로, "장로들"이라는 말은 바울의 편지들에 단 다섯 번 등장한다. "감독들"은 오직 네 번 등장하고, "목자들"은 단 한 번만 등장한다.

그렇다면, 신약성서가 강조하는 것은 공동체적 책임이다. 목회적 기능을 수행하도록 부르심 받은 것은 신자의 공동체이다. 더 상세하게 말하자면, 지역 교회의 모든 그리스도인은 다음과 같은 것들을 위해 부르심을 받았다:

- 서로 우애하는 것 롬12:10
- 서로 존경하는 것 롬12:10
- 서로 마음을 같이 하는 것 롬12:16; 벧전3:8
- 서로 사랑하는 것 롬13:8; 살전4:9; 벧전1:22; 요일3:11
- 서로 덕을 세우는 것 롬14:19; 살전5:11
- 서로 받는 것 롬15:7
- 서로 권하는 것 롬15:14
- 서로 문안하는 것 롬16:16
- 서로 같은 말을 하는 것 고전1:10
- 타락한 지체들을 판단하는 것 고전5:3-5; 6:1-6
- 교회의 일들을 질서 있게 하는 것 고전11:33-34; 14:39-40; 16:2-3
- 서로 돌보는 것 고전12:25
- 하나씩 하나씩 예언하는 것 고전14:31
- 주의 일에 더욱 힘쓰는 것 고전15:58

- ☐ 서로 종노릇 하는 것 갈5:13
- ☐ 짐을 서로 지는 것 갈6:2
- ☐ 서로 용납하는 것 엡4:2
- ☐ 서로 친절하게 하며 불쌍히 여기는 것 엡4:32
- ☐ 시와 찬송과 신령한 노래들로 서로 화답하는 것 엡5:19
- ☐ 피차 복종하는 것 엡5:21
- ☐ 피차 용서하는 것 골3:13
- ☐ 피차 가르치는 것 골3:16
- ☐ 피차 권고하는 것 골3:16
- ☐ 피차 격려하는 것 살전5:11
- ☐ 게으른 자들을 권계하는 것 살전5:14
- ☐ 마음이 약한 자들을 격려하는 것 살전5:14
- ☐ 힘이 없는 자들을 붙들어주는 것 살전5:14
- ☐ 피차 권면하는 것 히3:13; 10:25
- ☐ 서로 돌아보아 사랑과 선행을 격려하는 것 히10:24
- ☐ 서로 기도하는 것 약5:16
- ☐ 서로 죄를 고백하는 것 약5:16
- ☐ 서로 대접하는 것 벧전4:9
- ☐ 서로 겸손하게 대하는 것 벧전5:5
- ☐ 서로 사귐을 갖는 것 요일1:7

이 모든 "서로"피차의 권면은, 아주 명백한 논리로, 교회의 모든 지체가 목회적 돌봄의 책임을 공유한다는 사실을 구현한다. 리더십은 공동체적인 일이지 혼자 하는 것이 아니다. 그것은 몸 전체가 짊어져야 한다.

따라서 장로들이 교회의 일을 총 지휘하고, 공동체의 모든 일에 결정을 내리고, 교회의 모든 문제를 다루고, 모든 가르침을 공급하는 것은 신약성서의 사고와는 맞지 않다. 그런 사상은 환상일 뿐이고 신약성서의 지지를 받을 수 없다. 장로들이 인도하는 교회들에서 영적 성숙이 더디고 지체들이 수동적이고 활기가 없는 것은 놀랄 일이 아니다.

간단히 말해서, 신약성서는 장로가 지배하고, 장로가 통치하고, 장로가 지휘하는 교회를 상상도 하지 못한다. 그리고 목사가 인도하는 교회에 관해서는 더 그렇다. 1세기 교회는 형제들과 자매들의 책임 아래 있었다. 단순하고 간단명료하다.

장로들은 교회에 유기적인 존재이다. 그들은 그녀의 유전자 안에 들어 있다. 그들은 아기의 손톱과 눈썹처럼 성장하면서 유기적으로 발육된다. 적절하게 세워져서 그리스도의 생명에 의해 살아가는 교회에는 자연스럽게 장로들이 생겨나게 될 것이다. 마찬가지로, 장로들은 형제자매 속에서 생겨나야 한다. 왜냐하면, 그렇게 생겨나야만 그들이 군주가 아닌 감독이 될 것이다.

마지막으로 분석하자면, 교회의 리더십은 진정 하나의 기본적인 이슈인 그리스도의 머리되심으로 요약된다. 그것은 누가 머리가 될 것인가 라는 날카로운 질문에 달려있다: 예수 그리스도인가, 아니면 사람들인가?

짚고 넘어가야 할 질문들

? 당신은 우리가 왜 성서의 지지를 받지 못하는 것(현대 목사와 공식적인 장로들)을 표준으로 삼고, 성서가 넘치도록 가르치는 것(역할을 수행하는 그리스도인 공동체의 일원인 복수의 장로들)은 무시했다고 믿는가?

? 당신이 믿기에, 리더십의 어떤 모델이 삼위일체 하나님 안에서의 리더십을 가장 잘 반영한다고 믿는가? 단일 목사? 공식적인 장로들? 아니면 성령의 인도 아래 있는 신자들의 공동체? 당신의 교회는 어떤 모델을 따르는가?

? 당신은 단일 목사가 주도하는 것이 아니고 교회를 돌보는 장로들의 그룹이 유기적으로 생겨나도록 교회를 설계하시는 하나님의 지혜를 분별할 수 있는가?

10장
다시 그려보는 의사결정

사람의 말로 이해되는 삼위일체는 인격들의 교류로서 형제자매의 평등한 사회를 위한 기초를 놓는다. 그 사회에서는 쌍방 간의 대화와 합의가 세상과 교회 안에서 함께 살아가는데 있어서의 기본적인 구성요소들이다.

레오나르도 보프

공동체 생활에 영향을 주는 일들에 관한 지침은 주로 지체들이 하나님께서 명하셨던 것을 분별하려고 함께 모였을 때 그들에게 허락되었다. 그들은 이 지침을 지식의 은사, 계시의 은사, 지혜의 은사 등등의 사용을 통해 성령으로부터 받았다.

이 모든 것에 대해 바울은 공동체의 모든 지체에게 주어진 특별한 통찰력을 전해주는 책임이 그들에게 있음을 역설하는 데에 전혀 지칠 줄 몰랐다. 따라서 공동체가 지침을 받는 가장 독특한 환경은 그리스도인들이 그들에게 주어진 은사들을 나누고 평가하고자 모였을 때였다. 거기에서 지침이 각 사람에게서 모든 사람에게로 그리고 모든 사람에게서 각 사람에게로, 상호보완적인 다양한 방식으로 전달되었다.

로버트 뱅크스

바로 앞 장에서 우리는, 신약성서가 리더십을 공유하는 것 이외의 다른 어떤 형태의 리더십도 장려하지 않음을 발견했다. 주님께서는 많은 지체를 가진 공동체를 통해 그분의 교회를 인도하시기로 작정하셨다. 장로들은 시간을 두고 생겨난다. 그들은 교회의 다른 모든 사람을 위해 목양의 본을 보여주고, 돌봄을 공급한다. 이에 덧붙여서, 장로들은 교회 안에서 언제나 복수이다.

하지만 복수의 장로들이 있다고 해서 교회가 건강해질 것이라는 보장은 없다. 만일 장로들이 그리스도의 생명과 은혜에 의해 돌보지 않는다면, 단일 지도자보다 더 해를 끼칠 수 있다. 유감스럽게도, 나는 하나님의 사람들을 우격다짐으로 밀어붙여 결정하게 하는, 강압적인 장로들을 보아왔다. 이 사람들이 결코 스스로를 영적인 폭군으로 인식한 적이 없지만, 교회의 다른 모든 사람은 그렇게 알았다.

교회 안에서 의사결정의 문제가 심각하게 되는 것이 바로 이런 이유 때문이다. 현대 성직자 시스템과는 달리, 1세기 장로들은 결코 교회 안에서 독보적인 존재로 여겨진 적이 없다.

우리가 앞에서 주지한 바와 같이, 장로들에 대한 철저한 무관심이 신약성서 전체에 흐른다. 이런 생략은 중요한 의미를 지닌다. 그것은 목사가 우위를 차지한다는 개신교의 개념에 정면으로 도전한다. 동시에 장로들의 우위를 주장하는 보편화된 "가정집 교회"의 개념에도 도전한다. 두 개념 다 신약성서의 원리들과 일치하지 않는다.

우리는 8장에서 리더십의 성서적인 모델이 강압적인 복종, 상향지향적 권력구조, 그리고 계급적 관계성에 불리하게 작용함을 알게 되었다.마 23:11; 막10:42-45; 눅22:26-27 리더십의 신약성서적 모델은 실제적이고 살아있는 그리스도의 머리되심을 위한 안전장치로 쓰임 받는다. 그것은 또한 권위주의에 대한 검사기준이다. 영적 권위의 기본 바탕이 부활의 생명에 달려있다는 것을 아론의 싹 난 지팡이가 잘 보여준다.민17:1-11 그것은 결코 지위에 기초하지 않는다.

초대교회의 감독들은 강압이나 조작이 아니라 본을 보임으로 돌봄 사역을 감당했다. 그들이 다른 지체들에게서 받은 존경은 그들의 희생적인 섬김에 정비례했다.고전16:10-11, 15-18; 빌2:29-30; 살전5:12-13; 딤전5:17 그들의 권위는 성직의 지위가 아니라 그들의 영적 성숙에 뿌리를 두었다. 베드로에 의하면, 그들은 "맡은 자들에게 주장하는 자세"로 돌보지 않고, "양 무리의 본"이 되었다.벧전5:3

본이 된다는 것은 다른 사람들이 따를 본보기를 정한다는 뜻이다. 장로들은 본이 되었기 때문에 (1)사역에 활동적이었고,(왜냐하면, 그들이 본보기를 설정했기 때문이다) (2)교회로 하여금 똑같이 활동적으로 사역하도록 격려했다.(다른 사람들이 그들의 본을 따랐다)

그러므로 만일 장로가 다른 사람들이 전도하기를 바랐다면 복음전도의 본을 보이는 것이 그에게 기대되었다. 왜 그런가? 그가 본보기였기 때문이다. 이런 점에서, "목자가 양을 낳는 것이 아니라 양이 양을 낳는 것"이기 때문에 목사들이 전도하지 않는 것이라는 견해는 성서를 왜곡시키는 전형적인 예이다.

만일 우리가 목자-양 관계의 비유를 그 의도된 의미 이상으로 강조한다면, 그것의 어리석음을 쉽사리 볼 것이다. 목자들이 양을 낳을 수는 없다. 하지만 동시에 그들은 양털을 훔치고 양고기를 먹는다!

간단히 말해서, 신약성서에 있는 돌봄 사역은 강압적인 의무가 아니었고, 예외가 없는 필수도 아니었다. 그 대신, 그것은 겸손과 관계성과 섬김으로 특징지어지는 가족의 귀중한 자원이었다.

빌려온 리더십 패러다임

제도권 기독교는 세속적인 리더십의 패턴을 세탁한 다음 그것을 성서적으로 타당한 것인 양 속여 넘겼다. 그 결과, 오늘날 우리가 가진 교회 리더십 개념은 이 시대의 영the spirit of this age에 의해 문화적으로 사로잡혀 있다.

리더십에 대한 성서적 가르침의 큰 비중은 사라지고 우리 문화에 널리 퍼져있는 사상으로 대체된 것을 볼 때, 성서적 바탕을 다시 찾을 필요가 대두된다.

우리가 5장에서 살펴보았듯이, 교회의 주된 비유는 가족이다. 이것은 리더십의 성서적 이미지가 왜 어미와 아비의 이미지인지 그 이유를 설명해준다.살전2:6-12 그럼에도, 리더십이 갖는 부모의 이미지조차도, 전신자 제사장주의의 배경과 우리가 서로 가진 형제자매로서의 관계성이라는 배경으로 보지 않는다면 냉랭한 산문으로 왜곡되고 탈바꿈될 수 있다.마23:8

쉽게 말하자면, 초대교회의 리더십은 계급적이지 않았고, 귀족적이지 않았고, 권위주의적이지 않았고, 제도적이지 않았고, 성직주의적이지 않았다. 리더십에 대한 하나님의 개념은 삼위일체 하나님 안에서와 마찬가지로 기능적이고, 관계적이고, 유기적이고, 공동체적이다.

비즈니스 세계의 기업 경영주나 제국의 계급제도에 있는 귀족의 리더십과 같은 원리에 따라 교회 운영의 리더십을 발휘하는 것은 절대로 우리 주님의 생각이 아니다. 이런 이유 때문에, 신약성서의 저자들은 영적 리더십을 묘사할 때 계급적 비유와 제국의 비유를 전혀 사용하지 않았다.

신약성서의 저자들은 의도적으로 리더십을 군주와 주인이 아닌 노예와 어린아이의 이미지로 그린다.눅22:25-26 그런 사고가 오늘날의 일반적인 "영적 권위"의 관행에 정면으로 배치되지만, 그것은 하나님나라에 관한 성서적인 가르침과 완벽하게 딱 들어맞는다. 즉, 약한 자가 강하게 되고, 가난한 자가 부유하게 되고, 겸손한 자가 높임을 받고, 나중 된 자가 먼저 되는 차원에 관한 가르침. 눅6:20-26; 마23:12; 20:16

초대교회의 장로들은 교회가 그들에게 속하지 않았음을 알았기 때문에 관철시켜야 할 의제가 그들에게는 없었다. 또 자신들의 "권위"를 내세우며 다른 사람들에게 맹목적인 복종을 강요하지도 않았다. 모든 장로가 이런 식으로 하는 것은 아니지만, 유감스럽게도 그런 사람들이 있다.

초대교회의 장로들은 과두정치 체제소수가 권력을 독점하는 통치 체제나 독재정치 체제한 사람에 의한 군주적 통치로 운영하지 않았다. 다시 강조하지만, 그들은 단지 교회가 위기에 처했을 때 유기적으로, 자연스럽게 의지할 연장자들이었다.

게다가, 초대교회는 오늘날의 우리처럼 민주주의에 의해 운영하지 않았다. 많은 사람이 미국식 민주주의 제도가 성서적 신학에 뿌리를 둔다는 잘못된 생각을 한다. 그러나 신약성서 전체에 교회의 결정이 다수결에 의해 이루어졌다는 단 하나의 예도 나와 있지 않다. 물론 모든 그리스도인이 영적인 삶에서 평등하지만, 각 사람은 각기 다른 은사를 가진다.롬12:3-8 교회는 단순한 민주주의가 아니다.

합의에 관한 하나님의 법칙

그렇다면, 초대교회에서의 의사결정을 위한 신약성서적 본보기는 무엇이었는가? 그것은 단순히 합의에 의한 것이었다. "이에 사도와 장로와 온 교회"와 "만장일치로 결정하였노라"가 공동체의 결정을 위해 하나님께서 주신 모델이었다.행15:22, 25 달리 표현하자면, 초대교회의 의사결정은 장로들에게 있지 않고, 모든 형제 자매에게 달려 있었다.

교회는 몸이기 때문에 머리에 순종하는데 있어 앞으로 나아가기 전에 모든 지체가 동의해야 한다. 롬12:4-5; 고전12:12-27; 엡4:11-16 사실, 지체들 사이의 일치와 단결의 결핍이 머리그리스도를 포착하는데 실패하게 한다.

다수결, 독재, 그리고 로버트의 의사규칙Rebert's Rules of Order 사고방식은 몸으로서의 교회 이미지에 위배된다. 그리고 이런 것들은 예수 그리스도께서 일치된 한 몸의 머리시라는, 있는 그대로의 증거를 희석시킨다. 이런 이유로, 교회에 쓴 바울의 편지들은 같은 마음이 되라는 권면으로 가득 차 있다. 롬15:5-6; 고전1:10; 고후13:11; 엡4:3; 빌2:2; 4:2 다음 구절에 나오는 주님의 가르침을 상기하라:

> 진실로 다시 너희에게 이르노니 너희 중의 두 사람이 땅에서 합심하여 무엇이든지 구하면 하늘에 계신 내 아버지께서 그들을 위하여 이루게 하시리라. 마18:19

중요한 것은 이 본문의 합심이라는 단어가 헬라어 단어의 숨포네오suphoneo에서 번역되었다는 사실이다. 숨포네오는 함께 소리를 낸다는 뜻이다. 즉, 조화를 이룬다는 뜻이다. 영어의 심포니symphony가 이 단어에서 파생된 것이다. 따라서 그 의미는 분명하다. 교회가 서로 마음이 통하여 하나가 될 때 하나님께서 역사하실 것이다.

이런 맥락에서, 합의가 삼위일체 하나님 안에서의 의사결정을 반영한다. 우리는 삼위일체 하나님의 이런 속성을 드러내도록 창조되었다. 하나님은 아버지와 아들과 성령이 동의할 때 행동에 옮기신다. 삼위일체 하나님 안에서의 의사결정은 공동으로 이루어지고, 상호간의 복종으로 특징지어진다. 달리 표현하자면, 합의에 의한 것이다.

성경은 구약의 체제에서도 합의를 영적인 충만과 연결시킨다. 대상 12:38-40; 13:1-4; 대하30:4-5 거꾸로 말하면, 성경은 분열된 의견을 영적 파멸과 연결시킨다. 왕상16:21-22

다시 말하자면, 초대교회의 장로들은 교회를 위해 대부분의 영적 돌봄과 목양을 감당했다. 히13:7, 17, 24 그러나 그들은 교회를 대신해서 결정을 내리지 않았다. 또 교회의 방향을 정하는 책임을 홀로 지지도 않았다.

그러므로, 장로에겐 수동적인 교인들을 향해 고함질러 명령을 내릴 성서적 권리나 영적 권리가 없었다. 그 대신, 장로들은일단 그들이 생겨나면 만장일치의 결정과 한 마음이 되도록 교회 전체와 함께 했다. 행15;22, 28 그러나 "한 새 사람"으로서 결정을 내렸던 것은 전체로서의 교회였다.

그렇지만, 히브리서 13장 17절은 어떤가? 어떤 번역본엔 이 본문에 "너희를 인도하는 자들에게 순종하고 복종하라"라고 되어 있다. 이 구절에 있는 "순종"의 헬라어 단어는 흔히 성서의 다른 곳에서 순종을 뜻하는 말로 사용된 휘파쿠오hupakuo가 아니다. 그것은 설득당한다는 의미의 페이쏘peitho, 중간 수동태이다. 히브리서 기자는 단순히 이렇게 말한 것이다: "그리스도 안에서 여러분보다 더 성숙한 사람들에게 여러분 스스로를 설득당하도록 하시오."

따라서 초대교회의 의사결정 과정에서 장로들의 역할은 교회가 어떤 일에서 합의를 도출하도록 돕는 것이었다. 장로들은 그들의 적절한 영적 성숙에 의해 때때로 교회가 주님의 마음을 이해하는데 있어 일치하도록 설득할 수 있었다. 그러나 그들에겐 교회로 하여금 그들의 견해를 받아들이도록 강요할 권리가 없었다. 장로들은 단지 가족의 결속을 다지는 탁월함을 보여준 사람들이었다. 딤전3:4-5; 딛1:6

합의의 의미

교회는 모든 지체가 어떤 특별한 결정을 지지하는데 있어 만장일치로 가결할 때 합의에 이르게 된다.

물론 교회가 결정에 동의하는 데는 열성의 정도 차이가 있을 것이다 어떤 사람들은 "무거운 마음으로" 동의한다. 하지만 합의라는 것은 모두가 반대 의사를 내려놓고 성실하게 그 결정을 지지할 수 있을 때 이르는 것이다.

교회가 합의에 의해 운영될 때 결정은 동의될 때까지 미루어진다. 이 과정에는 주어진 의제에 대해 주님의 마음을 알도록 모든 지체가 동등하게 참여하고 책임 지는 것이 요구된다. 덧붙여 말하자면, 그리스도의 마음은 개인에게 속한 것이 아니라, 공동체적으로 발견되는 것이다.고전 2:9-16

교회가 합의에 이를 때 수군거림과 불평이 사라진다. 왜 그런가? 모든 지체가 결정과정에 공평하게 참여하기 때문이다. 교회에게 결정권이 있다. 그 결정은 성령의 인도 아래 교회에 의해, 그리고 교회를 위해 내려진다.

합의에 의한 의사 결정은 현대 실용주의에는 맞지 않는다. 실용주의는 다음과 같이 말하는 미국적인 태도이다: "일이 되기만 하면 그것은 좋은 것이다; 결과가 좋으면 그것은 참되다." 현대 실용주의의 눈으로 보는 사람들은 합의를 이상주의적이고 비현실적이라고 여긴다. 하지만 그것은 한 무리의 사람들이 그리스도의 마음을 알도록 확인시켜주는 유일한 안전장치이다.

어떤 사람들은 이런 방법이 우리 시대에는 결코 통하지 않을 것이라고 반박하겠지만, 이것은 절대로 옳지 않다. 나는 그것이 실천되는 여러 교회에 속했었다.

물론, 합의는 인간적으로는 불가능하다. 그러나 구원도 마찬가지이다.^{마19:26} 합의에 의한 의사결정을 실제적인 현실로 나타나게 하고, 나눌 수 없는 그리스도의 생명에 풍성한 증거가 되게 하는 존재는 내재하는 성령이다.

우리 앞에 놓인 도전

제도권 교회의 의사결정 관행과 신약성서적 실체 사이의 단절은 실로 엄청나다. 그리고 그것은 우리가 왜 지금까지 헤매는지에 대해 질문을 던지게끔 해야 한다.

많은 제도권 교회에서는 목사 때로는 '당회 또는 제직회'가 교회와는 상관없이 결정을 내린다. 장로들이 다스리는 어떤 가정집 교회들에서도 마찬가지이다. 그런 특정한 교회들에서는, 장로들이 교인들의 관심과 판단은 고려치 않고 결정한다. 지체들은 교회의 일에 목소리를 내지 못한다. 더구나, 그들이 "줄서기"를 하지 않는다면 "다른 데로 가라"는 권유를 받는다.

다수결에 의해 결정을 하는 교회들에서는 "투표에서 진" 사람들이 대세의 판단에 의문을 갖게 된다. 때때로 그들은 절차가 공정했는지에 의문을 품는다. 다수가 옳지 않은 예가 성서에 가득하다는 사실이 쉽게 간과된다.[82] 많은 경우, 52 퍼센트가 승리를 자축할 때 48 퍼센트는 불만을 품고 다수결을 폄훼하려 한다.

합의가 비싼 대가를 요한다는 것엔 의심의 여지가 없다. 그것은 교회의 모든 지체로 하여금 그들을 위해 주님을 찾도록 책임을 지운다. 그것은 신자 각 사람이 주님의 마음을 확인하도록 다른 신자와 함께 인내로 씨름하며 분투할 것을 요구한다. 그것은 종종 확신을 얻도록 지연시켜서라도 졸속한 결정을 포기한다는 뜻이다. 그러나 함께 세우면서 그것을 이루는 것이 이 얼마나 대단한가! 인내로 사역하는 것도, 상호간에 사랑과 존중을 표현하는 것도, 그리스도인 공동체를 실천하는 것도, 육신에 제약을 가하는 것도, 십자가를 지는 것도, 우리 자신의 안건에 죽음을 선포하는 것도!

그런 대가가 주님의 교회를 위한 그분의 마음을 확인하는 가치에 합당하지 않은가? 주님께서 공동체로서의 우리 안에 더 깊이 역사하시도록 기회를 드리는 것이 가치 있는 일 아닌가? 주님의 교회와 관련된 일에 주님의 마음을 아는 확신이 우리 형제자매의 삶을 손상시키고 주님의 뜻을 놓칠 수 있는 조급한 결정의 편리함을 능가하지 않는가? 우리는 하나님께서 보시기에 수단이 결과 못지않게 중요하다는 사실을 너무 자주 잊어버린다. 다시 한 번, 크리스천 스미스가 그것을 멋지게 표현했다:

> 합의는 크리스천 공동체의 경험 위에 기초한다. 그것은 함께 이슈들을 헤쳐 나가는데 관대할 수 있는 든든한 관계성을 요구한다. 그리고 의견 차이가 있을 때 서로 들을 수 있는 상호간의 사랑과 존중을 요구한다. 합의는 또한 다른 사람들을 납득시키거나 억지로 동의하기를 바라는 것보다 그들을 알고 이해하기 위한 결단을 요구한다. 교회 안에서 결정을 위한 수단으로서의 합의는 더 쉬운 것이 아니라 더 좋은 수단이다. 윈스턴 처칠이 한 말을 알기 쉽게 바꿔본다면, 합의는 교회 안에서 다른 모든 것을 제외하고 최악의 의사결정 방법이다. 합의는, 그것이 우리에게 쉽고 빠르다는 의미라면, 효율 면에서는 크지 않다. 이슈들을 헤쳐 나가는데 오랜 시간이 걸릴 수 있는데, 이것은 상당한 좌절감을 불러일으킬 수 있다. 합의는 교회 안에서의 결속, 대화, 성령의 인도에 열린 마음, 그리고 책임감 있

는 참여에 힘을 발휘한다. 합의는 그런 가치들을 얻는데 있어 효율적이다. 따라서 합의에 의한 결정이 요구하는 것은 다만 결속과 사랑과 대화와 참여가 그리스도인의 계획에서 쉽고 빠른 결정보다 더 중요하다는 믿음이다. 그것엔 궁극적으로 과정이 결과 못지않게 중요하다는 이해가 요구된다. 우리가 함께 결정을 할 때 서로 어떻게 대하느냐가 실제로 무엇을 결정하느냐 못지않게 중요하다.[83]

합의의 문제에 접근하면서, 어떤 사람들은 편리함이라는 명목으로 하나님의 진리를 희생시켜왔다. 그러나 인간적인 편리함과 유리함은 영적 세계에서의 활동을 판단하는 기준으로서는 위험할 정도로 얄팍하기 짝이 없다.

그러므로 물어야 할 핵심적인 질문은 "이것이 편리하고 유리한가?"가 아니라, "이것이 성서적이고 교회의 유기적인 본질과 조화를 이루는가?"이다. 만일 주님께서 우리에게 뭔가를 따르라고 하신다면, 그것이 주님의 은혜로 가능케 되고 실현될 것이므로 당신은 안심할 수 있다.

요약하자면, 초대교회의 리더십이 무엇을 했는지는 다음과 같다: 리더십은 모든 지체가 자신의 은사를 사용하도록 격려했고; 신자들 사이에 영적 결속을 이루는데 도움을 주었고; 교회 안에서 공동체 의식, 단합, 결속을 촉진시켰다.

권력을 휘두르거나 다른 사람에게 자신의 뜻을 강요하는 능력은 성서적인 리더십의 특징이 아니다. 리더십은 중대한 사안들에 판단이 나뉘지 않도록 교회를 함께 결합시키는 능력으로 특징지어진다. 주어진 시간에 이것을 하는 그 사람이 바로 그 순간에 리더십을 발휘하는 것이다.

대체로, 신약성서는 리더십의 권위주의적 형태에 대해 상상도 하지 못한다. "지도력 부재의" 평등주의 또한 상상하지 못한다. 신약성서는 천박한 개인주의와 계급적 구조 둘 다를 거부한다. 그 대신, 신약성서는 리더십을 교회 전체에서 오는 것으로 그린다. 형제자매는 합의에 의해 방향과 의사결정을 공급한다. 성숙한 형제들은 돌봄 사역을 제공한다.

이렇게 함으로써, 초대교회는 잘 인도된 민주주의였다. 의사결정은 공동체가 감당했다. 그것은 계급적 구조와 평등적 개인주의라는 양극 사이에 서있었다. 장로들은 종속관계의 계급적 구조가 아닌 상호 복종의 환경에서 목양하도록 부르심 받았다. 엡5:21; 딤전5:19-20

짚고 넘어가야 할 질문들

[?] 오늘날 제도권 교회를 힘들게 하는 많은 문제는 우리가 발견한 신약성서의 가르침과 본보기보다 21세기에 하나님의 집을 인도할 더 나은 방식을 발견했다는 우리의 교만한 추측에 직접적인 원인이 있지 않을까? 설명할 것.

[?] 지도자로 하여금 하나님의 사람들에게 결정을 명령하도록 허용하는 것과 비교할 때, 합의에 의해 의사결정을 하는 성서적인 예가 주님의 마음에 이르도록 더 확실한 보장이 된다고 당신은 생각하는가? 설명할 것.

[?] 교회의 일에 합의를 통해 주님의 마음을 분별하는 것이 힘을 가진 몇 사람에 의해 조급한 결정을 내리는 편리함을 능가한다고 당신은 믿는가? 설명할 것.

11장
다시 그려보는 영적 커버링

"성직자/평신도" 구분이 기독교계에 깊숙이 박혀있고 당연시되지만, 신약성서에서는 그것을 찾아볼 수 없다. 신약성서엔 "성직자"라는 것이 없기 때문에, '안수 받은' 분리된 계층이 우리의 언어와 실생활에 스며든 사실은 우리가 아직 신약성서를 매우 심각하게 여기지 않음을 다소 강력하게 입증한다. "성직자"의 관행은 포기되어야 마땅한 이단이다. 그것은 예수님이 십자가에서 사신 모든 신자의 제사장 됨을 원천적으로 파괴한다. 그것은 예수님께서 "너희는 모두 형제다"라고 말씀하셨을 때 그분의 나라가 취해야 했던 모습에 어긋난다. 그것은 인간의 전통이기 때문에 하나님의 말씀을 무효화한다. 성직자 제도는 진정한 개혁과 회복에 크나큰 장애물이다.

존 젠스

기독교 리더십의 대부분은, 건강하고 친밀한 관계성을 어떻게 만드는지는 알지 못하고 그 대신 권력과 지배를 택한 사람들에 의해 실행된다. 기독교 제국 건설을 꾀하여온 많은 사람은 사랑을 주고받을 줄 모르는 사람들이다.

헨리 나우웬

그렇다면, 당신을 맡는covering 사람은 누구인가? 이것은 수많은 현대 그리스도인이 제도권 교회 밖의 사람들을 만날 때마다 묻는 간단한 질문이다. 그러나 이 물음의 중심에는 무엇이 있는가? 그리고 그것을 뒷받침해주는 성서적 근거는 무엇인가?

엄청난 혼란과 상식 이하의 그리스도인의 행동이 "영적 커버링"spiritual covering 또는 "보호를 위한 커버링"protective covering 이라고 알려진 가르침과 연결되어 있다는 것이 나의 논점이다. 이 가르침은 그리스도인들이 자신을 다른 신자나 종교단체의 권위에 복종할 때 교리적 오류와 도덕적 타락에서 보호된다는 주장이다.

많은 사람의 아픈 경험이 나로 하여금 "커버링" 책임지는 것의 가르침이 오늘날 시온Zion을 크게 괴롭히는 문제라는 결론을 내리게끔 했다. 그리고 그것은 아주 중대한 고찰을 하도록 절박하게 요청한다.

나는 다음 세 개의 장에서 "커버링"의 가르침에 결부된 난제들을 둘러싼 안개를 헤쳐 나가보려 한다. 특히 권위와 복종에 관련된 골치 아픈 주제들을 다룰 것이다.

"커버링"이 성서에서 다루어지는가?

나는 제도권 교회 밖에서 모임을 가져온 이래로 기성 교회의 지도자에게 적대시되는 많은 사람을 지켜봤다. 이 용감한 사람들은 교회에서의 권위에 관해 예리한 질문들을 유발시켰다. 사실, 그들은 오래 전에 종교 지도자들이 우리 주님께 물었던 똑같은 질문들을 받아왔다: "네가 무슨 권위로 이런 일을 하느냐 또 누가 이 권위를 주었느냐."마21:23 이것을 현대적 어조로 하면: "당신을 맡는covering 사람은 누구인가?"

만일 우리가 그것의 근원을 캔다면, "커버링" 사상은 상향지향적이고, 계급적인 권위의 이해에 기초한다. 이런 이해는 이 세상의 제도에 속한 구조들에서 빌려온 것이다. 그것은 절대로 하나님나라를 반영하지 못한다. 결과적으로, 리더십의 계급적/지위적 본성과 현대 "커버링"의 가르침 사이에는 자연스럽고 밀접한 관계가 있다.

흥미롭게도, "커버링"covering이라는 단어가 신약성서 전체에 단 한번 등장하는데, 여자의 머리를 가리는 것covering과 관련해서 사용되었다. 고전11:15 구약성서는 이 단어를 이따금씩 사용하지만, 일반적으로 옷가지를 일컫는데 사용할 뿐 영적인 것으로는 전혀 사용하지 않는다.

따라서 영적인 "커버링"에 관해 우리가 우선 말할 수 있는 것은 그것을 지지해주는 성서적 증거가 빈약하다는 것이다. 하지만 이런 사실에도 불구하고, 헤아릴 수 없이 많은 그리스도인이 "당신을 맡는 사람은 누구인가?"라는 질문을 앵무새처럼 읊는다. 어떤 사람들은 그것을 교회나 사역의 순수성을 측정하는 시금석이라고 주장하기까지 한다.

이것이 나로 하여금 다음과 같은 질문을 던지도록 한다: 만일 성서가 "커버링"에 대해 침묵한다면, 사람들이 "당신을 맡는 사람은 누구인가?"라고 물을 때 그것은 무슨 의미일까? 압박을 느끼면 대부분의 사람들은 이 질문을 바꿔서 "누가 당신을 책임지는가?"라고 묻는다.

그러나 이것은 또 다른 난감한 문제를 불러 일으킨다. 성서는 절대로 사람에게 책임을 위탁하지 않는다. 항상 하나님께만 책임을 위탁한다. 마12:36; 18:23; 눅16:2; 롬3:19; 14:12; 고전4:5; 히4:13; 13:17; 벧전4:5

결과적으로, "누가 당신을 책임지는가?"라는 질문에 대한 성서에 걸맞은 대답은 단순히 "당신을 책임지는 존재가 나도 책임진다. 곧 하나님이시다"이다. 그렇지만, 이상한 것은 이 대답이 보통 오해에 대한 처방 및 거짓된 비난에 대한 처방이라는 사실이다.

따라서 음악으로 비유하자면, "책임"이라는 말과 "커버링"이라는 말의 음색 및 음정은 약간 다를지라도 노래 자체는 본질적으로 같다. 그리고 그것은 성서에 있는 명백한 노래와는 조화를 이루지 못한다.

커버링의 배후에 있는 진짜 질문 밝혀내기

질문의 범위를 좀 넓혀보자. 사람들이 "커버링"에 관한 질문을 던질 때 그들이 진정 뜻하는 것은 무엇일까? 나는 그들이 실제로 하는 질문은 "누가 당신을 조종하는가?"라는 것임을 제기하고자 한다. "커버링"에 대한 일반적인 가르침잘못된은 누가 누구를 조종하는지에 관한 질문들로 요약된다. 그리고 현대 제도권 교회는 그런 식의 조종을 바탕으로 조직된다.

물론 사람들은 이것이 그 이슈의 밑바닥에 깔려있음을 좀처럼 인식하지 못한다. 왜냐하면, 그것이 보통 종교적인 옷들을 잘 걸치고 있기 때문이다. 많은 그리스도인의 마음엔 "커버링"이 단지 보호장치에 불과하다.

그러나 만일 우리가 "커버링" 가르침을 면밀히 분석한다면, 곧 그것이 한 단계 위/한 단계 아래 명령계통 방식의 리더십에 기초함을 발견하게 될 것이다. 이런 리더십 방식에서는 교회에서 더 높은 위치에 있는 사람들이 그들 밑에 있는 사람들을 꽉 붙잡고 있다. 그리고 그런 상의하달식의 통제를 통해 신자들이 오류에서 "보호" 된다고 믿는다. 다소 이상하지만.

그 개념은 이렇다. 모든 사람은 교회에서 자신을 책임지는 더 높은 위치의 사람 밑에 있어야 한다. 전후의 일반적인 복음주의 교회에서는, 이것을 "평신도"가 자신을 책임지는 목사 밑에 있는 것으로 이해한다. 그 다음, 목사는 더 높은 권위를 가진 사람 밑에 있어야 한다.

목사는 일반적으로 교단 본부, 또는 다른 교회, 종종 "모 교회" 또는 영향력 있는 크리스천 사역자의 책임 아래 있다. 사역자는 기독교 피라미드 구조의 더 높은 지위로 인식된다.

따라서 평신도는 목사에 의해 "커버"cover되고, 목사는 교단, 모 교회, 또는 크리스천 사역자에 의해 "커버" 된다. 각 사람은 더 높은 권위를 가진 사람의 책임 아래 있기 때문에 그 권위에 의해 보호또는 "커버" 된다. 이런 식의 사고를 갖고 있다.

이 "커버링-책임" 모형은 교회 안에서의 모든 영적 관계성에 적용된다. 그리고 각 관계는 그 모형에 맞도록 인위적으로 나뉜다. 그 모형 밖에서는 관계를 가질 수 없다. 특히 "평신도"의 관계성이 그렇다.

그러나 이런 식의 추론은 다음과 같은 질문들을 끌어낸다: 누가 모 교회를 책임지는가? 누가 교단 본부를 책임지는가? 누가 크리스천 사역자를 책임지는가?

어떤 사람들은 하나님께서 "더 높은" 권위들을 책임지신다는 그럴듯한 답을 내놓는다. 그러나 그런 판에 박힌 대답은 의문을 낳는다. 왜 하나님께서 평신도는 책임지시지 않는가? 아니면 목사는?

사실인즉, 위에 있는 사람을 책임지는 사람은 결국 아무도 없다. 그 사람 밑에 있는 모든 사람은 책임져야 한다고 철저하게 밀어붙이면서 말이다. 물론 "하나님-교단-사역자-목사-평신도" 모델의 진짜 문제는 그것이 드러내는 모순되고 왜곡된 논리 한참 너머에 있다. 주된 문제는 그것이 교회의 유기적 본성을 거스르는데 있다. 왜냐하면, 경건한 미사여구인 "책임"과 "커버링"의 배후에 성서적 지지를 받지 못하는, 지배하려는 속성에 의해 움직이는 시스템이 있기 때문이다. 한 마디로, "커버링" 가르침 뒤에 도사리는 근본적 이슈들은 힘과 지배와 관련이 있다.

커버링은 숨 막히게 한다

"영적 커버링"이 본질적으로 주 예수 그리스도의 머리되심을 대신한다는 것이 나의 견해이다. 그러므로, "커버링" 가르침과 그 가르침과 밀접하게 관계있는 모든 것을 비판적으로 살펴보려는 시도는 난해한 신학적 활동 그 이상이다. 그것은 하나님의 바로 그 목적에 닿아 있다. 즉, 예수 그리스도의 교회 안에서의 주님의 절대 주권과 우월성으로 완전히 가득 찬 목적.

1970년대에는, 하나님께서 사실상 미국 전역에서 많은 유기적 교회를 일으키셨다. 하지만 영적 권위에 대한 잘못된 가르침이 사실상 그 교회들 전부의 소멸을 초래했다. 그 교회들은 "커버링"을 따르다가 질식을 경험했다. 영적 커버링의 소용돌이치는 물속을 걸어갔던 사람들은 인간의 힘과 지배의 역류에 의해 전복되고 말았다.

우리 시대에는 그런 일이 일어나지 않기를!

우리가 이전에 살았던 사람들처럼 똑같은 취약점을 안고 있을지라도, 그들의 잘못을 되풀이 할 필요는 없다. 만일 우리가 잘못을 범한다면, 이제까지는 없던 잘못이어야 할 것이다.

주님은 지금 1970년대처럼 전폭적으로 주님의 집을 회복하시려는 목적을 위해 주님의 사람들을 다시금 각성시키시고 있다. 이 새로운 각성에 비추어서, 우리는 하나님의 새 포도주의 흐름을 방해해왔던 구멍 난 낡은 가죽부대를 폐기해야 할 것이다.

오직 하나님의 아들 앞에서만 모임을 갖는 수많은 그리스도인 그룹이 일어났으면 좋겠다. 하나님의 모든 충만으로 주님의 몸을 표현하는 그룹들. 권위주의 리더십 모델이나 교파의 조직에 의해 편협해지지 않은 그룹들.

친애하는 독자여, 당신도 그들 부족에 더해지기를 바란다.

짚고 넘어가야 할 질문들

? 당신은 "커버링"이라는 말에 얼마나 익숙한가? 당신은 사람과 교회들을 판단하기 위한 기준으로 이 말을 사용한 적이 있는가?

? 지배하다 또는 숨막히게 하다 라는 단어가 당신의 "커버링" 경험을 설명해주는가? 설명할 것.

? 만일 "커버링'이 당신에게는 이질적인 개념이라면, 이 장에서 그것에 대해 묘사한 것들 중 당신이나 당신의 친구들이 과거에 가졌던 경험들과 공감되는 부분이 있는가? 설명할 것.

12장
다시 그려보는 권위와 복종

> 생베 조각을 낡은 옷에 붙이는 자가 없나니 이는 기운 것이 그 옷을 당기어 해어짐이 더하게 됨이요 새 포도주를 낡은 가죽 부대에 넣지 아니하나니 그렇게 하면 부대가 터져 포도주도 쏟아지고 부대도 버리게 됨이라 새 포도주는 새 부대에 넣어야 둘이 다 보전되느니라.
>
> **예수 그리스도**, 마태복음 9장 16-17절에서

> 삼위일체 하나님의 교제 안에는 힘과 지위에 대한 욕구가 없다. 삼위일체의 인격 중 그 누구도 자신을 다른 두 인격보다 더 낫다고 여기지 않고, 오직 사랑으로 존중하면서 다른 두 인격을 더 귀하게 여긴다.
>
> **로데릭 T. 루프**

오늘날 기독교 안에서 권위와 복종에 관해 많이 회자된다. 물론 성서는 권위와 복종에 관해 말한다. 그렇지만, 성서는 권위와 복종보다는 사랑과 섬김에 관해 훨씬 더 지면을 할애한다. 권위와 복종은 성서가 그려서 펼치는 드라마의 각주에 불과하다.

나의 경험으로는 사랑과 섬김의 기본적인 성격이 교회 안에서 습득될 때 권위와 복종의 이슈는 놀랄 만큼 저절로 처리된다. 이런 맥락에서, 이 주제들을 지나치게 강조하는 사람들은 일반적으로 자신의 동료 형제들

을 섬기는 것보다는 스스로를 권위 있는 사람으로 만드는데 더 관심이 있다.

그렇다. 성서가 권위와 복종에 관해 법석을 떨지는 않지만 그 주제들은 성서에 등장한다. 그리고 그 주제들은 사역을 낳는 것, 사역을 받는 것, 그리고 모든 권위의 주체이신 그리스도를 기쁘시게 하는 것과 밀접한 관계가 있다.

내 생각엔, "커버링" 같은 비성서적 용어를 사용하는 것은 권위와 복종의 이슈를 모호하게 할 뿐이다. 그것이 우리의 대화를 혼란스럽게 하고 우리의 생각을 흐려놓는다. 만일 우리가 신약성서적 용어를 고수한다면, 주제를 모호하게 만든 겹겹이 쌓인 인간 전통의 층을 더 잘 헤치고 나갈 수 있을 것이다.

내가 솔직하게 말하자면, 오늘날 "영적 권위"로 간주되는 대부분은 어리석음의 극치이다. 권위를 엉터리로 어리석게 적용할 때 말할 수 없는 비극이 발생하는 전형적인 예가 바로 1970년대의 목자-양 운동이다. 앞에서 언급한 운동은 영적인 혼합물로 가득 차 있다. 그리고 지배와 조작의 극단적인 형태들로 타락하고 말았다.

목자-양의 가르침을 요약하자면 이렇다. 모든 그리스도인은 자신을 제자로 삼고 "커버"할 목자를 찾아야 한다. 목자는 "하나님께서 지명하신 권위"이다. 그러므로 언제나 그의 충고를 따라야 한다. 목자를 순종하지 않는 것은 곧 하나님 자신을 순종하지 않는 것이다. 따라서 모든 그리스도인은 그들 위에 있는 목자의 판단을 신뢰해야 한다. 만일 누가 자신의 목자에게 복종하지 않는다면, 그 사람은 하나님의 "커버링" 밖으로 옮겨지고 영적으로나 육적으로 손해를 입게 될 것이다.

제자-목자 가르침의 주된 오류는 복종이 무조건적인 순종과 동일하다는 잘못된 가정에 뿌리를 둔다. 똑같이 잘못된 것은 하나님께서 특정한 사람들에게 다른 사람들 위의 절대적 권위를 위임하셨다는 사상이다.

틀림없이, 제자-목자 운동에 속한 지도자들은 숭고한 동기를 가진 은사의 소유자였다. 그들은 그 운동이 가야 할 방향을 설정하지 않았다. 그들 중엔 나중에 그 운동을 퍼뜨린 자신들의 역할에 대해 사과한 사람들도 있었다. 그렇다 할지라도, 수많은 사람이 그 결과로 황폐해졌다. 제자-목자 운동의 많은 부분에서, 누가 역할을 맡았는지에 관계없이 하나님께서 선을 이루신다는, 자주 반복되는 상투적인 말로 영적 남용이 합리화 되었다. 그 가르침에 의하면, 잘못된 결정에 대해 하나님께서 "목자들" 개개인에게 책임을 물으신다. "양들"은 그들의 목자를 분별없이 순종하는 한 그들에게는 책임이 없다. 목자들이 양들에게 무엇을 하라고 명령했는지에 관계없이.

이런 정당성으로, 그 운동은 평신도 계층에 맞게 다듬어지고 틀이 잡힌 지배의 멍에들을 새롭게 만들어냈다. 이 새로운 멍에들은 신자의 제사장주의를 질식시켜버렸다. 그리고 이단들과 똑같이 영혼을 지배하는 특성을 드러냈다. 소위 목자들은 다른 그리스도인들을 위한 하나님의 대리자로 변모했다. 그들 삶에서의 가장 깊숙한 세부사항까지 좌지우지하면서. 이 모든 것이 "성서적인 책임"이라는 이름 아래 이루어졌다.

그 여파로, 오늘날 그 운동은 리더십과 유사한 그 어떤 것도 끊임없이 불신하는, 상처받고 환멸을 느낀 그리스도인들의 자취를 남겼다. 어떤 사람들은 더 잔혹한 운명에 처해졌다. 그 결과, 그 운동 안에서 성직자에게 당한 사람들은 권위, 복종, 그리고 책임 같은 단어들에 대한 반감을 갖게 되었다. 오늘날까지도, 그들은 그들의 "목양" 경험에 의해서 마음에 새겨진 왜곡된 하나님의 이미지를 버리는데 여전히 애를 먹고 있다.

그러므로 권위와 복종에 관한 주제들은 많은 사람에게 있어 매우 민감하고 긴장된 역사를 대변한다. 얼마나 그런지, 리더십 용어가 들리기만 해도 경고등이 켜지고 희생의 붉은 깃발이 올려진다.

30년 이상 지난 후에도 영적 권위는 여전히 감정이 실리고 폭발하기 쉬운 주제이다. 이 책에 포함된 이슈를 아주 다양한 견해들이 다루는데도 불구하고, 우리는 아직도 위험한 지뢰밭의 모서리를 밟고 있다.

잘못된 가르침이 결코 단순한 성서 말씀의 적용에서 생겨나지 않음을 명심하라. 잘못된 가르침은 오히려 처음 들었던 사람들에게 그것이 어떤 의미였는지를 무시해버림으로 생겨난다. 권위authority와 복종subjection 같은 단어들은 그것들에 첨가되어 내포된 엉터리 의미에서 "구속" 되어야 할 정도로 너무 오랫동안 퇴색되어왔다.

그러므로 거짓 가르침에 대한 안전장치는 이런 성서적 용어를 폐기하는데 있지 않다. 그것은 오히려 논쟁을 초월해서 그것들을 그 원래의 의미대로 개조하는데 있다. 다르게 표현하자면, 우리가 성서가 말하는 위치에서 말할 뿐만 아니라, 또한 성서가 말하고자 하는 대로 말하는 것을 배워야 한다.

신약성서적 복종의 개념

신약성서에서 "복종"submit이라고 주로 번역되는 헬라어 단어는 휘포타소hupotasso이다. 휘포타소를 "의존 또는 종속"subjection으로 번역하는 것이 더 낫다. 신약성서에서 사용되는 의미로서의 의존종속은 다른 사람의 권면이나 충고를 받아들이고, 협조하고, 따르는 자발적인 태도이다.84)

성서적인 복종은 지배나 계급적 권력과는 아무런 관계가 없다. 그것은 단순히 다른 사람들에게 자신을 맡기는 어린아이와 같이 열린 태도이다.

성서적인 복종은 존재한다. 그리고 그것은 귀한 것이다. 그러나 그것은 하나님께서 원하시는 것과 신약성서가 가정하는 것에서 시작해야 한다. 말하자면, 우리가 개인적으로나 공동체적으로 예수 그리스도께 복종하듯이 우리가 속한 신자의 공동체에서 서로 복종하고; 우리 신자의 공동체를 희생적으로 섬기는, 믿을만하고 입증된 그리스도인 사역자들에게 복종하는 것이다.

나는 "믿을만한 것과 입증된 것"을 강조한다. 왜냐하면, 거짓 선지자들과 가짜 사도들이 넘쳐나기 때문이다. 그리스도인 사역자라고 주장하는 사람들을 검증하는 것은 지역 교회 형제들의 책임이다. 살전1:5; 살후3:10; 계2:2 이런 이유로, 성서는 우리에게 고귀한 성품을 지니고 희생적으로 섬기는 영적 지도자들에 복종하라고 권면한다. 고전16:10-11, 15-18; 빌2:29-30; 살전5:12-13; 딤전5:17; 히13:17 어쩌면 이 토론에서 고찰해 볼 가장 명쾌한 본문은 에베소서의 구절일 것이다:

그리스도를 경외함으로 피차 복종하라 엡5:21

다시 강조하지만, 성서는 절대로 "보호를 위한 커버링"을 가르치지 않는다. 그 대신, 상호간의 복종을 가르친다. 상호간의 복종은 믿는 자 모두가 은사를 받았다는 성서적 개념에 근거한다. 그렇기 때문에, 그들은 모두 다 예수 그리스도를 표현할 수 있다. 그러므로 우리는 그리스도 안에서 피차 복종해야 한다.

마찬가지로, 상호간의 복종은 그리스도의 몸이라는 성서적 계시에 뿌리를 둔다. 하나님의 권위는 그리스도의 몸에 있는 특정한 일부가 아닌 몸 전체에 주어진 것이다. 마18:15-20; 16:16-19; 엡1:19-23 하나님의 교회학에서, 에클레시아는 성령을 모신 모든 사람에게 신적 권위가 분배된 하나님의 통치 아래 모두가 참여하는 사회이다. 이렇게 함으로써, 교회는 하나님의 세 인격이 계급 없는 공동체적 관계성을 이루는 삼위일체를 반영한다.

이것을 확실히 해야 한다: 하나님께서는 자신의 권위를 어떤 개인이나 교회의 일부에게 위임하시지 않았다. 그런 게 아니라, 하나님의 권위는 공동체 전체 안에 있다. 신자 공동체에 속한 지체들이 그들의 사역을 수행할 때 영적 권위가 성령이 그들에게 주신 은사들을 통해 분배되는 것이다.

사실, 상호간의 복종이 우리에게 요구하는 것은 우리가 우리 자신보다 더 큰 무언가에 속한, 즉 몸에 속한 지체임을 깨닫는 것이다. 그것이 요구하는 것은 또한 우리가 스스로는 하나님의 원대한 목적을 이루기에는 역부족임을 깨닫는 것이다. 달리 말해서, 상호간의 복종은 우리에게 동료 형제들의 협조가 필요하다는 사실을 겸손하게, 그리고 실제로 시인하는 것에 뿌리를 둔다. 그것은 우리가 스스로는 좋은 그리스도인이 될 수 없다는 사실을 인정한다. 그렇기 때문에, 상호간의 복종은 정상적인 그리스도인의 삶을 사는 데 있어 없어서는 안 된다.

권위에 대한 하나님의 생각

복종의 다른 한 면은 권위또는 권세, authority이다. 권위는 특별한 임무를 수행하도록 하나님께서 주신 특권이다. 우리의 "권위"라는 말에 더 가까운 신약성서적 단어는 엑수시아exousia이다. 엑수시아는 엑세스틴exestin이라는 말에서 파생되었는데, 그것은 방해받지 않고 수행될 수 있는, 가능한 행동 및 올바른 행동을 뜻한다.

권위exousia는 힘의 전달수단과 관계있다. 성서는 하나님이 모든 권위의 유일한 원천이라고 가르친다.롬13:1 그리고 이 권위는 하나님의 아들에게 맡겨졌다.마28:18; 요3:30-36; 17:2

달리 표현하자면, 예수 그리스도만이 홀로 권위를 소유하신다. 주님은 다음과 같이 분명하게 말씀하셨다: "하늘과 땅의 권세를 내게 주셨으니."마28:18 동시에, 그리스도께서는 특정한 목적을 위해 그분의 권위를 이 땅의 사람들에게 위임하셨다.

예를 들어, 이 세상의 질서에서는 주님께서 주님의 권위가 행사되는 가지각색의 다양한 영역을 만드셨다. 주님은 해 아래서 질서를 유지하도록 설계된 특정한 "공식적인 권위들"을 두셨다. 왕, 행정장관, 재판관 같은 정부 관리들에게 그런 권위가 주어졌다.요19:10-11; 롬13:1 이하; 딤전2:2; 벧전2:13-14

공식적인 권위는 정적인 직책에 맡겨진다. 그 권위는 그 직책을 맡은 사람들의 행동과 관계없이 행사된다. 공식적인 권위는 자리에 주어졌고 고정되었다. 어떤 사람이 직책을 맡는 한, 그 사람은 권위를 가진다.

공식적인 권위가 누군가에게 주어질 때, 그 권위를 받은 사람은 "권위"가 될 자격을 갖추게 된다. 이런 이유 때문에 그리스도인들은 정부 지도자들에게 복종할 의무가 있다. 그 지도자들의 인격과는 상관없이 복종해야 한다.롬13:1 이하; 벧전2:13-19

바울도 그랬지만, 우리 주 예수님도 공식적인 권위 앞에 섰을 때 복종하는 자세를 보이셨다.마26:63-64; 행23:2-5 마찬가지로, 그리스도인들도 항상 그런 권위에 복종해야 한다. 권위를 멸시하는 것과 불법은 죄의 속성을 드러내는 표시이다.벧후2:10; 유8절 하지만, 복종과 순종은 판이하게 다른 별개의 것들이다. 그리고 이 둘을 혼동하는 것은 아주 큰 오류이다.

복종 대 순종

복종이 순종과 어떻게 다른가? 복종은 태도이고; 순종은 행동이다. 복종은 절대적이고; 순종은 상대적이다. 복종은 무조건적이고; 순종은 조건적이다. 복종은 내면적이고; 순종은 표면적이다.

하나님께서는 하나님의 사람들에게 하나님께서 이 세상의 질서에 권위를 두신 모든 사람에게 겸손한 복종의 태도를 가지라고 하신다. 하지만 그 사람들이 하나님의 뜻에 어긋나는 것을 하라고 우리에게 요구하면 우리는 순종하지 말아야 한다. 왜냐하면, 하나님의 권위가 이 땅의 그 어떤 권세보다 더 높기 때문이다.

달리 표현하자면, 우리가 복종하면서도 불순종 할 수 있다는 말이다. 즉, 이 땅의 권세를 가진 직책을 향해 겸손한 복종의 태도를 유지하면서도 그것에 순종하지 않을 수 있다. 반항하고, 욕을 하고, 타도하는 태도와는 전혀 달리 존중하는 태도를 가지면서 불순종 할 수 있다. 딤전2:1-2; 벧후2:10; 유8절

히브리 산파출1:17, 라합수2:1 이하, 다니엘의 세 친구단3:17-18, 다니엘단6:8-10, 그리고 사도들행4:18-20; 5:27-29의 불순종은 전부 다 공식적인 권위가 하나님의 뜻에 어긋날 때 그것에 불순종하면서도 복종하는 원리를 보여주는 좋은 예이다. 아울러 권위를 가진 직책에 앉은 사람을 향해 복종하는 태도를 계속 가지면서도 그 사람의 잘못을 지적할 수 있다. 마14:3-5; 행16:35-39

하나님께서 이 세상에는 질서가 유지되도록 공식적인 권위를 두셨지만, 교회에는 이런 유의 권위를 제정하시지 않았다. 물론 하나님께서는 믿는 자들에게 특정한 권리를 행사할 권세엑수시아를 주신다. 그런 것들 중 하나님의 자녀가 되는 권세요1:12; 땅을 소유할 수 있는 권리행5:4; 결혼을 하거나 하지 않기로 결정할 권리고전7:37; 먹거나 마실 권리고전8:9; 병든자를 고치고 귀신을 내쫓는 권세마10:1; 막3:15; 6:7; 눅9:1; 10:19 교회에 덕을 세울 권세고후10:8; 13:10; 특정한 사역과 관련된 복을 받을 권리고

전9:4-18; 살후3:8-9: 만국을 다스리는 권세와 하나님나라에서 생명나무의 과실을 먹을 권세. 계2:26; 22:14

하지만 놀랍게도, 성서는 결코 하나님께서 믿는자들에게 다른 신자들 위의 권위엑수시아를 주셨다고는 가르치지 않는다. 주님께서 제자들 중에서 엑수시아 형태의 권위를 책망하신 마태복음 20장 25-26절과 누가복음 22장 25-26절의 말씀을 상기하라. 이 사실만으로도 우리는 진지하게 숙고해야 할 것이다.

그러므로 교회 지도자들이 고위층과 똑같은 권위를 행사한다는 것은 논리의 비약이요, 도를 넘는 추론이다. 다시 말하지만, 신약성서는 결코 엑수시아를 교회 지도자들과 연결시키지 않는다. 또한 어떤 그리스도인들이 다른 그리스도인들 위에 엑수시아를 갖는다는 암시조차 없다.

물론, 구약성서는 선지자들, 제사장들, 왕들, 그리고 사사들을 공식적인 권위로 그린다. 이것은 이 "직분들"이 예수 그리스도의 권위 있는 사역을 비추는 그림자 역할을 했기 때문이다. 그리스도께서 진짜 선지자이시요, 진짜 제사장이시요, 진짜 왕이시요, 진짜 사사이시다. 그러나 우리는 신약성서에서 공식적인 권위로 묘사되었거나 그려진 그 어떤 교회 지도자도 결코 찾을 수 없다. 이것엔 사도적 일꾼들뿐만 아니라 지역 교회의 감독들도 포함된다.

사실대로 말하면, 그리스도인들이 다른 그리스도인들 위에 권위를 갖는다는 개념은 억지 해석의 한 예이다. 그렇기 때문에, 그것은 성서적으로 옹호될 수 없다. 교회 지도자들이 정부의 관리들과 똑같은 형태의 권위를 행사할 때, 그들은 약탈자가 되고 만다.

의심할 여지없이, 권위는 교회 안에서 행사된다. 그러나 에클레시아 안에서 행사되는 권위는 이 세상의 질서 속에서 행사되는 권위와는 완전히 다르다. 이것은 오직 교회가 인간의 조직이 아닌 영적 유기체이기 때문에 말이 된다. 교회 안에서 행사되는 권위는 공식적인 권위가 아니라 유기적인 권위이다.

공식적인 권위 대 유기적인 권위

유기적인 권위란 무엇인가? 그것은 영적 생명에 뿌리를 둔 권위이다. 유기적인 권위는 전달되는communicated 권위이다. 즉, 누가 말씀이나 행동을 통해 하나님의 생명을 전달할 때 그 사람은 주님 자신의 지지와 지원을 받는다.

모든 그리스도인은 그들이 영적 생명을 가졌다는 사실 때문에 유기적인 권위의 전달이 가능하다. 이것이 바로 왜 신약성서가 우리로 하여금 그리스도를 경외함으로 피차 복종할 것을 명하는지의 이유이다.엡5:21 그러나 영적 삶에 있어 더 성숙한 사람들이 세속적이고 미성숙한 사람들보다 하나님의 뜻을 더 일관되게 표현하는 경향이 있다.히5:14

유기적 권위는 정적인 상태의 직책이 아닌 그리스도의 직접적인 지시에서 그 근원을 찾는다. 유기적인 권위는 사람이나 지위에 내재되어 있지 않다. 그것은 공식적인 권위처럼 사람들 안에 또는 그들이 맡은 직분 안에 있지 않다.

그 대신, 유기적인 권위는 사람 개개인 밖에서 행사된다. 이것은 그 권위가 그리스도께 속했기 때문이다. 오직 그리스도께서 어떤 사람에게 말이나 행동을 명하실 때만 그 사람이 권위를 행사하는 것이다. 다르게 표현하자면, 어떤 사람이 오직 주님의 마음을 반영할 때만 말할 자격이 있고 다른 사람들로 하여금 순종하라고 할 자격이 있다. 그러므로 유기적인 권위는 소통적communicative이다.

유기적인 권위의 소통적 본능은 바울이 교회를 몸에 비유해서 그리는 골격 안에서 이해할 수 있다. 머리모든 권위의 원천인 존재가 손에게 움직이라고 신호를 보낼 때 손은 머리의 권위를 소유하게 된다. 그렇지만, 손은 그 자체로서는 권위가 없다. 오직 머리와의 교통에 따라 움직일 때만 권위를 끌어내게 된다. 손이 머리의 뜻을 대표하는 한은 그 정도까지의 권위가 손에 있다.

우리 신체에서 몸과 관련된 머리의 움직임이 유기적임을 주지하라. 그것은 사람이 살아있는 유기체라는 사실에 기초한다. 똑같은 원리가 영적인 머리와 영적인 몸에도 적용된다. 그리스도인들은 오직 말과 행동으로 그리스도를 대표할 때만 영적 권위를 행사한다.

그러므로 유기적인 권위는 신축성과 유동성을 가진다. 그것은 정적이지 않다. 유기적인 권위는 전도되는transmitted 것이지, 개선되는innovative 것이 아니다. 그러므로 그것은 철회될 수 없는 소유물이 아니다.85) 아울러 유기적인 권위는 몸에 의해 평가되고 인정된다.

유기적인 권위는 공식적으로 주어지는 것이 아니고 파생되는 것이기 때문에 믿는자들은 하나님의 권위를 추측하거나, 물려받거나, 물려주거나, 또는 대신해선 안 된다. 단지 그 권위를 대표할 뿐이다. 이것엔 절대적인 구분선이 없다. 그것에 대한 이해의 결핍이 하나님 사람들 안에서 밝혀지지 않은 혼동과 권력의 남용을 불러왔다.

영적 권위에 대해 논할 때, 강조점은 언제나 "영성"이라는 신비적 개념이 아닌 역할수행과 섬김이어야 한다. 사람의 영성에 기초해서 권위를 주장하는 것은 실제로 그 사람 자신을 공식적인 권위로 만드는 것이나 다름없다. 왜냐하면, "영성"에 관한 주장이 베일에 싸인 직분을 쉽게 만들어 낼 수 있기 때문이다.

만일 누가 진정으로 영적이라면 그 사람이 어떻게 살고 섬기는가에 따라 그의 영성이 드러날 것이다. 영성은 오직 삶과 섬김에 의해 분별되는 것이지, 영성이 있다고 하는 사람의 끈질긴 주장에 의해서가 아니다. 이렇게 해서, 섬김과 역할수행에 계속 초점을 맞추는 것이 유기적 교회가 개인을 숭배하는 사교집단으로 전락하지 않도록 보호해준다.

도움 되는 비교

공식적인 권위와 유기적인 권위의 차이점 몇 가지를 떼어놓고 살펴보자.

1. 공식적인 권위를 가진 사람들의 주장이 더 높은 권위의 뜻에 위배되지 않는 한 그들에게 순종해야 한다. 행5:29; 딤전3:1 이와는 대조적으로, 유기적인 권위를 행사하는 사람들은 절대로 자신들에게 순종할 것을 요구하지 않는다. 그들은 오히려 다른 사람들로 하여금 하나님의 뜻을 순종하라고 설득한다. 바울의 편지들이 이 원리의 아주 좋은 예이다. 그 편지들은 명령보다는 간청과 호소로 가득하다. 그리고 설득하는 어조가 널려있다. 이것에 관해서는 나중에 더 살펴볼 것이다.

2. 공식적인 권위를 가진 사람들은 그들 아래 있는 사람들을 잘못 인도할 때 모든 책임을 지게 된다. 민수기 18장에서 우리는 이스라엘의 공식적인 권위인 제사장들의 어깨에 죄의 짐이 지워져 있음을 볼 수 있다. 이와는 대조적으로, 유기적인 권위는 절대로 다른 사람들의 책임을 파기할 수 없다. 교회에서, 믿는 자들은 자신의 행동에 모든 책임을 져야 한다. 그들이 다른 사람들의 조언을 따르기로 선택했을 때도 책임져야 한다. 이런 이유 때문에 성서는 다른 사람들의 열매를 검증하라고 계속 권고하는 것이다. 아울러 거짓이 하나님의 심판을

가져올 것을 가르치는 것이다.마7:15-27; 16:11-12; 24:4-5; 고전14:29; 갈1:6-9; 2:4; 빌3:2-19; 살전5:21; 딤전2:14; 요일3:4-10; 4:1-6 신약성서는 결단코 그리스도인이 다른 사람을 순종하면 자신의 행동에 더는 책임을 지지 않아도 된다고 가르치지 않는다.

3. 공식적인 권위를 가진 사람들은 그들이 권위를 행사하는 대상보다 덜 성숙하고, 덜 영적이고, 덜 의로울 수 있다. 그렇지만 유기적인 권위를 행사하는 사람들은 영적인 삶과 직결되어 있다. 유기적인 권위는 영적인 삶과 분리할 수 없다. 우리는 종종 우리 자녀들에게 "어른들에게 순종하라"고 말한다. 왜냐하면, 이 세상에서는 나이가 많은 사람들이 더 성숙한 조언을 하는 경향이 있기 때문이다. 따라서 그들은 우리의 존경과 복종을 받을 자격이 있다.벧전5:5 같은 원리가 영적 세계에도 적용된다. 영적인 삶에서 더 성장한 사람들이 유기적인 권위에 있어 더 큰 분량을 감당하게 되어 있다. 사람이 하나님의 권위 아래 있지 않으면 영적 권위를 행사할 수 없음을 주지할 것. 영적으로 더 성숙하다는 확실한 표시는 섬기는 자세와 어린아이처럼 온순한 마음이다. 이 두 가지 성품을 드러내는 사람을 존중하라고 우리에게 권면하는 다음의 성경구절들을 숙고해보라:

*형제들아 스데바나의 집은 곧 아가야의 첫 열매요 또 성도 섬기기로 작정한 줄을 너희가 아는지라 내가 너희를 권하노니 이같은 사람들과 또 함께 일하며 수고하는 모든 사람에게 순종하라 내가 스데바나와 브드나도와 아가이고가 온 것을 기뻐하노니 그들이 너희의 부족한 것을 채웠음이라 그들이 나와 너희 마음을 시원하게 하였으니 그러므로 너희는 이런 사람들을 알아 주라*고전16:15-18

이러므로 너희가 주 안에서 모든 기쁨으로 그를 영접하고 또 이와 같은 자들을 존귀히 여기라 그가 그리스도의 일을 위하여 죽기에 이르러도 자기 목숨을 돌보지 아니한 것은 나를 섬기는 너희의 일에 부족함을 채우려 함이니라^{빌2:29-30}

형제들아 우리가 너희에게 구하노니 너희 가운데서 수고하고 주 안에서 너희를 다스리며 권하는 자들을 너희가 알고 그들의 역사로 말미암아 사랑 안에서 가장 귀히 여기며 너희끼리 화목하라^{살전 5:12-13}

잘 다스리는 장로들은 배나 존경할 자로 알되 말씀과 가르침에 수고하는 이들에게는 더욱 그리할 것이니라^{딤전5:17}

하나님의 말씀을 너희에게 일러 주고 너희를 인도하던 자들을 생각하며 그들의 행실의 결말을 주의하여 보고 그들의 믿음을 본받으라^{히13:7}

너희를 인도하는 자들에게 순종하고 복종하라 그들은 너희 영혼을 위하여 경성하기를 자신들이 청산할 자인 것 같이 하느니라 그들로 하여금 즐거움으로 이것을 하게 하고 근심으로 하게 하지 말라 그렇지 않으면 너희에게 유익이 없느니라^{히13:17}

젊은 자들아 이와 같이 장로들에게 순종하고^{벧전5:5}

의심할 여지없이, 신약성서는 영적 사역에 헌신적으로 수고하는 사람들을 존중하라고 그리스도인들에게 권면한다. 그런 존중은 자발적이면서도 본능적이다. 그것은 결코 절대화되거나 공식적인 것이 되어서는 안 된다. 믿는 자가 교회에서 받는 존중은 언제나 겸손한 섬김에 의해 얻어지는 것이지, 절대로 요구하거나 주장해서 받는 것이 아니다. 진짜 영적인 사람들은 다른 사람들 위에 영적 권위를 가져야 한다고 주장하지 않는다. 또는 자신의 영적인 수고나 성숙에 대해 자랑하지 않는다. 사실, 그런 주장을 하는 사람들은 자신의 미성숙함을 스스로 드러내는 것이다. 자신이 "이 시대를 위해 하나님께서 기름 부으신 능력의 종"이라고 주장하는 사람, 또는 그렇게 스스로를 높이는 비슷한 유의 사람은 그저 한 가지를 증명하는 꼴밖에 안 된다. 그에게는 권위가 없다. 이와 대조적으로, 교회 안에서 존중을 받는 사람들은 자신을 믿음직한 종으로 증명한 것이다. 단순한 말로서가 아니라 경험으로 말이다. 고후8:22; 살전1:5; 살후3:10 그리스도의 몸에게서 받은 인정과 신뢰가 그 사람의 영적 권위에 대한 단 하나의 확실한 평가기준이다.

4. 공식적인 권위를 가진 사람들은 그들이 직책을 맡는 동안 그 권위를 소유한다. 그리고 그들의 권위는 그들이 어리석거나 부당한 결정을 내리든 그렇지 않든 관계없이 행사된다. 예를 들면, 사울 왕은 이스라엘의 왕좌에 앉아 있는 동안은 그의 권위를 유지했다. 이것은 하나님의 영이 사울을 떠난 후에도 마찬가지였다. 삼상16:14; 24:4-6 반면에, 유기적인 권위는 오직 그리스도께서 표현될 때만 행사된다. 그래서 만일 믿는자가 머리의 뜻을 반영하지 않는 뭔가를 그것이 규정된 하나님의 명령에 위배되지 않을지라도 교회에 권면한다면 그의 권면을 뒷받침할 권위는 없다. 다시 말하지만, 오직 예수 그리스도께만 권

위가 있다. 그리고 오직 그분의 생명에서 흘러나오는 것만이 권위를 갖는다.

5. 공식적인 권위를 가진 사람은 사실상 언제나 계급에 의해 권위를 행사한다. 하지만 유기적인 권위는 계급과 아무런 관계가 없다.^{마 20:25-28; 눅22:25-27} 사실, 유기적인 권위가 계급과 연결될 때면 언제나 왜곡되고 남용된다. 이런 이유 때문에, 계급의 이미지를 신약성서의 편지들에서 찾아볼 수 없는 것이다. 요컨대, 유기적인 권위는 위에서 아래로 내려오지 않는다. 또 명령계통의 계급적인 방식으로 행사되지 않는다. 이와 마찬가지로, 유기적인 권위는 아래에서 위로 행사되지도 않는다. 즉, 그것이 교회에서 개인에게로 행사되지 않는다. 왜냐하면, 만일 교회가 특정한 임무를 위해 누군가에게 권위를 준다면 그것이 그리스도의 마음을 반영하지 못할 때는 권위가 결여되기 때문이다. 유기적인 권위는 속에서 밖으로 행사된다. 내재하시는 그리스도께서 믿는 자나 교회로 하여금 말하거나 행동하라고 인도하실 때 머리의 권위가 그 사람을 뒷받침해준다. 내재하는 성령으로 나타나시는 예수 그리스도께서 모든 권위의 유일한 원천이시요, 대들보시요, 근원이시다. 그리고 주님의 머리 위에서 책임질 존재는 아무도 없다.

결론적으로, 제도권 교회의 리더십 문제는 공식적인 권위를 그리스도인의 관계성들에 추잡할 정도로 단순무식하게 적용한 데서 기인한다. 이런 잘못된 적용은 권위가 만능이라는 사고방식에 뿌리를 둔다. 말할 것도 없이, 공식적인 권위의 모형을 살아계신 하나님의 교회로 이식하려는 것은 엄청난 오류이다.

유기적인 권위는 언제나 사랑의 틀 안에 있다.

그리스도인이 교회에서 유기적인 권위를 행사할 때는 언제든지, 우리가 그것을 잘 인식해낸다. 그런 권위를 거스르는 것은 그리스도께 반항하는 것이다. 어째서 그런가? 존재하는 유일한 권위가 그리스도이기 때문이다. 그리고 주님께서 교회를 통해 말씀하실 때 순수한 권위가 행사되기 때문이다.

성서는 "하나님은 사랑이시라"고 분명히 말한다.요일4:8. 16 이런 이유 때문에, 하나님의 권위가 드러날 때는 사랑이 있기 마련이다. 이것을 달리 표현하자면, 하나님의 권위의 행사는 언제나 사랑의 틀 안에서 이루어진다. 이 말을 풀어 설명해보겠다.

사랑은 다른 사람들이 뒷걸음 칠 때 그들을 기꺼이 권면하는 것이다. 사랑은 영적인 삶에서 자기 맘대로, 누구의 도움도 받지 않고, 외톨이로 행하는 것을 거부한다. 그 대신, 몸의 상호 의존성에 가치를 둔다.

사랑은 우리가 서로 지체이고 같은 가문에 속했기 때문에 우리의 행동이 동료 형제들에게 큰 영향을 끼친다는 사실을 실감한다. 사랑은 개인주의적이고 사유화된 기독교를 개탄한다. 그 대신, 사랑은 교회 안의 다른 지체들을 위한 필요를 인정한다.

사랑이 때로는 달콤하고, 친절하고, 다정하지만, 회개하지 않는 죄의 공포와 마주칠 때면 투쟁적이고 강경할 수 있다. 사랑은 오래참고, 공손하고, 부드럽다. 절대로 집요하고, 천하고, 독재적이지 않다. 사랑은 권위에 대해 과장되고 부풀려진 주장을 거부한다. 그 대신, 겸손과 온유함으로 인을 친다.

사랑은 맥이 없거나 감상적이지 않고, 날카로운 지각과 분별력을 갖고 있다. 사랑은 절대로 자기의 뜻을 조작하거나 강요하지 않는다. 결코 위협하거나, 억지로 시키거나, 요구하거나, 위압을 가하지도 않는다.

사랑은 우리로 하여금 "형제를 지키는 자"로서의 책임을 받아들이도록 촉구한다. 그러나 사랑은 우리가 그 사람의 삶에 끼어들어 간섭하는 것을 금한다. 사랑은 결단코 하나님의 자리를 강탈하거나 다른 사람들 마음에 있는 동기를 판단하지 않는다. 또 그들이 잘못되기를 바라지 않는다.

사랑은 성령 자신을 대신하거나 성령의 역사를 대체하는 것이 아니고 우리가 다른 사람들에게 성령의 뜻을 드러내도록 부름 받았음을 인정한다.

결과적으로, 유기적인 권위는 우리의 동료 형제들이 올바르게 행동하는지 "확인"하도록 그들의 사적인 일들을 일일이 살피는 면허가 아니다. 성서는 우리 영적 가족들의 재정 상황이나 그들 부부의 성생활이나 다른 사적인 일들을 테스트하는 자유를 절대로 우리에게 준 적이 없다.

"책임"이라는 미명 아래 벌어지는 이런 유의 불필요한 삶의 간섭은 권위주의적 이단들이 주로 하는 짓이다. 그런 사고방식은 결국 어떤 신자의 공동체라 할지라도 심리적인 압력솥으로 탈바꿈시키고 말 것이다. 물론, 만일 믿는자가 다른 사람에게 그런 사적인 일들에 관해 털어놓기를 기꺼이 원한다면 그건 다른 이야기이다. 그러나 그것은 선택이지 의무가 아니다.

우리는 성서가 그리스도인 개인의 선택과 자유와 사생활을 매우 중시한다는 사실에서 결코 벗어나면 안 된다. 롬14:1-12; 갈5:1; 골2:16; 약4:11-12 따라서 이런 덕목들이 믿는자들 사이에 높이 존중되어야 한다. 형제나 자매가 심각한 죄 중에 있다고 의심할 만한 타당한 이유가 없다면, 그들의 개인사와 가정사에 대해 꼬치꼬치 캐묻는 것은 아주 그리스도인답지 않은 태도이다.

신약성서는 우리에게 다른 사람들의 일에 "참견하기 좋아하는 사람"이 되는 것을 경고한다. "쓸데없는 말을 하며", 딤전5:13; 벧전4:15 마찬가지로, 만일 어떤 그리스도인이 영적으로 심각한 곤경에 처했거나 큰 죄와 싸우며 몸부림친다면 사랑은 그가 다른 사람들에게 도움을 청하고 받아들일 것을 요구한다.

요약하자면, 하나님의 권위는 언제나 사랑의 틀 안에 있으므로 영적 안전과 보호의 문화를 낳는다. 하나님의 권위에 대한 복종은 지배하는 것이 아니다. 그것은 도움을 주는 것이다. 그것은 절대로 딱딱하거나 얼어붙은 형식적인 체계가 아니다. 공식적이거나 율법적이거나 기계적이지도 않다. 그 대신, 그것은 관계적이고 유기적이다.

하나님의 권위가 인간의 제도로 변형될 때는 언제든지 위험이 따른다. 그것이 어떤 이름을 달고 있든지 관계없이 그리스도인으로서 우리는 우리 자신을 영적 권위에 복종시키는 영적 본능을 갖고 있다. 그리고 우리가 그렇게 할 때 교회는 언제나 유익을 얻는다.

우리가 다른 사람들로 하여금 우리의 삶에 관여하도록 할 때 우리는 하나님께서 우리에게 용기를 주시고, 동기를 부여하시고, 우리를 보호하시도록 문을 활짝 여는 것이다. 이런 이유 때문에 잠언은 반복해서 "지략이 많으면 평안을 누리느니라"라고 강조한다. 잠11:14; 15:22; 24:6 그렇다면, 사랑은 영적 보호를 제공해주는 하나님의 우산이라고 할 수 있다. 하지만 감사하게도, 그것이 그 우산 아래에서만 사는 사람들의 마음처럼 좁은 것은 아니다. 결론을 말하자면, 사랑만이 "커버링" 하는 능력을 갖고 있다. 왜냐하면, "사랑은 허다한 죄를 덮느니라"라고 했기 때문이다. 벧전4:8; 잠10:12; 17:9

상호간의 복종에 따르는 대가

상호간의 복종은 권위적인 구조에 일방적으로 복종하는 것과는 근본적으로 다르다. 동시에, 그것이 포스트모던 사고방식으로 특징지어지는 극도로 개인주의적이고, 윤리적으로 상대적이고, 관대하기만 한 무정부주의와 혼동해선 안 된다.

상호간의 복종엔 대가가 따른다. 솔직히 말해서, 우리의 자아는 그 누구에게도 복종하기를 원치 않는다. 타락한 존재인 우리는 다른 사람에게 간섭받지 않고 우리 자신의 눈으로 볼 때 옳은 것을 행하고자 한다. 잠12:15

따라서 유기적인 권위를 거부하는 성향은 아담에게서 물려받은 우리의 본성에 깊이 뿌리박고 있다. 롬3:10-18 다른 사람들에게 지적과 권면과 책망을 받는 것은 커다란 십자가를 지는 것이나 다름없다. 잠15:10; 17:10; 27:5-6; 28:23 이런 이유로, 상호간의 복종은 법을 싫어하는 우리의 문화뿐만 아니라 우리의 반항적인 육신에 해독제로 작용하는 것이다.

영적 권위를 행사하는 것은 또한 고통을 수반한다. 남을 지배하는 성격의 사람이 아니라면, 다른 사람을 책망하는 역할은 어렵고도 위험부담이 있다. 성서는 노엽게 한 형제와 화목하는 것이 견고한 성을 취하는 것보다 어렵다고 우리에게 말하고 있다. 잠18:19 따라서 대립이라는 두려움을 안고 다른 사람들을 지적하는 난처함이 우리 육신에게는 주님의 권위를 행사하는 영역에서 주님께 대한 순종을 어렵게 한다. 이런 난처함은 단순히 교회 안에서 사랑하고 받아주는 관계성을 정립하는 것의 중요성을 강조하는 것이다.

그저 신경을 끄는 것이 훨씬 쉬울 것이고, 잘못을 범한 형제들을 놔두고 그냥 그들을 위해 기도하는 것이 훨씬 더 간단할 것이다. 인내와 겸손과 연민을 가지고 사랑으로 그들과 맞서는 것이 훨씬 더 어렵다. 다시 강조하지만, 이것에 대한 예외가 있다면 자기 의로 가득해서 지배하기를 좋아하는 성격이다. 그런 사람은 다른 사람들에게 지적하기를 즐기는 것 같다.

이 모든 것은 사랑이 다른 사람들과 우리의 관계를 지배한다는 중요한 사실을 강조한다. 왜냐하면, 만일 우리가 형제들을 사랑하면 그들의 조언과 권면에 우리 자신을 복종시킬 것이기 때문이다.

마찬가지로, 사랑은 잘못을 범한 형제들이 우리의 도움을 필요로 할 때 온유한 마음으로 그들에게 나아가도록 우리를 강권할 것이다. 갈6:1; 약5:19-20 그리고 우리는 그들의 마음 속에 있는 악한 동기의 탓으로 돌리기를 삼갈 것이다. 마7:14; 고전13:5 근본적으로, 사랑의 길은 언제나 자기를 부인하는 길이다.

상호간의 복종은 삼위일체 하나님 안에 뿌리를 두고 있다

우리의 논제인 상호간의 복종을 교회의 원형인 삼위일체 하나님으로 돌아가서 토론해보자. 상호간의 복종은 사랑에 기초하기 때문에 삼위일체 하나님의 본성 바로 그 자체에 뿌리를 둔다. 하나님은 본질적으로 공동체이다. 서로 함께 삶을 영원토록 공유하는 세 인격의 공동체를 이루고 있다.

삼위일체 하나님 안에서, 아버지는 자신을 아들에게 쏟아 부으시고, 다시 아들은 자신을 제한 없이 아버지께 드린다. 그리고 성령은 거룩한 중재자로서 각 인격에서 다른 인격을 향해 그들의 사랑을 쏟아 붓는다. 이런 사랑의 축제 안에는 계급이 존재하지 않는다. 지배하는 것도 없고, 권위주의도 없다. 관심사가 충돌하지도 않는다. 그 대신, 거기엔 상호 간의 사랑과 교제와 복종이 있다.

삼위일체 하나님 안에 영구적으로 흐르는 상호간의 나눔은 사랑의 초석이다. 사실, 그것이 "하나님은 사랑이심이라" 요일4:8라고 요한이 말할 수 있었던 바로 그 이유이다. 왜냐하면, 만일 하나님이 공동체가 아니라면 창세전에 하나님께서 사랑하셨던 존재가 있을 수 없기 때문이다. 사랑의 행위에는 두 인격체 이상의 참여가 요구된다.

교회는 왕의 공동체이다. 따라서 교회는 삼위일체 하나님 안에서 영원토록 흐르는 상호 사랑의 관계를 비추도록 부르심 받았다. 그러므로 교회의 교제 안에는 상호간의 사랑에 의해 지배되는 상호간의 복종이 있다. 거기엔 계급이 없고, 지배하는 것도 없고, 권위주의도 없다. 왜 그런가? 교회가 하나님의 생명 곧 삼위일체 하나님 안에 존재하는 생명과 똑같은 생명에 의해 살도록 부르심 받았기 때문이다. 요6:57; 17:20-26; 벧후1:4

교회라는 가정환경 속에는, 상호간의 복종이 하나 됨을 만들어낸다. 그것은 사랑을 세우고, 안정을 공급하고, 성장을 촉진시킨다. 그리고 그리스도인의 삶에 풍부한 의미를 부여한다. 그리스도인의 삶은 결코 친밀한 공동체 밖에서 살도록 의도된 것이 아니다. 왕의 공동체인 에클레시아는 자연 서식지이다.

이런 점에서, 상호간의 복종은 극단주의자들인 니골라당성직주의에 대한 소독약과 같다. 그것은 사람들 위의 권위가 아닌 사람들을 위한, 그리고 사람들 중의 권위를 강조한다. 그리고 소수의 권위가 아닌 모든 사람의 권한을 장려한다.

우리의 문화가 자기 의존과 개인주의와 독립을 조장하지만, 이런 것들은 유기적인 그리스도교의 자연환경과 공존할 수 없다. 하나님이 공동체이기 때문에 하나님의 자녀는 공동체를 위해 설계된 것이다. 우리의 새로운 본성이 그것을 고대한다.

우리 그리스도인들은 고립된 존재가 아니다. 우리가 그 형상을 본받아 창조된 삼위일체 하나님처럼 우리라는 종족도 공동체적 존재이다. 엡

4:24; 골3:10 우리는 똑같은 형상을 지닌 다른 사람들과의 의미 있는 관계성을 가지며 살아간다. 오늘날의 "커버링" 교리는 이 밝혀진 진리를 흐려 버린다. 그러나 상호간의 복종 원리는 그것을 확실하게 복구시킨다.

간단히 말해서, 하나님의 삼위일체적 본성은 인간의 모든 공동체를 위한 근원과 모델 둘 다로 쓰임 받는다. 그리고 상호간의 복종 원리가 그 참된 가치를 드러내는 곳이 바로 삼위일체 하나님의 사랑의 관계성 안이다. 미로슬라브 볼프가 말했듯이, "교회가 균형 잡히고 분산된 힘의 분배와 자유롭게 인정된 교류에 의해 더욱 더 특징지어질수록, 삼위일체 공동체와 더욱 더 일치될 것이다."86)

그러므로 상호간의 복종은 인간적인 개념이 아니고, 영원하신 하나님의 공동체적이고 상호적인 본성에서 흘러나오는 것이다. 그리고 바로 그 본성을 드러내도록 에클레시아가 부르심 받았다. 이렇게 함으로써, 상호간의 복종은 우리로 하여금 유기적 교회생활의 바로 그 환경 속에서 그리스도의 얼굴을 바라보게 해준다.

존 하워드 요더의 말을 빌리자면, 성서가 그리는 권위와 복종은 "로마보다 더 많은 권위를 교회에 부여하고, 오순절파보다 더 성령을 신뢰하고, 인본주의보다 개개인을 더 존중하고, 청교도들보다 도덕적 기준을 더 확실하게 하고, 주어진 상황에서 '새로운 윤리the New Morality'보다 더 열려 있다."87)

요약하자면, 상호간의 복종은 절대화시키지 않고 영적 리더십을 높이 평가하는 문화를 창조한다. 그것은 지배하는 도구로 전락하는 일 없이 영적 권위에 반응한다. 왜냐하면, "멘토링 관계"와 "책임의 협력 관계"와 "영적 지시"가 상호간의 복종에 의해 지배될 때 그것들이 영적으로 건강하고 서로의 가치를 높이기 때문이다. 또한, 그것들은 오늘날의 관행인 계급적 "커버링"과는 닮은 점이 없다.

어쩌면 다음의 비유가 내가 이 장에서 말하고자 한 전부를 요약하는데 도움이 될 것이다. 우리는 상호간의 복종을 좋은 음악과 비교할 수 있다. 그것은 지혜로운 겸손과, 그리고 그리스도의 머리되심에 대한 깊은 신뢰와 연계하여 역할을 할 때, 신약성서 노래의 달콤한 하모니와 더불어 울리는 아름다운 멜로디를 만들어낸다. 그러나 그것이 이 세상의 영을 특징짓는 계급제도로 대체될 때는 그 소리가 왜곡되고 만다. 더 나쁜 것은, 포스트모던 죄악인 싸구려 개인주의 및 독립심이 선호되고 상호간의 복종이 거부될 때, 그 음색과 음정은 전부 온데간데없고 그 뒤에 적막만이 흐르게 된다.

짚고 넘어가야 할 질문들

? "커버링"과 "책임"에 관한 당신의 이해가 어디서 유래했다고 생각하는가? 설명할 것.

? 당신은 "커버링해 줄 수 없다"와 같은 상투적인 말을 하는 사람들과 "책임"과 같은 그럴듯한 말을 생각 없이 받아들이는 사람들에 의해 상처받은 이야기들을 아는가? 설명할 것.

? 교회에서 더는 공식적인 권위의 개념을 적용하지 말고, 그 대신 신약성서의 개념인 유기적 권위에 대한 상호간의 복종으로 돌아가라고 성서가 우리에게 요구하지 않는가? 설명할 것.

? 이 장에서는 다른 그리스도인들 위에 권위를 가지는 그리스도인들이 있다는 사상을 신약성서가 지지하지 않음을 지적했다. 당신은 이것에 대해 어떻게 생각하는가? 설명할 것.

13장
다시 그려보는 교단적 커버링

당신에게 함께 사는 삶이 없다면 어떤 삶을 살고 있는가? 공동체 안에 있지 않은 삶이란 없고, 하나님을 경외하지 않는 삶을 사는 공동체는 없다.

T. S. 엘리엇

너희는 아직도 육신에 속한 자로다 너희 가운데 시기와 분쟁이 있으니 어찌 육신에 속하여 사람을 따라 행함이 아니리요 어떤 이는 말하되 나는 바울에게라 하고 다른 이는 나는 아볼로에게라 하니 너희가 육의 사람이 아니리요 그런즉 아볼로는 무엇이며 바울은 무엇이냐 그들은 주께서 각각 주신 대로 너희로 하여금 믿게 한 사역자들이니라.

다소 사람 바울, 고린도전서 3장 3-5절에서

많은 그리스도인이 교파가 우리를 오류에서 보호해준다고 믿는다. 그러나 이것은 착각이다.

"교단적 커버링"은 만일 내가 기독교 교파에 속해 있다면 나는 어쨌든 오류에서 마술처럼 '커버되고', '보호된다'는 미신적 사상에 기초한다. 교파에 속해 있던 수많은 그리스도인이 신학적으로, 도덕적으로 빗나가버렸다.

결과적으로, 상의하달식 조직의 책임 아래 사람들을 맡겨서 그들이 '커버된다'는 개념은 순전히 소설이다.

오류에서 보호받는 유일한 길은 그리스도의 몸과 연계된 진리의 영과 하나님의 말씀에 우리 자신을 복종시키는 것이다. 요일2:20, 27 하나님의 생각엔 책임이 공동체에서 개인에게로 작용한다. 성직자에서 개인에게가 아니다. 영적인 안전은 성령과의 관계성과 다른 그리스도인들과의 교류에서 나온다. 거기에 그리스도인 공동체의 타고난 자질이 놓여있다. 이와는 대조적으로, 교단적 책임 아래 복잡하고, 율법적이고, 위아래가 있는 조직은 상호간의 복종을 대체하는 인간의 작품이다.

현상유지의 횡포

만일 교파 시스템이 상의하달식 지배 위에 세워져 있다는 사실을 당신이 의심한다면, 질문을 던져보라. 그렇게 한다면, 과장된 말들을 듣게 될 가능성이 높다.

무서운 것은, 너무나도 빈번히, 교회의 권위에 대해 질문을 던지는 사람들이 교회 시스템에 진동을 일으켜서, 그 결과로 그들이 종종 비방을 듣는다는 사실이다.

만일 당신이 제도권 교회가 비성서적이라고 믿기 때문에 그곳을 떠난 사람이라면, 당신에겐 "이단자", "문제아", "말썽장이", "시한폭탄" 또는 "고분고분하지 않은 반항아"라는 낙인이 찍힐 것이다. 종교적 언어로 꾸며진 그런 주문은 생각을 꺼버리도록 고안된 것이다. 그것은 제도권 교회를 떠난 순수한 사람들을 열성 현상유지파로 전락시키도록 계산된 수법이다.

때로는 기독교 기관이 제도권 교회를 떠난 사람들에게 가장 사악하고

해로운 소문들을 지어낼 것이다. 나에게 목사였던 친한 친구가 있는데, 그는 고향에 있는 지역 목사회의 일원이었다. 그는 현대 목사제도와 교단 시스템의 성서적 정당성에 대해 양심의 가책을 느끼고 목사를 그만두고 제도권 교회를 영구히 떠났다.

머지않아, 그 도시에 있는 그의 동료 목사들이 그와 그의 가족에 관한 나쁜 소문을 퍼뜨리기 시작했다. 목사가 떠나야 할 정도의 무슨 스캔들에 휘말리지 않고서는 목회를 그만둘 수 없다는 것이 그들의 생각이었다. 그래서 그들은 근거 없이 뭘 만들어냈다.

그 소문들 중 사실인 것은 하나도 없었다. 그러나 내 친구는 종교 시스템의 거대한 힘을 직접 맛보았다. 더 중요한 것은, 그가 "그의 치욕을 짊어지고 영문 밖으로" 히13:13 나아가는 주님과 함께 하는 고통에 대해 배우게 되었다는 사실이다. 그런 것은 많은 사람이 종교 시스템을 떠나려고 치렀던 대가이다.[88]

흥미롭게도, 교단 시스템을 옹호하는 사람들은 교단이야말로 이단들에서의 안전장치라고 주장한다는 사실이다. 그러나 여기에 모순이 있다: "교단적 커버링"의 개념은 대부분의 현대 이단들을 특징짓는 왜곡된 주인/종 개념의 리더십과 아주 흡사하다. 이것에 대해 설명해보겠다.

교단들에서는, 회원들이 한 사람의 지도자나 "평신도 지도자들"의 위원회, 또는 조직을 무제한으로 따른다. 이와는 대조적으로, 성서적 원리인 상호간의 복종은 인간 지도자나 계급조직에 대한 무조건적인 순종과는 반대로 피차 복종하는 것을 강조한다.

더 정확하게 말하면, "커버링" 가르침은 종종 교단의 깃발아래 모임을 갖지 않는 그리스도인들을 제거하고자 때리는 곤봉처럼 사용된다. "커버링"은 너무나도 자주 신학의 영역을 수호하기 위한 열렬한 종교 그룹들의 손에 들린 무기가 된다. 그리고 그 무기는 종종 분파적인 편협함에 의해 불이 붙었다.

자율적이면서도 관계성이 있음

오순절 이후 처음 17년 동안 세워진 모든 교회는 예루살렘에서 퍼져나갔다. 그러나 이 새로운 교회들은 예루살렘교회와 공식적이거나 종속적인 관계성을 갖지 않았다. 이런 점에서 신약성서는 언제나 자율적독립적이지만 서로 친밀한 관계성을 가진 교회들을 그리고 있다. 초대교회들은 외부의 간섭 없이 결정을 내렸다. 바울이 그가 사역한 교회들에게 내부의 문제들은 자신들이 책임지라고 권면했던 이유가 바로 이 때문이다.

하나님의 생각엔, 각 교회가 다른 모든 교회와 생명 안에서 하나이다. 그러나 각 교회는 결정하는데 있어 독립적이고, 자치적이고, 오직 하나님께만 책임을 진다. 그렇기 때문에, "모 교회" 또는 교단 본부가 치리하는 개념은 융통성 없는 성서 해석이다.

성서의 원리는 각 교회가 결정과 치리에서 독립적임을 인정한다. 아시아의 일곱 교회에 대한 우리 주님의 말씀을 살펴보라. 주님은 각 교회의 특정한 문제들을 놓고 그 교회를 다루셨다. 계1, 2, 3장

이 원리는 또한 바울의 편지들에서도 강조된다. 바울은 각 교회를 자율적이고 자치적인 유기체로 일관성 있게 다룬다. 바울의 생각엔 각 교회가 직접 하나님께 책임을 져야 하고 회계해야 한다. 엡5:24; 골1:9-10

그러므로 지역 교회들을 종교적 연합체의 실로 함께 묶어 돌리려는 것은 엄청난 잘못이다. 각 교회는 똑같은 머리 아래에 서있다. 그들은 모두 생명 안에서 하나이다. 결과적으로, 교회들은 1세기 때 그랬던 것처럼 서로 협조하고, 서로에게서 배우고, 서로 도와야 한다. 행11:28-30; 롬15:25-29; 16:1; 고전16:19; 고후8:1-14; 13:13; 살전2:14; 빌4:22 동시에, 각 교회는 사

도들이 "모든 교회"를 위해 세워놓은 전통을 받아들여야 한다. 고전4:16-17; 7:17; 11:16; 14:33; 16:1; 살전2:14

하나님의 원리에 의하면, 각 교회는 스스로의 치리와 사역과 독특한 간증을 만들어내야 한다. 반면에, 교회들 사이에 영적인 관계성과 상호 간의 협조도 있어야 한다.

요약하자면, 성서에는 한 교회가 다른 교회의 문제들이나 가르침이나 관습을 조정하거나, 지배하거나, 간섭할 자격이 있다는 증거가 없다. 교단 시스템은 이 원리를 저버린다.

사도행전 15장에 나오는 교회 협의

어떤 사람들은 반론을 제기하려고 사도행전 15장을 "모 교회"가 지배하는 케이스의 성서적 전례로 갖다 붙이려 했다. 그러나 이 본문을 주의 깊게 분석해보면 이것은 보증될 수 없는 적용임을 알 수 있다. 표면적으로는, 예루살렘교회가 다른 모든 교회 위에 일방적인 권위를 가졌기 때문에 바울과 바나바가 그 교회로 간 것처럼 보일 수 있다. 그렇지만, 이런 개념은 15장 전체를 문맥상으로 읽으면 무너지고 만다.

그 이야기를 전체로 보면 이렇다. 예루살렘교회에서 온 어떤 사람들이 안디옥교회에 거짓 가르침을 퍼뜨렸다. 바울과 바나바는 이 문제를 해결하고자 서둘러 예루살렘교회로 향했다. 왜 그랬을까? 그 가르침이 처음 예루살렘에서 시작되었기 때문이다. 행15:1-2, 24

만일 그 거짓 가르침이 안디옥교회에서 시작되었다면, 바울과 바나바는 그것을 그 지역에서 다루었을 것이다. 그러나 그 교리가 예루살렘교회에서 나왔기 때문에 두 사람은 그 거짓 가르침을 누가 소개했는지 알고 싶어서 예루살렘으로 향했던 것이다. 아울러 그들은 예루살렘의 장로들과 12 사도가 그것을 승인하지 않았다는 사실을 확인하고 싶었다.

그들이 도착한 후, 예루살렘교회에서 그 교리를 가르쳤던 사람들이 확인되었다.15:4-5 이것 때문에 임시 교회 회의가 열리게 되었고, 교회는 그 교리를 공개적으로 반박했다.6절 이하

그 회의에서 12 사도와 장로들과 교회 전체의 승인 아래 내려진 결정은 이방인 교회들 사이에 퍼져나갔다. 이것은 다른 교회들도 언젠가는 똑같은 곤란한 이슈에 직면하게 될 것을 염두에 둔 것이었다. 교회의 결정은 성령이 그것을 감동시켰고,15:28 교회가 그것을 승인했기 때문에 15:23, 28, 31 하나님의 권위를 담고 있었다.

이 이야기에서 이것 외에 다른 어떤 것을 읽는다면 그것은 그 배후에 있는 역사적 특수성을 심각하게 받아들이는 데에 실패했음을 의미한다. 그것은 본문 속에서 의미와 방향을 읽지 않고 자신의 편견을 집어넣어 본문을 읽는 한 예이다. 결과적으로, 권위있는 "모 교회" 사상엔 성서적인 지지가 결여되어 있다.

물론, 예루살렘교회는 다른 교회들에서 사랑을 받았고, 고맙게 여김을 받았고, 도움을 받았다. 롬15:26-27; 고후9:11-13 그러나 신약성서에는 예루살렘교회가 최고의 권위를 소유했다거나 다른 모든 교회가 그 교회에 예속되었음을 우리가 믿게 해주는 근거가 없다. 오히려, 각 교회는 자율적이었고 하나님께 직접 책임을 졌다. 다른 어떤 교회에 예속된 교회는 없었다.

교파주의는 자멸한다

교단 시스템의 또다른 문제는 자기가 보호한다고 주장하는 것을 자주 짓밟는데 있다. 그것이 세운다고 내세우는 것을 사실상 무너뜨린다. 고

대 로마 가톨릭을 움직였던 오도된 분파적 열심처럼, 개신교 교파주의도 그들을 반대하는 사람들 앞에서 너무나 자주 압제의 채찍을 가하는 인간 제도로 전락하고 말았다. 그들은 교단의 노선을 노련하게 변호한다. 그리고 의심스런 교리가 침입했다는 이유로 다른 사람들을 비난한다.

고린도교회의 그리스도인들이 자신들을 별도의 분파들로 분리시켰을 때 바울이 그들에게 호통을 친 이유가 바로 이것이다. 고전1:11-13; 3:3-4 오늘날 하나님의 가족이 열성적인 교파주의의 속박으로 눌려있는 것은 성서적으로 정당화될 수 없다. 그러나 오늘날 그것은 기독교 하위문화의 일부이고, 그것에 의해 위축된 사람은 거의 없다.

덧붙여 말하자면, 소위 교파가 없는 교회들, 초교파 교회들, 그리고 교파 연합운동을 하는 교회들도 주요 교단들 못지않게 계급적이다. 많은 현대 기독교 "운동들"도 마찬가지이다. 이 조직들도 역시 교파 시스템에 속해 있다.

더 놀랄 만한 것은 교파 시스템이 사실상 이단이 영구화되도록 돕는다는 사실이다. 자기가 억제한다고 주장하는 바로 그것을 말이다. 만일 각 교회의 자율적인 본성이 보존되었다면, 오류가 퍼져나가는 것이 그 지역으로 한정되었을 것이다. 그러나 교단 본부가 거짓 가르침에 감염되었을 때는 그 교단과 연결된 모든 교회가 같은 거짓 교리를 껴안게 된다. 따라서 이단사설이 널리 퍼지게 된다.

각 교회가 자율적일 때는 야심을 품은 거짓 교사가 등장해서 교회들을 집단으로 지배하기가 쉽지 않을 것이다. 아울러 "교황 같은 존재"가 생기는 것이 사실상 불가능할 것이다. 교단에서는 그렇지 않다. 관계성을 가진 모든 교회가 함께 서든지, 아니면 함께 무너지게 된다.

또한, 교단을 만드는 것이 이단을 초래하는 것이라고 충분히 주장할 만하다. 교단들은 그리스도인들이 자신들이 선호하는 교리나 관습을 따르려고 더 큰 그리스도인 무리에서 떨어져 나와서 새로운 운동을 시작할 때 형성된다.

이단heresy, 헬라어로 하이레시스, hairesis의 죄는 자신의 신조들을 따르기로 선택한 행위이다. 그래서 만일 어떤 사람이 그리스도의 몸을 분열시키려고 진리를 이용한다면, 그 사람은 그 진리와 함께 이단이 될 수 있다. 누가 그리스도인들을 서로 갈라놓으려고 정통 신앙을 이용한다면, 그 사람이 원칙적으로는 "정통"이지만 "이단"이 될 수 있다.

전형적인 제도권 교회가 교단에 의해 "커버링" 되는 것을 자랑거리로 삼지만, 실제로는 유기적인 교회들보다 직접적인 책임을 덜 제공받는다. 예를 들어, 일반적인 복음주의 교회에서 목사가 교인들을 "커버"한다고 알고 있지만, 이런 유의 교회들 대부분에서 교인 대다수가 목사를 거의 알지 못한다. 서로에 대해서는 말할 것도 없다. "교회를 다니는 사람들"이 보통 주일 예배 때 서로를 향해 세 개의 문장도 못되는 대화를 하는 것은 흔한 일이다. 이와는 대조적으로, 유기적 교회에서는 형제자매 모두가 서로를 친밀하게 안다. 여기엔 그 교회를 돕는 순회 사역자들도 포함된다. 살전5:12

무엇보다도, "교단적 커버링"은 인위적이다. 그것은 예수 그리스도의 교회를 계급사회로 바꿔버린다. 그런데 그것이 성서에 있는 예와 맞아떨어지기에는 턱없이 부족하다.

한 마디로, 교파 시스템은 하나의 그리스도의 몸을 종교적 파당성에 의해 산산이 부숴버렸다. 그것은 하나님의 가족을 분리된 종족들로 소외시켰고, 우리의 영적 형제 자매 관계를 끝없는 종교적 파당들의 늪으로 빠뜨렸다. 그리고 하나님의 사람들 사이의 교제에 금이 가게 했다. 그것은 그리스도의 몸을 여러 토막으로 난도질했고, 교회를 파편 조각들로 잘라냈고, 그리스도의 가족 하나에서 투쟁하는 씨족 수천을 낳았다. 충격적인 것은 오늘날 지구상에 3만 3천 개가 넘는 기독교 교단이 있다는 사실이다.89) 한 마디로, 현대 교단의 늪은 그리스도인의 영역 전체를 오염시켰다.

교파주의를 옹호하는 사람들은 이 시스템이 유익하다고 믿는다. 그들에겐, 여러 교파들이 그리스도의 몸에 속한 부분들을 대표한다. 그러나 교파 시스템은 신약성서의 원리와는 이질적이고, 그리스도인들의 하나됨과 상반된다. 그것은 성서적으로 정당화될 수 없는 인간의 분할에 기초하고 있다.고전1, 2, 3장 그것은 그리스도의 몸을 보는 굴절된 시각에서 생겨나왔다. 그리고 삼위일체 하나님의 통일된 다양성에 위배된다.

기독교 정통에 대한 소고

의심할 여지없이, 개신교의 목사 시스템, 성공회의 주교 시스템, 로마 가톨릭의 사제 시스템, 그리고 기독교의 교단 시스템 같은 제도권 교회 구조들의 단순한 적용은 결코 주님의 사람들을 교리적 오류에서 안전하게 보호할 수는 없다. 기독교 정통 노선에서 벗어난 수많은 독립 교회를 제외하곤, 많은 성직자 주도의 교단이 똑같은 경로를 밟아왔다.90)

신앙의 본질적인 교리들에 대한 그리스도교의 역사적 가르침은 교회를 성서의 궤도에서 벗어나지 않도록 하는 결정적인 역할을 한다. 수세기에 걸쳐, 그리스도인은 우리 신앙의 핵심적인 믿음을 보존해왔다: 예수 그리스도는 하나님이신 동시에 사람이시다, 주님은 처녀에게서 태어나셨다, 주님은 우리의 죄를 위해 십자가에서 돌아가셨다, 주님은 몸의 형태로 부활하셨다, 등등.

이 핵심적인 믿음은 어떤 한 교회의 전통이나 교단에 속하지 않는다. 그 대신, 그 믿음은 모든 진실한 신자의 유산이다. 그리고 그 믿음은 역사를 통틀어 교회의 목소리를 대변한다.

이 "신앙의 본질들"은 C. S. 루이스가 순전한 기독교Mere Christianity라고 불렀던 것을 구체화한다. 이것은 "거의 모든 그리스도인에게 항상 공통적이었던 믿음"이다.91) 따라서 신약성서적 교회의 생태학을 회복하기 위한 부름은 모든 신학적 이슈를 종교적으로 재검토하라는 요구로 전환하지 않는다. 또는 우리가 우리의 영적 조상들에게 물려받은 모든 것을 거부하지도 않는다. 동시에, 사도시대 이후의 모든 것은 면밀한 조사의 대상이고 사도적 전통 자체에 의해 평가되어야 한다.

유기적 그리스도교를 회복하기 위한 부름은 사도적 계시를 계속 고수해 온 과거의 모든 목소리 편에 서는 것이다. 그들이 역사적 교회의 어느 단계에 속했든지 관계없이. 초기의 교회는 기독교 진리의 토양에 뿌리내리고 있었다. 그리고 그 토양 안에 머무르는 것은 우리가 우리 이전을 살다간 사람들의 어깨에 올라 설 것을 요구한다. C. H. 스펄전은 다음과 같이 동의했다: "나는 한 손으로는 내가 이미 배워온 진리를 꽉 붙잡고, 다른 한 손은 내가 아직 알지 못하는 것들을 받아들이도록 활짝 열어놓을 작정이다."

무슨 권위로?

주 예수님께서 이 땅에 계셨을 때 당대의 종교 지도자들이 성가신 질문을 집요하게 던졌다: "네가 무슨 권위로 이런 일을 하느냐 또 누가 이 권위를 주었느냐."마21:23

아이러니한 것은, 오늘날 제도권에 있는 사람들 중 예수 그리스도만을 중심으로 모이는 성직자의 주도나 교단적 배경이 없는 단순한 공동체들을 향해 그와 같은 질문을 던지는 사람이 거의 없다는 사실이다. "누가 당신을 책임지는covering가?"는 본질적으로 "당신이 무슨 권위로 이런 일을 하는가?"와 똑같은 질문이다.

근본적으로, 교회에서 말하는 "커버링"의 현대적 개념은 살짝 가려져 있는 지배의 완곡한 표현이다. 이런 이유로, 그것은 하나님의 생각인 상호간의 복종과는 잘 들어맞지 않는다. 그리고 그것은 권위의 신약성서적 개념에서 대규모로 이탈했음을 드러낸다.

어떤 그리스도인들은 "커버링"의 개념에 관해 다소 큰 소리를 내지만, 그 개념은 1세기의 모든 그리스도인에게 반박당하고 말 것이다. 의심할 여지없이, 이념적인 분열, 교리적인 이단, 무정부적 독립, 그리고 개인주의적 주관성은 오늘날 그리스도의 몸에 재앙을 가져오는 심각한 문제들이다. 그러나 교파적/성직주의적 "커버링"은 이런 고질병들을 없애는 데는 형편없는 약이다.

진실로 "커버링" 가르침은 해결책으로 위장한 똑같은 문제의 증상일 뿐이다. 따라서 그것은 공식적 권위와 유기적 권위의 구분을 흐리게 함으로써 형편없는 개인주의와 독립심의 문제들을 복잡하게 만든다. 아울러 그것은 믿는 자들 사이에 거짓된 안정감을 조장한다. 동시에, 그것은 그리스도의 몸 안에 한층 더 분열을 일으킨다.

마찬가지로 심각한 것은, 영적인 일에 제사장으로서의 역할을 수행하려고 하나님께서 맡기신 책임을 이행하는 신자들에게 "커버링" 가르침이 예방접종을 한다는 사실이다. 의도적이든 그렇지 않든, "커버링" 교리는 수많은 그리스도인의 마음에 두려움을 심어놓는다. 그 교리는 믿는자들이 '안수 받은' 성직자나 교단의 허락 없이 영적인 일에 책임을 맡는다면 원수의 밥이 되고 말 것이라고 주장한다.

이것과 관련해서, 많은 성직자가 우리의 영적 안녕에 그들이 얼마나 필수적인 존재인지를 강조하면서 수많은 그리스도인의 활동 영역을 축소시킨다. 그들은 자신들이 교회 안에서 방향을 제시하고 안정을 제공하는데 없어서는 안 될 존재라고 강조한다. 그것은 "비전이 없으면 백성이 망한다"는 태고적 설교이다. 그러나 그것은 우리가 성직자 없이는 절망적으로 멸망하고 만다는, 판에 박힌 그들의 고립된 비전일 뿐이다.

이런식으로 커버링 가르침은 "커버되지 않은 사람들"이 그들에게 닥칠 모든 무서운 일에 대해 스스로를 탓해야 한다는 함축된 위협을 담고 있다. 그렇기 때문에, "커버링" 교리보다 몸의 사역을 더 마비시키는 것은 거의 없다.

간단하게 정리한다면, 만일 우리가 교회의 병들을 치유하고자 "커버링" 기술을 접목시켜서 기교를 부린다면 우리는 결국 그것이 치유하고자 하는 질병들보다 더 심한 병에 걸리고 말 것이다. 간단히 말해서, "커버링" 가르침은 예수님이나 바울이나 다른 사도들과는 별로 관계가 없는 아주 특정한 색깔과 감촉과 여운을 그 가르침과 함께 가져온다. 그것이 현대의 특별나게 가려운 곳을 긁어준다고 공언하지만, 하나님의 권위를 드러내고자 하나님께서 택하신 방법과는 동떨어진 것이다.

나의 판단으로는, 이단, 독립성, 그리고 개인주의의 병을 위한 영적 해독제는 "커버링"이 아니다. 그것은 하나님의 영에 대한 상호간의 복종이고, 그리스도인의 공동체 안에서 이해된 하나님의 말씀에 대한 상호간의 복종이고, 그리고 그리스도를 향한 경외심으로 서로를 향해 상호간에 복종하는 것이다. 이것에 미치지 못하는 것은 그 어떤 것도 그리스도의 몸을 보호할 수 없다. 그리고 이것 이하의 그 어떤 것도 교회의 열린 상처들을 치유할 수 없다.

짚고 넘어가야 할 질문들

? 초대교회가 교단을 만들지 않았고, 고린도 교인들이 스스로를 분열시킨 것에 대해 바울이 책망했다면, 어째서 우리는 오늘날 교단을 생각 없이 받아들이는가? 설명할 것.

? 교단이나 종교 단체와 결탁하지 않기로 선택한 교회들과 사역을 향해 비난을 퍼붓고 우쭐댄다면 우리가 어떤 영적 위험에 빠질 수 있는가? 설명할 것.

? 만일 우리가 교회 안에서의 관계성을 위해 교파 시스템이나 성직 시스템 대신 삼위일체 하나님의 공동체에서 지시를 받는다면 무슨 일이 벌어질 것인가? 설명할 것.

14장
다시 그려보는 사도적 전통

종교개혁을 감행한 위대한 교회들에 속한 모든 사람이 그 고유의 훌륭한 전통을 발전시켰고, 오늘날 그 전통이 성서 해석과 교리의 정립 방식뿐만 아니라 삶의 총체적인 모습과 방향에 엄청난 영향력을 행사한다는 것에는 의심이 있을 수 없다. 이 사실에 눈을 감는 사람들은 단지 전통의 지배적인 힘이 부지불식간에 그들 생각의 규범과 표준이 되어왔다는 이유 때문에 그것에 가장 예속된 사람들임에 틀림없다. 지금 이 때가 하나님의 말씀이 정말 우리들 가운데 막힘없이 흐르는지, 그리고 그 말씀이 결국 사람의 전통에 의해 묶이고 속박 당하지는 않는지에 대해 우리가 다시 질문을 던질 적당한 때이다. 말할 것도 없이, 비극은 우리 교회들의 구조가 관행과 절차에 의해 자라온 경직화된 전통들을 대표한다는데 있다. 그리고 그 구조가 하나님의 말씀조차 그것을 거의 깨뜨려 열 수 없을 정도의 자기 합리화로 매우 굳어져왔다는데 있다.

토마스 F. 토런스

전통은 죽은 자들의 산 믿음이고, 전통주의는 산 자들의 죽은 믿음이다.

야로슬라프 펠리칸

사실상 그리스도의 몸에 있는 각 부분은 그들이 영적 조상들에게 물려받은 역사적 전통들에 근거해서 움직인다. 어떤 교파들에서는, 이 전통들이 그들의 지체들을 단결시키는 조직을 포함한다. 그 전통들은 신앙고백, 신조, 그리고 규범을 통해 교회의 목적을 정의한다.

이런 추세에 대한 반응으로, 많은 신 교단 운동가는 "전통"이라는 말의 기미만 있어도 금기시 한다. 그리고 판에 박힌 관행이나 속박하는 관행은 그 어떤 것이라도 그들 자신과 거리를 멀리 두었다. 흥미로운 것은 전통의 영향에서 자유롭다고 주장하는 대부분의 교회들이 그들 자신의 전통을 만들어왔다는 사실이다.

이 두 가지 추세의 아이러니는 여기에 있다. 관심이 주로 사람이 만든 경직된 교회 전통에 가 있었다. 그러나 예수 그리스도의 사도들에 의해 전해진 하나님의 전통에는 거의 주목하지 않았다.

이 전통에 대해 암시한 다음 구절들을 숙고해보라:

그러므로 내가 너희에게 권하노니 너희는 나를 본받는 자가 되라 이로 말미암아 내가 주 안에서 내 사랑하고 신실한 아들 디모데를 너희에게 보내었으니 그가 너희로 하여금 그리스도 예수 안에서 나의 행사 곧 내가 각처 각 교회에서 가르치는 것을 생각나게 하리라. 고전4:16-17

너희가 모든 일에 나를 기억하고 또 내가 너희에게 전하여 준 대로 그 전통을 너희가 지키므로 너희를 칭찬하노라. 고전11:2

논쟁하려는 생각을 가진 자가 있을지라도 우리에게나 하나님의 모든 교회에는 이런 관례가 없느니라. 고전11:16

그러므로 형제들아 굳건하게 서서 말로나 우리의 편지로 가르침을 받은 전통을 지키라. 살후2:15

형제들아 우리 주 예수 그리스도의 이름으로 너희를 명하노니 게으르게 행하고 우리에게서 받은 전통대로 행하지 아니하는 모든 형제에게서 떠나라. 살후3:6

사도적 전통이 아닌 것

사도들의 전통은 사도들이 만든 다음 체계화시켜 정해진 일련의 규율이 아니다. 그것은 또한 교회가 실행해야 할 관습을 위한 상세한 설명서도 아니다. 사실을 말하자면, 그런 설명서는 존재하지 않는다.

1장에서 언급한 바와 같이, 어떤 사람들은 "성서를 청사진으로 사용"하는 개념을 붙들고 있다. 이 패러다임에 의하면, 신약성서는 교회의 관습을 위한 상세한 설명서이다. 우리가 단순히 초대교회의 관습들을 공부해서 모방하기만 하면, 마술처럼 "신약성서적 교회"가 탄생한다는 것이다.

그러나 이런 견해는 두 가지 잘못을 범한다. 첫째, 그것은 신약성서를 고대 유대 율법의 현대판 복제품으로 둔갑시킨다. 둘째, 성서를 청사진으로 사용하는 모델을 고수하는 사람들은 "신약성서적 교회"를 만들도록 어떤 관습들을 따라야 하는지를 놓고 서로의 의견이 엇갈린다.

예를 들면, 어떤 사람들은 방언, 표적, 기사, 그리고 치유에 초점을 맞춘다. 그들은 만일 교회가 이런 것들을 시행한다면 순수한 "신약성서적 교회"가 세워질 것이라는 주장을 편다. 또 어떤 사람들은 주의 만찬을 식사로 거행하는 것에 초점을 맞춘다. 여러 명의 장로를 두는데 초점을 맞추는 사람들도 있고, 예수님의 이름으로 새로운 회심자에게 침례세례주는 것에 초점 맞추는 사람들도 있다. 그리고 또 어떤 사람들은 가정집에서 모이는 것에 초점을 맞춘다. 이 목록은 끝도 없다.

요점: 교회 규칙의 정해진 형식에 엄밀한 법적 정확성을 요구하고 외면적으로 신봉하는 것은 결코 하나님께서 원하시는 것이 아니었다. 그런 냉랭한 형식주의는 오직 죽음을 불러올 뿐이다. 아울러 그것은 그리스도의 몸에 있는 유기적인 생명을 질식시킨다. 존 W. 케네디가 언젠가 말했듯이, "예수 그리스도의 교회는 살아있는 몸이지, 시체가 아니다. 모양만 갖춰서는 절대로 교회라 할 수 없다. 모양을 갖추는 것, 즉 단순히 사람들이 함께 모인다고 해서 교회가 되지 않는다는 사실은 아무리 강하게 강조해도, 아무리 자주 강조해도 결코 과하지 않다. 교회는 조직될 수 없고, 태어나야만 한다."92)

이런 이유로, 신약성서는 교회 관습을 위한 상세한 청사진을 우리에게 제공하지 않는다. 그러므로 사도들의 편지에서 메대와 바사의 법처럼 변경될 수 없는 경직된 교회 법전을 뽑아내려는 것은 엄청난 잘못이다. 그런 기록된 법전은 십자가의 반대편에 속한다.

물론, 이것이 신약성서가 교회 관습에 관해 침묵한다는 뜻은 아니다. 절대로 그렇지 않다. 그러나 신약성서는 교회 관습을 위한 지침서가 아니다. 그것은 오히려 에클레시아라고 불리는 살아 숨 쉬는 생명체가 이 땅에서 어떻게 자신을 표현하는지를 보여주는 기록이다.

교회가 유기적임을 이해하는 것이 신약성서가 방법론이나 기교로 변질되는 것에서 우리를 지켜준다. 그것은 또한 우리로 하여금 교회가 형식상의 정해진 패턴을 따르는 것보다 훨씬 더 고차원적인 뭔가와 밀접한 관계가 있음을 보게 해준다.

분명히 해야 할 것: 하나님의 영은 결코 우리를 외적 형식을 모방한 것을 바탕으로 한 죽은 전통으로 인도하지 않을 것이다. 그 대신, 성령은 언제나 삼위일체 하나님 안에 존재하는 유전자DNA에 의해 역사한다. 왜냐하면, 교회가 바로 그 유전자를 소유하기 때문이다.

다르게 표현하자면, 하나님은 살아계신 인격이시다. 그렇기 때문에, 하나님은 자신의 고유한 신적 본성을 따르는 특정한 습관과 성향을 갖고 계신다. 사도적 전통은 단순히 그 습관과 성향의 물리적 표현이다.

전통의 자리를 회복하기

전통의 신약성서적 단어는 헬라어의 파라도시스paradosis이다. 그것은 '물려받은 것'이라는 뜻이다.

그렇다면, 사도적 전통이란 무엇인가? 첫째, 그것은 예수님의 이야기와 가르침을 포함한다. 이것은 복음서 안에 실려 있다. 둘째, 그것은 모든 교회에 전해진 사도들의 지침과 관습들을 포함한다.고전11:23 이하; 15:1-3; 벧후3:1-2

그러므로 사도적 전통은 예수 그리스도의 교회의 표준이 되는 믿음과 관습을 대표한다. 모든 교회를 위해 정해진 믿음과 관습.고전4:16-17; 11:16; 14:33-38 93)

달리 말해서, 사도적 전통은 1세기에 사도들이 각 교회에서 본을 보여준 유기적 관습들이 구체화된 것이다. 그것은 하나님께서 그분의 새 포도주를 보존하도록 만드신 새 가죽부대에 담긴 관습들이다. F. F. 브루스는 사도적 전통을 지칭해서 이렇게 말했다: "바울은 그가 세운 교회들을 통틀어 일정한 관습의 어떤 면을 보존하는 데에 실제로 중점을 둔 것 같다."94)

간단히 말해서, 만일 우리의 교회 관습들이 영적인 삶에서 생겨났다면, 그것들은 사도적 전통과 조화를 이룰 것이다. 결과적으로, 신약성서에 기록된 것을 역사와 무관한 것으로 여기면 안 된다. 그것은 우리의 교회 관습들이 건전한 기초를 가졌는지 아닌지를 시험하는 척도이다.

어떤 사람들은 만일 우리가 성령의 인도를 올바로 따른다면 신약성서의 가르침과 관습에 주의를 기울일 필요가 없다는 주장을 펼친다. 그러나 이런 주장은 우리가 성령의 인도와 우리 자신의 생각을 쉽게 혼동하는 완벽하지 못한 존재라는 사실을 무시한다. 인간의 전통을 하나님의 뜻과 혼동하기가 상대적으로 쉽다는 것은 말할 것도 없고. 따라서 우리가 우리를 인도하는 근원을 찾으려면 우리의 교회 관습이 성서적 기반 위에 있어야 한다.

사도적 전통을 무시하는 것은 알지 못하는 사이에 우리의 오도된 느낌과 근거 없는 생각을 성령의 인도로 대체하는 위험한 자리로 우리를 갖다 놓는다. 신약성서는 믿음과 실천을 위한 우리의 표준이다. 공동체의 삶뿐만 아니라 개인의 행실에서.

볼테르는 언젠가 다음과 같이 말했다: "하나님께서 그분의 형상을 따라 사람을 만드셨고, 사람은 그 은혜에 보답했다." 마찬가지로, 하나님께서 교회를 자신의 형상을 따라 만드셨고, 사람은 그 은혜에 보답했다. 우리가 초대교회의 기록을 무시하고 그 기록이 교회가 가진 영적 유전자의 활동을 묘사한 것임을 인식하지 못할 때, 결국 타락한 인간의 모습으로 된 교회를 만들게 된다.

말하고자 하는 것은 이것이다. 만일 성서가 교회에 관해 교훈과 본보기에 의해 가르친다는 것을 우리가 무시하면, 우리 자신의 모습을 따라 교회를 만드는 치명적인 오류를 범할 위험에 처하게 된다. 그리고 이것이 정확히 오늘날 우리가 이 땅에 만들어놓은 바로 그것이다.

현대 복음주의는 어디서부터 빗나갔는가?

교회는 유기체이지만, 분명 형태또는 모습, form를 갖고 있다. 당신의 육체를 보라. 그것은 살아있는 실체이다. 하지만 그것은 특유의 형태 곧 특별한 표현을 갖고 있다. 그리고 그 표현 안에는 특정한 조화와 질서가 있다.

그리스도의 몸이 함께 모일 때는 언제든지 어떤 모습이 궁극적으로 나타나게 될 것이다. 그 모습은 자유로울 수도 있고 강압적일 수도 있다. 성서적일 수도 있고 비성서적일 수도 있다. 유익할 수도 있고 해로울 수도 있다. 그러나 그것은 언제나 존재한다.

하워드 스나이더의 말을 빌리자면, "모든 생명은 형태를 가져야 한다. 형태가 없는 생명은 병들고 죽는다; 스스로 생명을 지탱할 수 없기 때문에 멸망하는 것이다. 이것은 모든 생명이 똑같다. 그것이 사람이건, 영적 존재건, 식물이건 관계없이. 왜냐하면, 하나님은 자신이 창조하신 세계 안에서 일관성이 있으시기 때문이다."95)

사실, 예수 그리스도의 교회 안에는 질서와 생명–형태와 기능–이 둘 다 있다. 그리고 만일 교회가 그 유기적인 본성유전자에 의해 활동하면, 특정한 모습을 드러낼 것이다.

오늘날의 많은 복음주의자는 오직 성서에 "뚜렷하게 명령된" 것들만이 구속력을 갖는다는 무지한 사상을 받아들였다. 따라서 다른 모든 것은 무시해도 안전하다고 생각한다. 아이러니한 것은 이 사상을 신봉하는 사람들 대부분이 실제로는 그것을 부인한다는 사실이다.

똑같이 문제가 되는 것은 오직 신약성서의 "명령들"에만 유의해야 한다는 개념이다. 그 "관습"에는 관련이 없고 시대에 뒤졌어도 말이다. 이 사상은 많은 그리스도인을 속여서 교회의 유전자를 거스르는, 인간이 고안해낸 많은 관행을 받아들이도록 했다. 예를 들어, 사례비를 받는 성직자, 단일 목사제도, 리더십의 계급구조, 교파, 그리고 바실리카 같은 공간 "교회"와 똑같이 여기는 안에서의 강대상-회중석 스타일 예배의식은 전부 다 그리스도의 몸이 갖는 유기적 본성과 일치하지 않는다.96)

요점: 표준 사도적 명령들이 현대 교회를 잡아매고 있다. 그러나 표준 사도적 관습들 또한 마찬가지이다. 내가 표준이라고 할 때 그것은 영적인 숨은 뜻을 담고 있고, 또 그리스도의 몸에 있는 유기적인 본성이 표출되어 나타난 관습들을 의미한다.

그런 관습들은 단지 이야기가 아니고, 규정하는 힘을 가지고 있다. 이것은 그 관습들이 하나님 자신의 변치 않는 본성을 반영한다는 뜻이다. 또 그 관습들은 하나님의 사람들이 신적 생명에 의해 함께 살 때는 언제든지 문화나 시간과는 무관하게 자연적으로 생겨난다.

이것과 관련해서, 사도행전과 서신서들은 사도적 전통에 관한 언급으로 가득하다. 바울은 고린도전서 4장 17절에서 그가 어떻게 "각처 각 교회에서" 그의 행사를 가르쳤는지를 표명한다. 바울의 생각엔, 교리와 의무, 믿음과 행동, 삶과 실천이 분리될 수 없다.

요약하자면, 사도적 전통에 포함되는 것은 과거와 현재의 모든 교회에게 표준이 된다. 다음과 같은 바울의 권면이 우리의 교회생활을 안내하도록 고려해야 한다: "내가 너희에게 전하여 준 대로 그 전통을" 지키고 "내게 배우고 받고 듣고 본" 것을 실천하라.

신학과 실천 사이의 상관관계

사도적 전통을 지키는 것은 1세기 교회의 이벤트를 재현한다는 의미가 아니다. 만약 그렇게 한다면, 우리는 등불을 많이 켠 윗다락에서 모임을 가져야 할 것이고,행20:8 지도자를 세울 때 제비를 뽑아야 할 것이고,행1:26 또 기도 시간에 지붕으로 올라가야 할 것이다.행10:9 1세기의 모든 신자들처럼 말하고, 샌들을 신고, 토가를 입는 것은 말할 것도 없고.

그런게 아니라, 사도적 전통을 지킨다는 것은 초대교회의 경험 속에서 신학적으로, 그리고 영적으로 중요했던 것이 무엇인지에 충실하다는 의미이다. 그러므로 사도적 전통은 1세기 교회의 관습들을 재현하는 것과 무시하는 것 사이의 균형을 나타낸다.

사실인즉, 오늘날 우리에게 표준이 되는 초대교회의 관습들이 많이 있다. 이 관습들은 문화적으로 조절되지 않는다. 그 대신, 그 관습들은 삼위일체 하나님의 유기적인 본성을 타고난 것이고, 또 성서적 신학에 깊이 뿌리 내리고 있다. 그것들은 활동하는 교회의 유전자이다. 따라서 그것들은 신적 목적을 표현하기 위한 신적 수단이다.

그것을 한 문장으로 표현하면, 사도적 전통은 교회가 그 주된 뿌리를 삼위일체 하나님까지 거슬러 올라갈 수 있는 영적 생명체라는 사도적 가르침을 구체화한다. 다음의 예들을 숙고해보라:

▫ 모두가 참여하는 열린 교회 모임은 전신자 제사장주의와 그리스도의 몸 안에서 모든 지체가 역할을 수행한다는 확고부동한 교리에 그 근거를 굳건히 두고 있다. 그것은 또한 삼위일체 하나님 안에 있는 상호간의 자기희생적 교류의 유기적 흐름이다. 이와는 대조적으로, 전문 성직자만 활동적이고 나머지 교인들은 수동적인 예배의식과 교회를 동일시하는 것은 성서적 원리와 삼위일체 하나님의 유기적 본성 둘 다에 위배된다. 제2장을 참조할 것

▫ 주의 만찬을 교회의 공동 식사로 거행하는 것은 예수 그리스도의

중심성과 신자 공동체의 언약관계를 토대로 한 것이다. 그것은 또한 종종 먹는 것과 마시는 것으로 그려지는, 삼위일체 하나님 안의 신적 생명에 함께 참여하는 것을 구체적으로 표현하는 것이다. 이와는 대조적으로, 주의 만찬을 성직자 주도 아래 식사와는 동떨어진 의식으로 치르는 것은 사도적 전통에서 이탈한 것이고, 삼위일체 하나님 안에서 벌어지는 상호간의 참여에 위배된다. 제3장을 참조할 것

▫ 가정집 교회 모임은 교회가 친밀한 공동체, 즉 상호간에 나눔을 갖고 덕을 세우는 끈끈한 넓어진 가족이라는 사실에 전적으로 달려 있다. 따라서 그 모임은 성령을 통한 하나님 아버지와 아들 사이에 흐르는 가족의 사랑을 구체화시키기 위한 가장 좋은 환경을 제공한다. 이와는 대조적으로, 건축양식이 회중의 수동성을 조장하는 건물 안에서 이런 요소들을 구체화시키는 것은 사실상 불가능하다. 4장과 5장을 참조할 것 덧붙이자면, 신성한 건물의 개념은 예배가 신성시되면 안 된다는 예수님의 가르침에 모순된다. 요4:21-24

▫ 교회의 하나 됨을 실제적으로 표현하는 것은 몸이 오직 하나라는 신약성서의 가르침에 뿌리를 둔다. 그것은 또한 아버지와 아들과 성령이 삼위일체 안에서 나눔을 갖는 통일된 다양성과 하나 됨에 근거를 둔 것이다. 교파 시스템은 이 원리를 위반하고 그리스도의 몸과 삼위일체 하나님 안에 존재하는 분할될 수 없는 하나 됨을 왜곡시킨다. 제6장을 참조할 것

▫ 돌보는 사람이 여러 명인 것과 합의에 의해 의사결정을 하는 것은 예

수 그리스도께서 그분의 교회의 머리라는 성서적 가르침에 굳게 뿌리를 둔다. 그것은 또한 삼위일체 하나님 안의 공동으로 하는 의사결정에 근거를 둔다. 이와는 대조적으로, 단일 목사제도 또는 장로들에 의한 통치는 그리스도의 머리되심을 대신하고 삼위일체 하나님 안에 근거를 둔 의사결정의 유기적인 원리에 모순된다.8, 9, 10장을 참조할 것

물론, 위에 언급한 것들 외에도 다른 1세기의 관습들이 있다. 순회 사도적 일꾼들에 의한 교회 개척; 복음 증거; 선교적 삶; 사회를 향한 사역; 새로운 회심자의 침례세례; 그리고 사도적 일꾼 훈련하기 등이 그 예에 속한다.97)

그렇다면, 사도들의 전통은 사실상 삼위일체 하나님 안에 뿌리를 둔 교회의 유기적 본성과 연결되어 있다. 그리고 그 본성은 신약성서의 확고부동한 가르침에 바탕을 둔다.

이런 이유로, 성령이 교회가 태어나도록 주권을 행사할 때 교회는 성서적인 방식에 의해 자발적으로 모일 것이다. 교회는 사도적 전통을 이루도록 성령의 인도를 받을 것이다. 바울이 말한 것처럼, 성령을 따르는 사람들"영적인" 사람들은 교회 관습에 관하여 사도적 전통에 충실하게 될 것이다.고전14:37

유감스럽게도, 사도들의 전통은 오늘날 아주 무시된다. 그것이 많은 현대 그리스도인의 눈에는 시대에 뒤떨어진 것으로 보인다. 달리 말해서, 사도적 전통은 인간적 전통의 산 밑에 파묻혀버렸다.

사도적 전통의 중요성

바울은 사도적 전통에서 떠난 사람들을 향해 다음과 같이 이례적으로 날카롭게 반응했다:

> 하나님의 말씀이 너희로부터 난 것이냐 또는 너희에게만 임한 것이냐 만일 누구든지 자기를 선지자나 혹은 신령한 자로 생각하거든 내가 너희에게 편지하는 이 글이 주의 명령인 줄 알라 만일 누구든지 알지 못하면 그는 알지 못한 자니라. 고전14:36-38

놀라운 것은, 그리스도인들의 모임이 그들 스스로 만들어낸 형식들을 고수하려고 사도적 전통을 저버리고도 계속해서 하나님께 복을 받을 수 있다는 사실이다. 이것은 많은 사람으로 하여금 신약성서의 기록이 중요하지 않다 라는 결론을 내리게 했다. 그러나 이런 결론은 아주 잘못된 것이다. 우리는 하나님의 복이 하나님의 인정과 같다는 생각에 속아 넘어가서는 안 된다.

이스라엘의 역사는 자신들을 위해 하나님의 길을 등한시하는 사람들에게 하나님께서 여전히 복을 내리실 수 있음을 우리에게 가르쳐준다. 이스라엘의 광야생활을 통틀어, 하나님은 하나님 백성의 필요를 채워주셨다. 이것은 하나님과 그들의 사이가 계속해서 좋지 않았음에도 불구하고 벌어진 사실이다.

이스라엘 백성이 하나님의 뜻에 반항하여 왕을 달라고 아우성쳤을 때, 하나님은 그들의 세속적인 욕망에 자신의 뜻을 굽히셨다. 삼상8:1 이하 그리고 그들의 불순종에도 불구하고 그들에게 계속해서 복을 내리셨다.

하지만 그들이 제멋대로 내린 결정은 비극적인 결과를 초래했다. 삼상8:11-18 이스라엘이 허다한 악한 군주들 아래서 그 자유를 잃게 된 것이다. 그리고 하나님께서 내리신 일련의 심판을 받았다. 슬프게도, 이스라엘의 상황과 땅에 사로잡힌 사람 주도의 종교 시스템을 선택한 많은 "교회" 사이에 유사점이 있다.

따라서 이것은 반복해서 말할 가치가 있다: 하나님의 복은 하나님의 인정과 동일하지 않다.

하나님은 인자가 무한하시기 때문에 복을 주실 무슨 근거를 찾으신다면 그 누구에게도 복을 주실 것이다. 그러나 그들이 하나님의 길 대신에 자신들의 길을 선택할 때는 언제든지 하나님의 복을 제한하게 된다.

교회가 우리에게 속한 것이 아니고 하나님께 속한다는 사실을 우리가 얼마나 빨리 잊어버리는가! 교회 관습에 관해 우리 자신의 생각을 따르는 것은 우리의 타락한 본성의 일부이다. 그리고 우리 자신의 전통을 소중히 여기는 것; 우리 자신이 개인적으로 선호하는 것을 높이는 것; 예수님과 사도들이 우리에게 물려준 것을 따르는 것보다 성공에 대한 우리 자신의 생각에 들어맞는 것을 제도화하는 것.

우리는 누구의 집을 세우는가?

성서의 명백한 주제는 하나님께서 하나님의 집에 관한 중대한 결정을 사람이 하도록 남겨놓지 않으셨다는 사실이다. 그것은 하나님께서 하나님의 방식대로 세우시는 하나님의 집이다.

결과적으로, 하나님의 주된 관심은 집의 크기가 아니다. 그것은 집이 무엇으로 구성되는가 이다. 고전3:9-15 하나님의 눈에는, 우리가 어떻게 세우고, 무엇으로 세우냐가 집의 크기보다 더 중요한다.

시편 기자는 이렇게 선포한다: "여호와께서 집을 세우지 아니하시면 세우는 자의 수고가 헛되며". 시127:1 하나님만이 홀로 "설계와 건축의 대가"이시다.히11:10 특히 하나님 자신의 거주지에 관해서는 더 그렇다.

하나님의 일에서, 지배적인 원리는 언제나 "여호와여 … 주께서 우리의 모든 일도 우리를 위하여 이루심이니이다"이다.사26:12 "문화적으로 적절한" 교회의 사상을 수용하는 사람들은 교회가 인간이 아닌 하나님께 속한다는 사실을 잊어버리는 경향이 있다. 교회는 인간에 불과한 존재로 하여금 실험해보도록 주어진 장난감이 아니다. 또는 원하는 방법대로 만들어보라고 "사역자들"이라는 특별한 계층에게 주어진, 그들만의 전유물도 아니다. 그것은 특정한 표현을 가진 유기적이고 살아있는 존재이다. 그리고 그것은 우리 주님께 속한다.

하나님의 언약궤를 수레에 실었던 다윗 왕의 주제넘은 행동에 관한 비극적인 이야기가 하나님의 일은 하나님의 방법으로 해야 한다는 것을 요약해서 증거하고 있다.삼하6:1-7 거룩한 언약궤를 수레 위에 실었던, 사람에 의해 고안된 방법은 실용적인 현대인들의 마음에는 들 것이다. 하지만 그 사상은 이방 블레셋 사람들에게 빌려온 것으로써 하나님의 평범한 지시와는 상반되는 것이었다.출25:12-16; 민4:5-15 98)

어쩌면 다음의 간단한 예화가 내가 이 장에서 전달하려고 했던 것의 비중을 느끼도록 도울지도 모른다. 당신이 집에 방 하나를 더하려고 목수를 고용했다고 가정해보자. 당신은 그 방이 어떤 식으로 지어져야 하는지를 명시한 설계도를 그려서 그것을 목수에게 자세히 설명해주었다.

그런데 일주일 동안 휴가를 다녀온 당신은 새로 지어진 방을 보고 쇼크를 받았다. 그 방이 당신이 목수에게 그려준 설계도와 달라도 너무 달랐기 때문이다. 당신이 목수에게 어째서 나의 계획을 충실하게 따르지 않았느냐고 물었더니, 그는 이렇게 대답했다: "내 아이디어가 당신의 것보다 더 낫다고 생각했습니다."

우리가 하나님의 집을 놓고도 똑같은 식으로 하지 않았는가?

유감스럽게도, 수많은 그리스도인이 주인과는 상의하지도 않고 하나님의 집 안에 있는 영적 가구를 재배치하는데 가책을 느끼지 않았다. 비극적인 것은 다윗이 아직도 거룩한 언약궤를 블레셋 수레 위에 싣고 있다는 사실이다. 그리고 웃사라는 사람의 손이 계속해서 그것을 붙들려한다는 사실이다.

우리가 너무 어리석지 않기를!

짚고 넘어가야 할 질문들

[?] 당신은 우리 자신이 선호하는 것을 위해 신약성서의 원리들을 변경하고 사도들의 전통을 무시할 권리가 우리에게 있다고 믿는가? 설명할 것.

[?] 오늘날의 교회 안에 있는 문제들 중 여러 명이 담당하는 돌봄 사역을 계급적 형태의 정치구조로 대체한 결과는 무엇일까? 모두가 참여하는 열린 모임을 수동성을 조장하고 역할수행을 억누르는 프로그램 중심의 사람이 주도하는 예배의식으로 대체한 결과는? 그리고 몸의 유기적 표현을 고용된 전문가들에 의해 운영되는 비즈니스 조직으로 대체한 결과는? 설명할 것.

[?] 만일 당신의 교회 관행들이 신약성서의 계시와 대립된다면, 당신은 계속해서 그것들을 지지할 것인가? 설명할 것.

15장
우리는 여기서 어디로 가야 하는가?

"기독교"라고 불리는 것, 그리고 "교회"라고 불려왔던 것은 유대교가 한 때 고정되고, 뿌리내리고, 정착했던 것처럼 전적으로 전통, 제도, 그리고 시스템이 되어왔다. 그리고 유대교에서와 마찬가지로 그것을 근본적으로 바꾸려면 적지 않은 대가를 치러야 할 것이다. 표면적인 조정은 할 수 있지만, 그리고 하고 있지만, 정말 큰 문제를 해결하는데 있어 필수적인 변화에는 아주 비싼 값을 치러야 한다. 주님께서 지상에 계시던 때처럼, 사람들이 결코 대가를 치르지 않을 것을 하나님께서 아시기 때문에 근본적인 빛이 그리 많은 사람에게 주어지지는 않을 것이다. 옛날처럼 하나님의 응답으로 인도될 "남은자"에게만 주어질 것이다. 왜냐하면, 그들은 어떤 대가를 치르더라도 그 요구를 충족시킬 것이기 때문이다.

T. **오스틴 스팍스**

권위의 구조를 포함해서 모든 교회 구조는 생명에서 자연스럽게 생겨나야 한다. 강생명은 그 자체의 강바닥구조을 만든다. 우리는 강바닥구조을 만든 다음 강생명을 우리가 공사한 곳으로 불러들일 수 없다. 그 대신, 강은 흐르고, 흘러가는 대로 그 자체의 강바닥을 만들어낸다. 마찬가지로, 교회 안에서의 성령에 의한 생명도 그 자체의 구조를 형성할 것이다. 그렇지만, 교회의 기초적인 구조는 성서에 제시되어 있으므로, 형성되어가는 구조를 점검하도록 검토되고

재검토되어야 한다. 성령은 말씀에 위배되는 구조들은 만들어내지 않는다.

루디 레이

나는 이 책에서 예수 그리스도의 교회가 그 원래의 기초에서 발전한 것이 아니라 그 기초에서 떠났음을 주장했다. 교회 지도자와 학자와 신학자들을 포함한 많은 그리스도인이 나의 주장에 동의할 것이다. 그렇지만, 이 상황을 치유하도록 무엇을 해야 하는지에 대해서는 모두가 다 동의하지 않는다.

어떤 사람들은 제도권 교회를 속에서부터 새롭게 해야 한다는 생각을 지지해왔다. 그러나 이미 고착된 교회를 개선하고자 했던 사람들은 심각한 저항과 좌절을 경험해야 했다.

내 경험으로는, 교회에서 비성서적 성직자제도가 제거되지 않는 한, 교회생활의 유기적인 본성을 회복하려는 노력은 방해받게 될 것이다. 다음과 같은 실망스런 결과가 일어날 확률이 아주 높다: 목사는 위협을 느낄 것이고; 스태프는 현상유지가 붕괴되는 것에 저항할 것이고; 교인들은 공황상태에 빠질 것이고; 신자 개개인은 완전히 혼란스러워할 것이고; 그리고 변화를 부르짖는 사람들은 개인적인 공격의 목표물이 될 것이다. 그렇다면, 제도권 교회를 개혁하고자 하는 몇몇 최근의 운동에 대해 간단히 살펴보기로 하자.

그 전에 먼저 몇 가지 소개할 것이 있다. 첫째, 나는 다음에 살펴볼 운동 전부에 대해 하나님께 감사한다. 의심할 여지없이, 하나님께서는 그 운동 모두를 사용해오셨다. 둘째, 만약 우리가 교회의 개혁을 위한 해답으로써 그것들을 받아들인다면 종국에는 하나님께서 손해를 보실 것이라고 굳게 믿기 때문에, 나는 실례를 무릅쓰고 그 운동들에 대해 비평하고자 한다. 여기에 덧붙여서, 내가 멀리서 그것들을 비평하는 것이 아니고, 내 인생 언젠가 한 때에 그 운동 전부를 경험해보았다.

셋째, 나는 나의 평가가 완전히 틀릴 수 있음을 인정하고 순순히 바로잡을 각오가 되어있다. 넷째, 다 살펴본 후에 나는 다른 대안을 제시할 것이다. 틀림없이, 그것들을 마음껏 비평하는 사람들이 있을 것인데, 나는 대환영이다. 다만 그들이 비평하고자 하는 것에 대해 먼저 그들 스스로 경험하기를 부탁하는 바이다.

초대형 몰Supermall에서 쇼핑하기

초대형 매장식 대교회를 지향하는 추세가 교회 개혁의 실패한 시도들 중 한 예라고 볼 수 있다. 이벤트에 의해 움직이는 쇼핑몰 교회들이 오늘날 미국의 모든 사회적 단면에 맞는 맞춤형 전문 가게들을 만들어냈다. 혼자 자녀를 키우는 부모를 위한 사역, 회복의 12 단계, 가정 사역, 혼전 커플 사역, 청소년을 둔 부모를 위한 사역, X 세대 사역에서 워킹맘을 위한 사역, 비즈니스맨을 위한 사역, 배우들을 위한 사역, 예술가들을 위한 사역, 댄서들을 위한 사역까지.

대형 교회들은 마케팅에 특출하게 능한 사람들에 의한 광고를 통해, 그리고 가공할만한 "성장 산업" 사고방식에 이끌려 매주 일요일 수천 명의 사람들을 매혹시켜 거대한 공연장으로 모은다. 그들은 최신 교회성장 전략과 조직방법과 마케팅 기법을 사용한다.

대형 교회들은 흠 없는 멀티미디어 예배를 제공하고, 단합대회 같은 종교 의식을 공급하고, 첨단기술에 의한 시각효과를 준다. 그들은 다량의 희극적 기분 전환 요소가 섞인, 단단한 대본으로 짜인 복음 연설을 소유한다. 그리고 일반적으로 담임목사의 두드러진 카리스마에 초점을 맞춘다.

그들은 안무를 곁들인 무결점 드라마를 공연하고, 항상 다채로운 색깔의 복장을 하는 유명인들의 빈번한 방문을 유도한다. 그들은 모든 소비자의 필요를 충족시키도록 설계된 관심 그룹들을 무수히 갖추고 있다.

결국, 대형 교회들은 대중에게 최소의 헌신과 좁은 시야와 적은 희생을 대신하는 이런 매스 마케팅 종교적 자원들을 제공한다. 간단히 표현하자면, 대형 교회 운동은 하나님나라를 세우는데 있어 시장 주도의 접근방식을 활용하는 비즈니스 기업 패러다임을 바탕으로 한다. 이런 종류의 교회들이 성공적으로 그들의 순위를 부풀리는 것은 놀랄 일이 아니다.

유감스럽게도, 이렇게 크고 화려하고 조직적인 종교 세계의 월마트들에 매력을 느끼는 사람들은 오직 그리스도만을 중심으로 하는 단순하고 차원 높은 모임을 그들 마음에 품기 아주 힘들다. 그들 생각엔, 사치스런 초대형 몰 교회와 "유기적 교회" 사이에 선택하는 것이 마치 현란한 초대형 매장과 동네 편의점 사이의 선택과 같다.

대형 매장 교회가 가진 특유의 약점은 그것이 "모이는 교회"의 특성에 큰 손상을 입히는 그리스도의 몸의 특성 곧 "흩어지는 교회"를 지나치게 강조한다는데 있다. 많은 대형 교회는 "구도하는" 불신자들의 편리한 조건에 "민감하게" 모든 관심의 초점을 맞춤으로써 새로 회심한 사람들이 예수 그리스도께 철저하게 헌신하도록 적절히 훈련하는데 실패했다.

그들은 또한 몸 안에서의 친밀한 공동체적 관계성을 길러주는데 실패했다. 더구나, 이런 거대한 조직을 움직이는 비즈니스 기계장치는 에클레시아의 유기적 본성을 흐려놓는다.

초대형 몰 교회는 "문화적 관련성"이라는 기치아래 애를 쓰지만 이 시대의 얄팍한 기업구조와 너무나도 흡사하다. 이런 이유 때문에, 그들이 문화에 깊고도 지속적인 아무런 영향을 끼치지 못하는 것이다.

간단히 말해서, 초대형 교회가 사용하는 현대적 테크닉은 그들이 거기서 사람들을 구출하겠다고 하는 이 세상의 제도 못지않게 세상적이다. 이런 식으로 복음은 진부해졌고, 상품화되었고, 그 능력을 상실했다. 그리고 그것이 우리의 소비자 위주 문화에서 또 다른 "상품" 중 하나로 전락했다.

어쩌면 이런 이유 때문에 구도자에 민감한 대형 교회 운동을 최초로 주도했던 개혁자들이 최근들어 그들의 모델이 크게 실패한 시도였음을 시인하는지도 모른다.[99]

한 마디로, 현대 대중 기독교 문화의 대형 몰 교회는 1세기의 단순하고, 성령을 의지하고, 그리스도 중심이고, 영적으로 역동적이고, 상호간에 참여하는 공동체들과는 거리가 멀다. 천하를 어지럽게 하던 바로 그 교회들 말이다.[행17:6]

파도 아래로 끌려가다

"제3의 물결 운동"third-wave movement과 그 사촌지간인 "회복 운동"restoration movement은 쇄신 운동에 크게 영향을 끼친 두 주자였다.

은사주의자들과 오순절주의자들이 주를 이룬 이 운동은 사도적이고 예언적인 능력의 회복을 강조한다. 단순화하도록, 나는 이것들과 관련된 운동들을 제3의 물결-회복으로 명명하고자 한다.

이것을 꼭 이해해주기 바란다: 나는 오늘날 교회 안에서, 그리고 교회를 통해서 성령의 순수한 역사가 꼭 필요하다는 것에는 아무런 이의가 없다. 그러나 내 견해로는 제3의 물결-회복 교회들 대부분은 말 앞에 마차를 놓은 격이다. 말하자면, 그들은 육신을 절단하는 십자가의 칼 아래로 가기 전에 성령의 능력을 소유코자 했다. 내가 하고자 하는 말은 십자가의 원리인 자기중심적 삶의 죽음에 대해서다.

성서적으로 말해서, 십자가는 성령의 능력을 위한 단 하나의 바탕이다. 갈보리가 오순절에 선행했다. 우리 주님께서 요단강에서 침례^{세례}받으신 것이 하늘에서 성령이 비둘기 같이 내려온 것에 선행했다. 희생 제단이 위에서 내려온 불에 선행했다. 그리고 호렙산에서 지팡이로 친 반석이 흐른 물에 선행했다. 마찬가지로, 성령은 오로지 십자가에 못 박힌 삶의 제단 위에 그 거할 곳을 찾는다.

하나님께서 사람의 몸에 거룩한 관유를 붓지 말라고 이스라엘에게 명령하신 것을 상기하라. 출30:32 이 명령은 십자가가 어떻게 옛 창조를 폐하는지 보여주는 적절한 상징이다. 이것이 결정적으로 중요한 이유는 성령이 십자가에 달리지 않은 육신을 통해서는 깊이 역사할 수 없기 때문이다.

십자가가 아닌 성령으로 시작하는 것의 위험성은 아주 많다. 그 중 하나를 꼽는다면, 그것이 사람을 인품은 없이 능력만 추구하는 건전치 못한 길로 쉽게 인도할 수 있다는 점이다. 경건함 없는 신비한 체험으로. 건전한 분별이 없는 무제한의 혼적인 흥분으로. 그리고 하나님께서 주신 실체가 없는 마귀의 모조품으로.

개혁을 추구하는 적지 않은 그리스도인들이 제 3의 물결-회복 교회들이 후원하는 다양한 부흥의 "기독교 메카"를 향해 습관적으로 몰려들고 있다. 그런 사람들은 하나님의 손길을 경험하기를 간절히 바라지만, 그럴수록 그들은 그리스도의 몸을 통해 번지는 온갖 새로운 교훈의 풍조나 일시적 유행이나 체험의 소비자가 되어버렸다. 엡4:14

새로운 바람이 약 5년 주기로 특정한 기독교 운동을 통해 부는 듯 하다. 이 운동들에 속한 그리스도인들은 궁극적으로 그것에 의해 탈진 상태가 되고, 또 가담할 다른 운동을 찾게 된다. 어떤 사람들에겐, 이것이 돌고 도는 반복의 연속이다.

그 결과, 제3의 물결에 속한 많은 사람이 현상학적 체험에 의존하는 불건전한 습관을 갖게 되었다. 그것은 중독이나 다름없는 의존이다. 그들은 그 다음의 영적 만족을 얻고자 사방을 돌아다니고픈 충동을 받는다. 그런 의존은 신자의 삶에서 성서의 역할을 모호하게 한다. 아울러 그것은 불건전하고 때론 병적인 영적 불안정을 조장한다.

이것이 제3의 물결-회복 운동 자체가 그리스도의 몸에 아무런 가치가 없다는 뜻은 아니다. 그 운동은 영적으로 유익한 여러 면을 강조하는데 공헌했다. 가장 중요한 것은, 그것이 하나님의 역사하심에 대한 갈급함과 열린 마음을 유발시켰다는 점이다. 그 운동은 복음주의 신학과 은사주의 신학을 건전하게 혼합했다. 그리고 매우 감동을 주는 방대한 분량의 경배와 찬양 음악을 만들었다.

그러나 그 운동의 기본적 오류는 초자연적 체험을 지나치게 강조하는 데 있다; 또 은사를 주시는 그리스도보다는 능력을 강조하는 은사들을 보좌 위에 올려놓는 경향에 있다; 그리고 아주 솔직히 말하자면, 전형적인 제3의 물결-회복 교회에서는 목사가 왕이다. 그리고 성령의 새 포도주로 새롭게 되었다는 교인들은 일반적인 제3의 물결 교회 예배에서 그들 은사의 기능을 충분히 발휘할 자유가 거의 없다.

제3의 물결-회복 교회들이 "새 포도주"를 소유했다고 자부할지 모르지만, 대부분 그것을 낡고 새는 가죽부대 안에 가둬놓았다. 상호간의 사역과 관계성과 공동체성과 자유를 억누르는 가죽부대 안에. 그리고 오늘날 그리스도의 몸에 해를 끼치는 "앉아서 흡수하기sit-and soak"식의 사고방식만을 강화시키는 낡은 가죽부대 안에.

"기독교 구루이즘Christian guruism" 또한 제3의 물결-회복 교회들 안에서 전염병처럼 번지고 있다. 큰 영향력을 가진 "선지자들"과 "사도들"이 그 운동에 산재해 있다. 그들은 스타가 팬 클럽 회원들에게 각광받는 것처럼 영적 우상으로 숭배 받는다.

전형적인 회복의 집회는 록 콘서트를 방불케 한다. 특별 출연한 유명인이 앙코르 공연을 베풀고 기독교적 스포트라이트를 받으며 주목을 받는 그런 콘서트. 제3의 물결 운동 추종자들이 그 도시를 방문한 최신 순회 선지자의 설교를 듣고자 가장 좋은 자리를 차지하려고 몇 시간 전에 도착하는 것은 아주 흔한 일이다.

요컨대, 제 3의 물결-회복 운동은 소위 5중 사역을 너무 강조한 나머지 전신자 제사장주의에 대항하고 그것을 흐려놓았다. 그것은 지역 교회를 희생시키면서 범지역적인 사역을 강조했다. 하지만, 하나님께서 영적 양육을 위해 정하신 정상적인 환경은 지역 교회이다.

하나님의 충만하심을 원하지만 유기적 교회생활에 대해서는 알지 못하는 사람들이 더 큰 쇄신을 그들에게 약속하는 것이면 무엇이든지 시도할 수 밖에 없다는 사실에 그리 놀랄 필요는 없다.

유감스럽게도, 제3의 물결-회복 운동에 속한 많은 사람이 영적 모호함으로 곤두박질치고 있다. 그들은 성서적 근거가 희박한 이상한 현상을 전적으로 포용하는 동시에, 성서적으로 풍부하게 지지받는 교회생활의 경험에는 고개를 갸우뚱 한다.

아이러니한 것은 이 운동에 속한 많은 사람이 얻고자 하는 바로 그 경험이 오직 유기적 교회생활 속에서만 발견된다는 사실이다. 개개인이 몸의 생활을 맛보게 될 때, 그들은 최근 쇄신운동의 "핫 스팟"hot spot에 참석하려고 "여기저기" 돌아다니는 걷잡을 수 없는 충동에서 영원히 치유될 것이다. 그리고 예수 그리스도의 계시와 그분 안에 있는 하나님의 영원한 목적에 사로잡힌 지역 교회 안에서 참되고 지속적인 활력과 안정을 찾을 것이다. 그러므로 "하나님을 만나기" 원하는 사람들은 에클레시아 안에서 하나님의 충만하심 가운데 그분을 찾게 될 것이다. 왜냐하면, 교회가 하나님의 가장 고귀한 열정이기 때문이다.

반면에, 제3의 물결-회복 운동에 속한 많은 사람은 최신의 영적 물결을 타려고 하다가 성직자가 주도하는 교회 구조의 역류에 휩쓸려버렸다. 그 결과, 어떤 사람들은 가짜 영적 경험의 상어들에게 물리고 말았다. 그리고 지금 종교적 신비주의와 은사주의적 성직제도의 어두컴컴한 바닷물에 빠져가고 있다.

슬프게도, 심폐소생술CPR은 제3의 물결-회복 운동의 제도적 모체 안에서는 성공적으로 시행될 수 없다. 회복을 위한 단 하나의 소망은 불어나는 물이 빠지도록 제도권의 마개를 뽑는 것에 놓여 있다.

셀에 갇히다

최근 몇 년 간 쇄신을 위한 다른 또 하나의 시도는 "셀 교회"였다. 셀 교회들은 두 날개로 예배에 접근하는 방식을 근거로 한다. 그 교회들은 주중 "셀 그룹" 모임장소를 집으로과 일요일의 "축제" 모임장소를 건물로을 제공한다.

작은 셀 모임은 여러 다른 이름으로 불린다. 소 그룹, 가족 그룹, 가정 모임, 삶을 나누는 그룹, 토론 그룹 등. 이 작은 가정 모임은 교제, 사역, 기도, 그리고 복음전도를 위해 설계된 모임이다. 큰 모임은 설교, 전 교인 예배, 그리고 헌금을 위해 설계되었다.

대체로, 셀 교회 모델은 비성서적인 성직자제도목사와 스태프를 조금도 손대지 못했다. 셀 교회 고유의 특징은 궁극적으로 공동체를 좌지우지하는, 상향지향적 계급적 리더십 구조이다. 내 친구 중 이 모델을 "더 긴 사슬"로 묘사한 친구도 있다.

교인들에게는 매주 누군가의 집에서 얼마간의 교회생활이 주어진다. 하지만 고도로 조직된 계급제도를 통해 목회자들은 모임들을 지배하고 그들 자신의 비전과 이끌림에 따라 그 모임들을 조종한다. 각 셀 그룹엔 그 그룹을 통솔하는 지도자가 있고, 셀 모임의 "사역 시간"이 목사의 최근 설교에 관한 토론에 국한되는 것은 드문 일이 아니다.

얼마 전에, 나는 셀 교회 지도자와 대화를 나눈 적이 있는데, 그는 내가 진정 사랑하고 존경하는 친구이다. 흥미롭게도, 그가 그의 셀 그룹이 무엇을 하는지를 설명했을 때 그 그룹을 주도하는 사람이 그 친구라는 것이 분명해졌다. 그는 계속해서 다음을 설명해 나갔다: 그가 지체들에게 어떻게 지침을 주는지, 그가 개인 상담을 어떻게 하는지, 그리고 그가 각 셀 모임의 의제를 정하고자 주중에 어떻게 기도하는지. 분명 그는 그 그룹을 주관하는 사람이었다.

셀 교회 모델이 이론상으로는 인상적이지만, 주 예수님의 직접적인 머리되심 아래서 자유롭게 드러나는 교회의 유기적 표현과는 일치하지 않는다. 의사결정과 사역이 나눠지고 현대 목사의 역할이 정녕 필요치 않은 그런 표현 말이다.

셀 교회가 복음전도를 강조하는 것에 대해서, 그리고 그들을 관료주의적 구조의 수렁에 빠뜨리는 "프로그램 위주의" 교회와 결별한 것에 대해서는 박수 받을만 한다. 그러나 경직되고 여러 층의 계급이 있는 리더십 구조를 경솔하게 채택한데 대해서는 우리의 비난을 면치 못할 것이다.

대부분 각 셀 그룹은 목사가 가진 비전의 연장선상에 있다. 그리고 인간의 계급 아래 신자 제사장주의를 파묻어버린다. 따라서 셀 교회 모델은 종종 그 모델이 떠받친다고 주장하는 바로 그 원리를 거스른다. 바로 교회가 개개의 "영적 셀"로 구성된 유기체라는 원리이다. 이에 반해서, 많은 셀 그룹이 신체의 똑같은 부위담임목사를 가리킴와 그 사람 밑에서 사역하는 지도자들의 복제에 지나지 않는다. 이런 상황에서, 셀 그룹은 단지 교회의 또 다른 프로그램일 뿐이다. 그것은 교회 그 자체가 아니다.

간단히 말해서, 성직자가 주도하는 구조에 단지 가정 모임(셀)들을 첨가한 것은 교회 고유의 표현을 회복하는데 있어 충분히 나아가는데 실패한 것이다. 다시 강조하지만, 교회는 제도적 조직이 아니다. 그녀는 명령계통에 의해 운영되지 않는다. 그녀는 살아있는 실체이다. 이런 이유로, 그녀를 적절하게 심고, 훈련한 다음 가만 놔둘 때, 스스로 자신이 가진 고유의 표현을 발견하게 된다. 그녀가 등급이 있는 계급구조와 명령계통의 리더십 구조에 의해 지배받는 한, 그녀의 유기적인 표현을 결코 발견하지 못할 것이다.

현상유지 상태로의 진입Emerging into the Status Quo

최근에, 신흥 교회 "토론"the emerging church "conversation"이 기독교계에 폭풍처럼 휘몰아쳤다. 신흥 교회 토론은 포스트모던 시대의 사람들, 특히 교회에 적을 두지 않은 사람들을 이끌고자하는 이들이 참여하는 기독교 운동이다. 이것의 성취를 위해, "신흥 그리스도인들"emerging Christians 때로는 이머전트 emergents라 불림은 포스트모던 문화를 수용하고자 그리스도인의 믿음, 표준, 그리고 방법을 해체하고 재구성한다.100)

신흥 교회 토론은 잡탕이다. 결코 하나의 집단이 아니다. 그렇지만,

신흥 토론의 어떤 계열에서는 교회론을 위에서부터 아래로 재검토할 필요에 대해 강조한다.101)

이런 계열 안에서는 공동체, 선교적이 되는 것, 평신도의 해방, 하나님의 삼위일체적 본성, 교회를 하는 낡은 방식의 타파, 그리고 그리스도의 몸을 위한 새로운 패러다임 전환의 수용 등에 관한 많은 토론이 진행 중이다.

나에겐 신흥 교회 안에서 선구자적 역할을 하는 친구들이 많다. 그리고 나는 그들이 하는 말, 특히 하나님께서 받으신 모든 그리스도인을 받아들일 것을 강조하는 "관대한 정통"을 지지하는 면에 박수를 보낸다.102) 동시에, 다양한 형태의 그리스도인들이 과거에 이룩한 긍정적인 공헌을 수용하도록 장려하는 것 또한 고귀하다.

신흥 교회 토론에 대한 나의 주된 비판은 이것이다: 교회의 실제적 표현에 있어, 많은 신흥 교회 참여자는 단지 그것을 약간 조정했을 뿐이다. 약 5백 년 전에 고안된 낡고 새는 가죽부대가 거의 바뀌지 않고 방치되어 왔다.

성스러운 건물, 설교 중심의 교회 예배, 성직자제도, 현대 목사의 직책 등이 전부 도전받지도 않고 변하지 않은 상태 그대로이다. 현대 교회의 모습을 바꿔야 한다고 큰 소리로 외치는 사람들 중에서도 그렇다. 대체로, 신흥 교회 계통의 많은 사람은 모든 회사에 사장이 필요하듯 교회마다 "목사"가 필요하다고 여전히 믿는다.

내가 말하고자 하는 것을 예로 들어 설명해보겠다. 약 1년 전 쯤, 저명한 신흥 교회 지도자 두 사람이 기성 교회의 관습들이 얼마나 "콘스탄틴적"인지에 관한 논문을 썼는데, 이것이 많은 포스트모던 그리스도인으로 하여금 교회를 부적절하다고 느끼도록 하는 주된 이유들 중 하나가 되었다.

나는 이 논문들을 읽고 흥분해서 곧 저자들이 지도자로 있는 지역에 사는 몇몇 친구들에게 전화를 했다. 하지만 내가 받은 보고는 낙심 그 자체였다. 그들은 다 이렇게 말했다: "프랭크, 우리가 방문해서 보니 그들의 예배는 다른 어떤 교회들과 조금도 다르지 않았습니다. 그들의 예배도 예배 인도팀의 음악으로 시작하였고, 그 다음은 광고와 특송, 그리고 그 다음에 목사가 수동적인 청중에게 설교했습니다. 우리가 본 단 하나의 다른 점이 있다면 그것은 건물의 벽에 그림이 있다는 것과 의도적으로 포스트모던식의 말을 한다는 것 정도였습니다. 이것 말고는, 당신이 오늘날 다른 어떤 포스트모던 교회에서 볼 수 있는 똑같은 노래와 춤 그대로였습니다."

나는 나 자신의 경험에서 또한 이것이 사실임을 알게 되었다.

내가 보기에 우리 중 많은 사람은 현대 목사의 직책과 주일 아침의 개신교 의식을 제외한 다른 어떤 성역만큼은 기꺼이 뒤집어엎을 수 있을 것이다. 이 두 종교적 전통은 그것들이 얼마나 비성서적인지에 관계없이, 가장 혁신적인 사고를 가진 사람들조차도 건드릴 수 없는 영역인 것 같다.[103]

이 시점에서, 내가 한 가지 도전하고 싶은 것이 있다. 우리가 이 5백 년 묵은 의식을 바꾸는데 있어 진정 대담무쌍하고 창조적일 수는 없을까? 정당화시킬 아무런 성서적 근거조차 없는 그런 의식 말이다. 인간의 주도함 없이 그리스도의 머리되심 아래 역할을 수행하도록 하나님의 사람들을 훈련시키는 도전을 우리가 받아들일 수 있을까? 그리고 만일 우리가 이것을 어떻게 하는지 알지 못한다면, 그렇게 할 수 있는 누군가를 초청해서 무슨 일이 벌어지는지를 보고자 하는 겸손함을 가질 수는 없을까?

올바른 자세를 채택하기

지금까지 내가 얘기한 것은 하나님께서 사랑하시는 그 누구에게 비판을 가하기 위함이 아니다. 나는 앞에서 언급한 모든 운동에 속한 친구들을 존중한다. 그들은 하나님께서 사용하시는 일꾼이다.

하나님께서 제도권 교회를 사용해오셨고 또 사용하고 계시는 것은 틀림없는 사실이다. 하나님은 자비하시므로 그 안에서 진정 하나님께 마음을 여는 사람들을 찾으실 수 있는 구조가 있다면 그것을 통해 역사하실 것이다. 고로, 하나님께서 초대형 교회, 제3의 물결-회복 교회, 셀 교회, 그리고 신흥 교회와 같은 교회들을 사용하심에는 의심의 여지가 없다. 내 견해로는, 하나님께서 엘리트주의적이고 분파적인 소위 가정 교회들보다 그런 교회들을 더 사용하신다.

그러나 여기서의 이슈는 이것이 아니다. 좋은 것the good이 종종 최선the best의 적일 수도 있다. 그리고 주님은 우리가 주님의 말씀을 이해하는 한은 그 말씀을 따르는데 있어 우리에게 책임을 물으실 것이다. 따라서 우리 자신을 다른 사람들과 비교하는 것은 주님의 승인을 받기에는 불안정하기 그지없는 토대이다. 고후10:12 교회 관습에 관하여 하나님께서 성서에 밝히신 것 말고는 그 어떤 것도 하나님의 온전한 목적에 미치지 못한다. 나는 이 말을 비판적이 아닌 진지함으로 하고 있다. T. 오스틴 스팍스가 한 말이 나의 마음을 잘 전달해준다:

> 분파와 교파들, 선교 단체들, 그리고 기독교 기관들이 성령의 원초적인 방식과 의도에서는 벗어났을지라도 하나님께서는 의심의 여지없이 아주 실제적인 방법으로 이것들을 축복하시고 사용하셨다. 그리고 충성된 사람들을 통해 주권적으로 큰일을 행하여 오셨다. 우리는 그렇게 된 것에 대해 하나님께 감사하고, 또 사용 가능한 모

*든 방법이 그것 위에 하나님의 축복을 가져다 줄 것을 기도한다. 이
것은 선심을 쓰거나 우월감으로 하는 말이 아니다: 절대로 그렇지
않다. 유보할 것이 있다면 그것은 오직 교회생활 초기에 처음 가졌
던 충만한 위치를 이탈한 데서 온 지연과 제한과 나약함이 많음을
우리가 느끼기 때문이다. 그리고 우리가 거기로 돌아가기 위한 마
음의 부담을 느끼기 때문이다. 우리가 현재의 "혼란"을 주님께서
갖고자 하시는 모든 것으로, 또는 주님께서 가지실 수 있는 모든 것
으로 받아들일 수는 없다.* 104)

원인으로 가장하는 증상

진정한 교회의 쇄신은 우리에게 문제의 증상과 근원 사이를 구분할 것을 요구한다고 나는 확실히 믿는다. 엘톤 트루블러드가 다음과 같이 정확하게 지적했다: "근본적인 불행[현대 교회가 갖고 있는]은 제시된 치료법이 질병과 놀라울 정도로 유사하다는데 있다."

기진맥진한 성직자들을 위한 세미나, 교파 연합 모임, "양떼에게 당한" 목사들을 위한 지원 그룹, 그리고 최신 교회성장 전략을 소개하는 워크숍 등이 트루블러드가 날카롭게 관찰한 것의 생생한 실례이다. 이 모든 추정된 "치료법"은 단지 교회의 질병들에 책임이 있는 제도의 응석을 받아줄 뿐이다. 그 치료법들은 진짜 주범을 무시한 채 단순히 증상만 다룬다. 그 결과는? 똑같은 드라마가 무대만 바뀌어서 연출되는 것이다.

친밀한 공동체의 재발견을 훼방하고, 그리스도의 머리되심의 역할을 대신하고, 모든 신자의 온전한 사역을 질식시키는 것은 성직자 제도와 제도적 구조이다. 결과적으로, 지역 교회에서 성직자 제도와 제도적 구조가 제거되지 않는 한, 쇄신을 위한 모든 시도는 언제나 근시안적이기

마련이다. 그런 시도들은 기껏해야 제한적 변화를 가져올 것이고, 최악에는 공공연한 대립을 불러일으킬 것이다.

내 견해로는, 제도권 교회에서 예수 그리스도가 머리이신 유기적 교회 생활을 회복하려는 시도는 소용없는 일이다. 그런 시도는 탑을 땅에서부터 제거하는 것에 비유할 수 있다. 만일 그런 식으로 탑을 분해하다가 구조를 손상시키게 되면 탑이 그 위로 무너져 내리고 말 것이다. 탑을 제거하는 유일한 방법은 위에서부터 아래로 진행하는 것이다.

그렇기 때문에, 단지 성서적 원리들을 제도권 토양으로 이식하는 쇄신 운동들은 결코 하나님의 온전한 목적을 실현할 수 없을 것이다. 내가 누누이 말했듯이, 제도권 토양에 뿌려진 유기적 교회들은 뿌리를 내릴 수 없다. 아더 월리스는 이렇게 말했다:

> 구조를 건드리지 않고는 교회가 온전히 쇄신될 수 없다. 전통적인 교회 안에 성령을 받은 사람들로 구성된, 영적 은사들을 활용하는 활발한 그룹을 두는 것; 새로운 노래들로 좀 더 자유롭고 발랄한 분위기를 예배에 도입하는 것; 박수를 치고, 손을 위로 들고, 춤을 추는 것까지 허용하는 것; 제자훈련을 목적으로 주중 모임을 가정 그룹들로 쪼개는 것; "한 사람의 리더십"을 장로들의 팀으로 바꾸는 것, 이 모든 것이 좋긴 하지만, 오직 조각을 붙이는 미봉책이라는 것을 증명할 뿐이다. 의심의 여지 없이, 개개인에겐 축복이 될 것이고, 초기에는 교회에 활기가 될 것이다. 그러나 거기에서 끝나면 장기적으론 해로운 결과를 초래하고 만다. 새로운 시도와 이전의 구조 사이에 보이지 않는 투쟁이 계속되어, 당신은 이전의 구조가 결국엔 승리하리라고 확신하게 될 것이다. 새로 기운 조각은 결코 낡은 옷과 조화될 수 없다. 그것은 항상 어울리지 않아 보일 것

이다.105)

지난 50년 동안, 현대 교회를 개혁하고 쇄신하겠다는 수도 없이 많은 책이 출판되었다. 내 생각엔, 이 책들 중 실제적인 변화를 일으킨 책은 거의 없다. 그 이유는? 그 책들 대다수가 성서적이고 영적인 순수성이 결여된 구조에 표면적 변화를 주는 것으로 그치기 때문이다.

기초에 금이 간 집을 수리하는 것은 결코 효과를 볼 수 없을 것이다. 나는 지금이 현대 교회 제도의 구조적 순수성을 우리가 솔직하게 검토할 때라고 믿는다. 나는 현대 목사의 직책을 포함한 성직자 제도가 폐기되어야 한다고 굳게 믿는다. 주범들 중 하나는 제도이지, 사람이나 동기나 의도가 아니다. 경험이 나에게 가르쳐 준 것은, 제도권 교회가 그것을 작동시키는 골조가 부적절하다는 것과 자멸하고 말 것이라는 것을 인정하기 전에는 결코 하나님의 꿈을 온전히 구현할 수 없을 것이라는 사실이다. 제도권 교회는 그것을 채우는 사람들의 선한 의도에도 불구하고 그 내부 설계가 우리로 하여금 실패할 수밖에 없도록 짜여있다.

그러므로 진실 된 쇄신은 혁신적이어야 한다. 이것은 그것이 뿌리까지 내려가야 한다는 뜻이다. 교회의 유기적 표현과 예수 그리스도의 실제적인 머리되심을 회복하려면 우리가 교회에 갖다 붙인 조각들과 반창고를 떼어 내버리는 것이 필수적이다.

이런 맥락에서, 교회의 유기적 표현 안에서 단순한 형제의 의미를 배우려고 큰 영향력을 가진 계급적 자리를 내려놓고 성직을 떠난 그리스도인들로 말미암아 나는 하나님께 감사한다. 과격하게 들리는가? 어쩌면 그럴지도 모른다. 그러나 그것은 절대로 불가능한 것이 아니다. 나는 양심을 따라 성직자 제도를 떠난 사람 여러 명을 개인적으로 안다. 그들 중 오늘날 교회 개척자로 사역하는 사람들이 있는데, 하나님께서 그들을 크게 사용하고 계신다. 그런데, 그들 모두는 그런 교회들을 세우러 나가기 전에 먼저 유기적인 교회생활에서 지도자가 아닌 삶을 배웠다.106)

이 사람들 중 몇 사람은 그들이 목회했던 교회들이 제도권 교회에서 유기적 교회로 전환하는 것을 도왔다. 그러나 그런 전환은 극도로 과감한 것이다. 그것은 오늘날 많은 지도자가 편안하게 느끼는 수위의 전형적인 조정을 한참 넘어선다.107)

예상한 바와 같이, 사례비를 받는 성직을 떠난 사람들은 엄청난 대가를 치러야 했다. 이런 이유 때문에, 그런 생각은 일반적인 종교 전문가들의 마음속에 있는 민감한 부분을 건드려서 많은 사람이 그것에 격렬하게 저항했다. 그들은 어떤 면에서는 바울의 메시지가 자신들의 생업을 위태롭게 하므로 항거했던 에베소의 은장색들과 다를 바 없는 반응을 했다.행 19:24-27 108) 결과적으로, 목사들이 하나님 앞에서 이 이슈를 드러내놓고 검토할 준비가 되어 있지 않다면, 이 문제의 그 어떤 토론이라도 쉽사리 뜨겁게 바뀔 수 있는, 가연성 높은 주제로 남게 될 것이다.

작은 일의 날을 멸시하지 않기

이스라엘이 바벨론에서 70년 동안 포로생활을 한 후에 하나님께서 그분의 집을 재건하라고 그분의 백성을 바벨론에서 예루살렘으로 부르신 것을 상기하라. 이스라엘은 외국에 포로로 잡혀 있었을지라도 여전히 하나님을 예배하고자 자기들이 세운 여러 회당에서 모임을 가졌다. 이스라엘은 여전히 하나님께 속했었다. 그러나 이스라엘을 향한 하나님의 뜻은 하나님 자신이 정하신 성전을 짓도록 바벨론을 떠나 예루살렘으로 돌아오는 것이었다.

안타깝게도, 오직 소수의 남은 자들만이 하나님께 응답해서 그 땅으로 돌아왔다.스9:7-8; 학1:14 대부분은 그들의 편안한 생활 방식, 새로 얻은 직장, 새 집, 그리고 그들이 만든 편리하고 새로운 회당 예배를 뒤로 하고 떠나는 대가를 치를 마음이 내키지 않았다.

나는 이스라엘을 향해 바벨론을 떠나라고 하신 하나님의 부르심이 오늘날 하나님의 사람들을 향한 성령의 외침을 예시한다고 믿는다. 선지자 스가랴는 오직 적은 수의 대수롭지 않은 남은 자들만이 하나님의 집을 재건하려고 예루살렘으로 돌아왔다는 사실을 염두에 두고 다음과 같이 도전적으로 책망했다: "작은 일의 날이라고 멸시하는 자가 누구냐."슥4:10

스가랴 선지자는 어째서 그런 식의 말을 했을까? 그것은 그 수고가 작아 보임에도, 하나님께서 그 안에 계셨기 때문이다. 이스라엘 백성 대부분이 재건될 성전을 과거 성전의 빼어난 화려함과 비교해서 "보잘것 없는 것"으로 여겼음에도, 하나님께서 그 안에 계셨기 때문이다.학2:3 이스라엘 족장들이 아주 적은 수의 남은 자들에 의해 놓인 형편없는 성전의 기초를 보고 대성통곡했음에도, 하나님께서 그 안에 계셨기 때문이다.스3:12

기드온의 군대 3백 명에서 "바알에게 무릎을 꿇지 않은" 엘리야의 7천 명까지, 최초로 약속의 땅에 들어간 레위 제사장에서 "이스라엘의 위로를 기다리던" 우리 주님 시대의 숨겨진 안나와 시므온까지, 하나님의 가장 귀한 역사는 작고, 약하고, 눈에 띄지 않는 사람들을 통해 성취되어왔다.고전1:26-29; 왕상19:11-13

세상의 눈으로 성공하는 것은 자연적인 측정에 묶여 있다. 많은 수, 많은 예산, 큰 건물 등은 모두 다 세속적인 사람들에게 성공의 표시이다. 하지만 하나님의 눈에 가장 위대한 것들이 사람들의 눈에는 몹시 작아 보인다.

확실히 해 둘 것이 있다. 유기적 교회생활의 원초적 단순함을 회복하기 위한 하나님의 부르심은 우리에게 총체적으로 새로운 토대 위에서 시작할 것을 요구한다. 우리 타락한 인간들이 만들어낸 종교제도와 전통과는 다른 토대. 이 토대가 바로 주 예수 그리스도이다.

패러다임의 전환 Paradigm Shift

과학 철학자 토마스 쿤의 용어를 빌리자면, 우리가 교회를 적절하게 재건하기 전에 교회에 관한 "패러다임의 전환"이 우리에게 필요하다. 말하자면, 우리에게 그리스도의 몸의 의미에 관한 새로운 세계관이 필요하고, 에클레시아를 이해하기 위한 새로운 모델이 필요하고, 교회에 관해 생각하기 위한 새로운 골조가 필요하다.

물론, 내가 말하고자 하는 "새로운 패러다임"은 전혀 새로운 것이 아니다. 그것은 신약성서 전체를 뒷받침하는 패러다임이다.

우리가 사는 시대는 느헤미야의 때와 큰 차이가 없다. 느헤미야 시대는 오랫동안 하나님의 율법 없이 살아오던 이스라엘이 방금 그 율법을 재발견했을 때이다. 그러나 일단 그것이 발견되자 다시 설명되고 해석되어야 했다. 느헤미야가 한 말을 숙고해보라:

하나님의 율법책을 낭독하고 그 뜻을 해석하여 백성에게 그 낭독하는 것을 다 깨닫게 하니. 느8:8

이와 마찬가지로, 21세기의 그리스도인들도 교회에 관한 성서의 언어를 다시 배워야 한다. "교회", "사역자", "목사", "하나님의 집", "사역", "그리스도의 신부", "하나님의 가족" 그리고 "교제" 같은 많은 성서적 용어가 가졌던 원래의 의미가 대부분 사라져버렸다.

이 단어들에 제도적인 힘이 가해졌다. 처음 그 단어들을 기록했던 사람들에겐 이질적인 힘 말이다. 그러므로 오늘날 긴급한 필요는 성서적 언어와 사상의 재발견이다. 우리는 우리가 가진 교회의 개념 전체를 재조명해서 그것을 예수님과 사도들의 눈을 통해 새로이 발견해야 한다.

통상적인 잘못된 가르침 때문에 우리에게는 발굴과 조사를 필요로 하는 깊이 파묻힌 많은 가정assumptions이 있다. 우리 많은 사람은 "교회"가 건물, 교파, 또는 예배를 뜻한다는 잘못된 가르침을 받아왔다. 그리고 "목회자"가 특수 계층의 그리스도인을 뜻한다는 잘못된 가르침을 받아왔다.

교회에 대해 우리가 가진 오늘날의 개념이 인간적 사고에 너무 깊이 뿌리를 내리기 때문에, 그것은 1세기의 모든 그리스도인이 보았던 방식으로 보는 의식적인 노력을 요구한다. 그것은 우리가 유기적인 그리스도교의 처음 토양을 발굴할 때까지 종교적 전통의 두껍고 뒤엉켜 있는 잡초를 철저하게 파헤칠 것을 요한다.

우리가 교회를 그 성서적 맥락으로 재조명할 때 교회의 성서적 개념과 교회인 체하는 제도들 사이를 구분하는데 있어 더 잘 훈련될 것이다. 이제 그 차이점 몇 가지를 간단히 분리시켜보자:

제도적 패러다임	유기적 패러다임
성직자 제도에 의해 유지된다.	성직자 제도는 상상도 하지 못한다.
평신도의 힘을 북돋워준다.	평신도라 불리는 분리된 계층을 인식하지 못한다.
많은 역할의 수행을 안수 받은 사람으로 제한한다.	모든 지체를 역할을 수행하는 제사장으로 만든다.
대부분의 교인을 회중석에 수동적인 상태로 둔다.	모든 그리스도인이 하나님께서 부르신 사역은 무엇이든지 감당하도록 그들에게 허용하고 격려한다.

교회를 건물, 교파, 또는 종교 예배의식과 관련지어 생각한다	사람이 교회에 가는 것이 아님을 확인시키고; 그들이(함께) 교회임을 확인시킨다
특별한 관행이나 교리를 공유하는 사람들을 통합시키는 것에 뿌리를 둔다	오직 그리스도만을 기초로 한 모든 그리스도인과의 제한 없는 교제에 뿌리를 둔다
"평범한" 그리스도인들을 "지성소" 밖으로 내밀고 회중석에 묶어놓는다	성직자 없이 분산된 형태의 교회 리더십 토양에서 사역자로 섬기도록 모든 신자를 해방시킨다
교인들을 서로에게서 격리시켜서 지척에 두는 프로그램들과 의식들에 그 우선을 둔다	친밀함, 삶을 공유하는 관계성, 상호간의 복종, 열린 마음, 자유, 상호간의 섬김, 그리고 영적 실체인 신약성서적 교회의 바탕을 구성하는 바로 그 요소들에 그 우선을 둔다.
강요된 십일조와 막대한 예산에 의존한다	지체들 중에서 인색하지 않고 은혜에 기초한 헌금을 하도록 하는 하나님의 성령에 의지한다
대부분의 자원을 건물에 들어가는 비용과 목사와 스태프의 봉급에 사용한다	대부분의 자원을 "너희 중에 가난한 자들"을 위해, 그리고 복음을 전하고 새로운 교회들을 세우는 순회 사역자들을 위해 사용한다
목사/사제가 실질적인 머리(그리스도는 명목상의 머리) 노릇을 하는데 기초해서 운영된다	신자의 공동체를 통한 성령의 보이지 않는 인도에 의해 그리스도께서 실질적인 머리의 역할을 수행하시는데 기초해서 운영된다.
제도권 교회를 움직이는 중추인 성직자가 주도하는 프로그램 중심의 제도를 고무하고 보호한다	성직자 제도가 성령의 주권적인 역사를 억제하기 때문에 그 제도를 거부한다; 하지만 그 제도 안에 있는 모든 그리스도인을 사랑으로 포용한다

계급적 리더십을 인정하고 긍정한다	계급적 리더십을 거부한다; 몸 전체의 유기적인 리더십을 인정하고 긍정한다
교회를 운영을 위해 프로그램들을 만든다; 사람들을 기계 속의 톱니바퀴처럼 다룬다	교회에 힘을 주도록 그리스도 안에서 사람들을 함께 세운다
신자들을 제도적이고 계급적으로 참여하도록 격려한다	신자들을 관계적이고 영적으로 참여하도록 격려한다
교회(교회론)를 개인 구원(구원론)과 분리시킨다; 교회를 단지 개인 구원의 부속물로 여긴다	개인 구원과 교회 사이의 연결고리를 위조하지 않는다; 이 둘이 풀 수 없게 뒤엉켜있다고 여긴다.(성서는 사람들이 구원받음과 동시에 교회에 속하게 되어 즉시 함께 모였음을 보여준다)

이것의 요점을 다른 곳에 있는 누군가가 더 잘 정리해주었다: 유기적인 패러다임은 "평범한 것들을 하나님께로 회복시키는 것과 인간의 손에 의해 신성하게 된 것들을 비신성시하는 것"을 대표한다. 전통적인 패러다임이 수많은 그리스도인의 마음속에 확고하게 자리잡았기 때문에, "선 밖으로의 색칠"이라는 생각조차도 아주 겁나는 일이다. 불행한 결과는 이것이다: 교회에 관해 패러다임의 전환이 이루어지지 않은 사람들은 전환한 교회들을 무시하거나 적대할 것이다.

제도권의 창문을 통해 세상을 보는 사람들의 눈에는, 교회가 "올바른" 장소건물에서 모임을 갖지 않는다면, "적합한" 리더십안수 받은 목사을 갖지 않는다면, 그리고 커버링"을 보여주는 "정확한" 이름을 표방하지 않는다면 진정한 교회라 할 수 없다. 그 대신, 그것은 "기독교 단체" 같은 새로운 용어로 불린다.

그렇기 때문에, 다람쥐 쳇바퀴 도는 듯한 제도권 "기독교"의 프로그램 중심 신앙생활에 아직 지치지 않은 사람들 중에서는 이런 비정상적인 것이 정상으로 여겨지고 정상적인 것이 비정상으로 간주된다. 이것은 우리의 신앙과 관습이 성서에 기초하지 않기 때문에 생긴 불행한 결과이다.

간단히 말해서, 성령의 신선한 빛을 힘입은 교회에 관한 패러다임의 전환 이외에는 항구적인 변화를 창출해낼 수 있는 것이 없다. 낡은 가죽부대를 수리하는 것은 그것이 아무리 혁신적이라 해도 얼마 가지 못한다.

결과적으로, 내 개인적인 판단으로는 교회에 쇄신이라는 것이 필요치 않다. 철저한 전면 개편이 필요하다. 즉, 제도권 교회를 완전히 쇄신하는 유일한 방법은 그것을 총체적으로 해체한 다음 한참 다른 무언가를 세우는 것이다. 터지기 쉬운 교회 관행의 가죽부대와 너덜너덜한 기독교 종교 형식의 옷을 교체해야 한다. 그저 수정하는 것 정도가 아니라. 이것에 동의하지 않는 사람들도 있을 것이다. 그러나 이것이 나의 경험에 기초한 나의 확신이고 나는 이렇게 말하는 것에 부끄러움이 없다.

요약하자면, 필요한 것은 새 가죽부대이고 새 옷이다. 눅5:36-38

프레드릭 뷰크너가 한 말이 적절하다:

> 나는 또한 그들지원 그룹들, support groups 안에서 일어나는 일이 내가 아는 대부분의 교회들 안에서 벌어지는 많은 일보다 그리스도께서 말씀하셨던 교회에, 그리고 그런 교회의 처음모습에 더 가깝다고 믿는다. 그들에겐 건물이나 공식적인 리더십이나 돈이 없다. 바자회도 없고, 예배 위원회도 없고, 자금 마련 캠페인도 없다. 설교자도 없고, 성가대도 없고, 의식도 없고, 부동산도 없다. 그들은 신조를 갖고 있지 않다. 프로그램도 없다. 그들은 당신으로 하여금 많은

교회에 일어날 수 있는 가장 좋은 일은 건물이 불타고 가진 돈을 전부 다 잃는 것이 아닐까라고 생각하게 만든다. 그렇게 되면 사람들에게 남는 것은 하나님과 그들뿐이기 때문이다. 109)

우리가 경솔하게 우리 식의 교회 조직 패턴을 신약성서의 저자들에게 강요하는 것에서 해방되기를. 그리고 우리의 제도적인 짐을 폐기하는 용기를 갖기를. 아니면, 적어도 기꺼이 우리의 보따리를 열어 그 속에 있는 것들에 대해 검사할 수 있기를 바란다.

대가 치르기

그렇다면, 내가 추천하는 대안은 무엇인가? 아주 간단하다. 유기적 교회생활로 돌아가는 것이다. 이 책 전체에서 내가 다시 그려보고자 한 바로 그것이다.

나는 "시세를 알고 이스라엘 하나님의 백성이 마땅히 행할 것을 아는" 대상12:32 잇사갈 자손의 정신을 가진 많은 사람을 하나님께서 일으키시고자 하는 시대에 우리가 산다고 믿는다.

옛 이스라엘의 위험은 그들을 둘러싼 있던 많은 사람을 기꺼이 따르려는데 있었다. 이에 반하여, 우리는 하나님께서 그분의 말씀에서 우리에게 계시하신 것을 순종해야 하지 않겠는가? 하나님은 출애굽기 23장 2절에서 다수를 따르는 위험에 대해 이스라엘을 경고하셨다. 나는 그 경고가 오늘날 우리에게도 효력이 있다고 생각한다.

성서가 이렇게 말했다: "오늘 너희가 그의 음성을 듣거든 격노하시게 하던 것 같이 너희 마음을 완고하게 하지 말라." 히3:15

확실히 해 둘 것이 있다. 교회를 향한 하나님의 뜻에 응하려면 대가를 치러야 한다. 당신은 방관자로서의 기독교를 포용해온 사람들에게 오해받는 것을 각오해야 할 것이다. 당신은 십자가의 흔적을 지니고 친밀한 공동체 안에서 다른 신자들과 함께 지어져가는 과정 중에 수천 번의 죽음을 경험할 것이다.

당신은 제도권 교회가 제공하는 인위적인 단정함을 영원히 저버리고, 관계적인 교회의 본질적 요소인 혼란스러움을 견뎌내야 할 것이다. 당신은 수동적인 구경꾼으로서의 안락함을 더는 공유할 수 없을 것이다. 그 대신, 당신은 역할을 수행하는 몸의 책임감 있고 섬기는 지체가 되는, 자기를 비우는 훈련을 받게 될 것이다.

덧붙이자면, 우리는 누가 말한 적이 있는 "교회가 말해서는 안되는 일곱 단어", 즉 "우리는 이전에 그런 식으로 한 적이 한 번도 없다"we never did it that way before에 거세게 역행해야만 할 것이다. 당신은 현상유지의 횡포에 영향 받기를 거부함으로 오는 기독교 대세의 냉대에 부딪힐 것이다. 그리고 예수님의 살아있는 증거가 나타나는 것을 훼방하려고 시도하는 대적의 맹렬한 공격을 불러일으킬 것이다.

여기에 덧붙여서, 유기적 교회생활에서의 삶은 믿기지 않을 정도로 힘들다. 그 경험은 문제들로 가득하다. 초기 그리스도인들이 친밀한 공동체에서 살면서 맞닥뜨렸던 많은 위험 요소를 발견하려는 눈으로 신약성서의 편지들을 다시 읽어보라. 오늘날 우리가 그것과 같은 종류의 공동체에서 살 때 똑같은 문제들이 생기게 된다. 우리의 육신이 드러나게 되고, 우리의 영성이 테스트 된다. 그리고 우리는 인간의 타락이 얼마나 심각한지를 금방 알게 된다.

누군가 이렇게 말했다: "당신이 그들을 알기 전까지는 모든 사람이 정상적이다." 이것은 유기적 교회생활에 뛰어든 사람들에게 꼭 들어맞는 말이다. 문제는 끝도 없다. 제도권 교회에서 주일 아침에 두 시간 동안

"회중석에 가만히 앉아 있는"게 훨씬 쉽다. 거기서는 누구나 완전한 그리스도인이 될 수 있다. 그렇지만, 유기적 교회생활은 영광과 피로 얼룩진 상처의 결합이다. 그러나 이것은 하나님의 놀라운 작품이다. 그것은 하나님께서 우리를 그분의 형상으로 바꾸시려고 정하신 방법이다. 왜냐하면, "철이 철을 날카롭게"하기 때문이다. 잠27:17

하지만 미개척 분야로 향한 사람들에게 따라오는 고통과 관계없이 몸의 생활 속에서 사는 삶의 영광스런 유익은 대가를 훨씬 능가한다. 하나님은 깨어진 사람들 위에 세우신다; 하나님의 집은 싸움에서 얻은 것들로 지어진다. 대상26:27 그러므로 "우리도 그의 치욕을 짊어지고 영문 밖으로 그에게 나아가자"히13:13라고 했다. 왜냐하면, 우리가 구세주의 심장박동을 느낄 수 있는 곳이 거기이기 때문이다.

맺는 말

만일 당신이 이 책의 메시지를 이해하고 받아들였다면, 두 가지 중요한 결론에 도달했을 것이다:

1. 우리가 오늘날 아는 제도권 교회는 하나님께서 처음 의도하셨던 교회를 반영하지 않는다.
2. 성서가 그리는 교회는 그 본질과 표현이 유기적이고, 하나님께서는 오늘날 그것을 회복하시기 원한다.

그렇다면, 크나큰 결정이 여러분을 기다린다. 그것을 질문 형식으로 한다면, 그 다음 단계는 무엇인가? 여러분 중에는 이미 유기적 교회에 속한 사람도 있을 것이다. 따라서 어쩌면 이 책이 여러분의 영적 뿌리와 성서적 뿌리를 더 잘 이해하는데 도움을 주었을지도 모른다. 여러분 중에는 또 지금의 교회 경험이 유기적이지 않을지라도 그것에 만족하는 사람도 있을 것이다. 또는 교회의 유기적인 표현에 동참하고 싶은 사람도 있을 것이다.

만일 당신이 후자의 그룹에 속한다면, 새로운 질문 몇 가지가 당신 앞에 놓여 있다. 즉,

- 교회와 관련된 하나님의 목적은 무엇인가, 그리고 내가 그것을 어떻게 하면 잘 성취할 수 있을까?
- 내가 사는 곳에서 유기적 교회를 어떻게 찾을 수 있는가?
- 유기적 교회는 어떻게 시작되는가, 그리고 나 자신이 그것을 시작할 수 있는가?
- 내가 제도권 교회의 지도자라면, 지금 내가 처한 상황에서 유기적 교회가 가능한 것일까? 만일 그렇다면, 어떻게 가능할까?
- 유기적 교회가 직면한 문제들은 무엇인가, 그리고 그것들을 어떻게 하면 잘 다룰 수 있는가?

만일 당신이 이 질문들을 한다면, 여기에 좋은 소식이 있다.

첫째, 나의 동역자들이 이런 질문을 하는 사람들에게 실제적인 도움을 주는 웹사이트를 만들었다. 당신은 그 웹사이트를 통해 당신처럼 교회를 다시 그려보는 그리스도인들에게 연결될 수 있다. 더구나 당신은 당신이 사는 지역에 유기적 교회가 개척되도록 당신을 도와줄 수 있는 사역자의 도움을 요청할 수 있다. 그 웹사이트에는 또한 이 책에서 제기된 이슈들과 씨름하는 목사들을 위한 자료가 포함되어 있다.

www.HouseChurchResource.org로 가서 확인해보라.

둘째, 유기적 교회생활을 시작하고 유지하는 것에 대한 질문들뿐만 아니라 하나님의 목적에 관한 질문들에 답하는 것은 쉬운 일이 아니다. 그렇기 때문에, 나는 그것들을 자세히 다루는 책 두 권을 집필했다.

첫 번째 책의 제목은 『영원에서 지상으로』(대장간, 2009): 하나님의 영원한 목적에 대한 재발견이다. 이 책은 신부, 집, 가족, 그리고 몸을 위한 하나님의 영원한 캠페인이 펼쳐주는 장관을 제시할 것이다. 그리고 하나님의 창세 전 계획의 영원한 드라마 속에 있는 우리의 위치에 초점을 맞출 것이다.

두 번째 책의 제목은 『유기적 교회 세우기』(대장간, 2010)이다. 이 책은 유기적 교회를 개척하고 유지하기 위한 성서적 원리들을 깊이 다룬다. 아울러 당신이 이 원리들을 오늘날 어떻게 적용할 수 있는지에 대해 실제적인 지침을 제공한다.

부록

리더십에 대한 이의 및 답변

> 솔직한 것은 진리와 마주 대하는 것이다. 그 진리가 아무리 마음에 들지 않고 불편할지라도, 나는 우리가 그것을 드러내고 직면해야 한다고 믿는다.
>
> **마틴 루터 킹**

> 나는 여기서 기독교를 공격하는 것이 아니고 오직 그것을 감싼 망토를 공격하는 것이다.
>
> **피에르 버튼**

수세기 동안, 신약성서의 특정 본문들이 교회 안의 계급적/지위적 리더십 구조를 옹호하고자 잘못 다루어졌다. 이렇게 잘못 다루어진 것이 그리스도의 몸에 적지 않은 손상을 입혔다.

계급적/지위적 권위의 개념은 부분적으로 특정한 성서의 본문들을 잘못 번역하고 잘못 해석한 결과이다. 이런 잘못된 번역과 해석은 성서 언어의 원래 의미를 어지럽힌 문화적 편견들의 영향을 받았다. 그런 편견들은 단순한 단어들을 종교성이 가득 실린 명칭들로 탈바꿈시켰다. 그 결과로, 그 편견들이 교회의 원래 모습을 서서히 손상시켰다.

따라서 특정한 본문들을 적절하게 이해하려면 신약성서를 원래의 언어로 신선하게 읽는 것이 필수적이다. 예를 들면, 그리스 원어로 볼 때 다음과 같은 식견이 생기게 된다:

- 감독들은 단지 관리자 – 에피스코포episkopoi일 뿐, 교회의 고위직이 아니다.
- 목자들목사들은 돌보는 사람 – 포이멘poimen이지, 전문 설교자가 아니다.
- 사역자들은 섬기는 사람 – 디아코노스diakonos이지, 성직자가 아니다.
- 장로들은 지혜로운 연장자 – 프레스뷰테로스presbuteros이지, 종교적 직분을 맡은 사람이 아니다.

감사하게도, 신약성서의 "리더십" 용어에 공식적인 지위의 의미보다는 특별한 기능을 뜻하는 서술적 강조의 성격이 있음을 지적하는 신약성서 학자들이 점점 더 늘어나고 있다.

다음은 교회 리더십이 공식적인 것이 아니고, 직함도 아니고, 계급이 아니라는 개념에 대해 일반적으로 제기되는 이의의 목록이다. 이들 각각에 대해 답변을 달았다.

사도행전과 바울의 편지들을 토대로 한 이의들

1. 사도행전 1장 20절, 로마서 11장 3절, 12장 4절, 그리고 디모데전서 3장 1, 10, 12절이 교회의 직분을 말하지 않는가?

이 본문들에 있는 직분이라는 단어는 오역이다. 헬라어 원어는 그렇지 않다. 우리는 헬라어 신약성서 그 어디에서도 직분을 교회 안의 그 어떤 사역이나 기능이나 지도자와 연계하여 사용한 사례를 찾을 수 없다. 직분을 뜻하는 헬라어 단어는 오직 주 예수 그리스도의 대제사장직을 일컫도록 사용되었다.히5-7장 아울러 그것은 레위 제사장직을 일컫는 말로도 사용되었다.눅1:8

KJV는 로마서 11장 13절의 하반절을 "내가 … 내 직분을 영광스럽게 여기노니"라고 번역했지만, "직분"이라고 번역된 헬라어 단어는 섬김이라는 뜻이지, 직분이 아니다. 따라서 로마서 11장 13절의 하반절을 더 옳게 번역하면 "내가 … 나의 섬김디아코니아(diakonia)을 영광스럽게 여기노니"가 된다.

마찬가지로, 로마서 12장 4절의 하반절도 "모든 지체가 같은 기능프락시스(praxis)을 가진 것이 아니니"로 번역하는 것이 더 맞다. 헬라어 단어 프락시스는 직분이나 지위가 아닌 작업, 실행, 또는 기능이라는 뜻이다. NIV와 NASB는 이렇게 더 잘된 번역을 보여준다.우리말 성경 개역개정판도 "기능"으로 번역되어 있음 – 옮긴이 주

마지막으로, 디모데전서 3장 1절에 "사람이 감독의 직분을 얻으려 함은 …"이라고 되어 있지만, 더 정확한 번역은 이렇다: "돌봄 사역을 동경하는 사람은 누구나 …"110)

2. 디모데전서, 디모데후서, 디도서가 목회 서신이라고 불리는데, 그렇다면 이것이 디모데와 디도가 목사였다는 의미 아닌가?

아니다. 그렇지 않다. 디모데와 디도에게 쓴 바울의 편지들은 18세기에 와서야 처음으로 "목회 서신"이라고 칭해졌다.111) 그러나 이것은 잘못 붙여진 호칭이다.

디모데와 디도는 지역에 있는 목사가 아니었다. 그들은 대부분 이리저리 이동하며 동역하는 사도적 일꾼이었다. 그들은 상황에 따라서만 한

곳에서 장시간을 지냈다. 예를 들어, 바울은 지역 교회에 힘을 주고 그 지역의 문제들을 정리시키고자 디도를 그레데로, 디모데를 에베소로 보냈다.

디모데와 디도가 순회 교회 사역자였으므로, 바울은 결코 그들을 목사나 장로로 부른 적이 없다. 이 사람들은 상주하는 사역자가 아니었다. 그들은 끊임 없이 돌아다니는 것으로 특징지어지는 바울의 사도적 일꾼 그룹에 속했다. 롬16:21; 고전16:10; 고후8:23; 살전1:1; 2:6; 3:2; 딤후2:15; 4:10 그러므로 이 세 편지를 "목회 서신"이라고 부르는 것은 현대의 편견을 대변하는 것이지, 사실을 객관적으로 보는 것이 아니다.

3. 목회 서신에서 바울이 열거한 자격, 즉 디모데전서 3장 1-7절과 디도서 1장 7-9절은 장로들이 교회의 직분임을 증명하지 않는가?

디모데전서, 디모데후서, 그리고 디도서에 기록된 모든 것은 바울이 교회들이 아닌 그와 동역하던 사도적 일꾼들에게 썼다는 관점으로 이해해야 한다. 이것이 이 편지들과 바울의 다른 편지들 사이에 있는 얼마간의 차이점을 설명해준다. 예를 들면, 디모데서와 디도서에는 몸의 비유가 나와 있지 않다. "형제들"이라는 말도 가끔씩 언급되어 있다. 그리고 상호간의 사역에 대해서도 거의 강조하지 않는다.

이와 마찬가지로, 우리는 이 편지들에서 초기의 가톨릭교회와 비슷한 그 어떤 것도 찾을 수 없다. 하나님의 성령과 함께 성령의 은사들은 언급되어 있다. 그리고 지도자들은 그들이 차지하는 직분이 아닌 그들의 본이 되는 삶에 의해 인정받아야 된다고 이해된다.

그렇다면, 이 본문들에서 우리가 보는 것은 진실 된 감독의 본질적인 자질이지, 하나씩 열거할 수 있는 직분의 자격을 연필로 쓴 목록이 아니다.

　이 자질을 요약하면, 영적 인품과 신실함, 경건과 책임감이다. 그러므로 바울의 목록은 디모데와 디도로 하여금 그들이 사역하던 교회들 안에서 감독들을 확인하고 인정하도록 돕기 위한 지침으로 쓰인 것뿐이다. 딤전5:22; 딛1:5

　덧붙이자면, 이 구절들의 헬라어 원문들이 풍기는 것은 공식적인 직분이 아니라 기능의 그것이다. 바울은 감독을 직분을 이행하는 사람이라 하지 않고 "선한 일"이라고 부른다. 딤전3:1 더구나, 바울이 "잘 다스리는" 장로들, 특히 말씀과 가르침에 "수고"하는 장로들을 존경하라고 할 때 기능의 언어가 사용되었다. 딤전5:17

　결과적으로, 이 본문들에 있는 감독들을 오늘날의 교회 직분(현대 목사 같은 것)과 혼합시키는 것은 환상에 불과하다. 그것은 우리의 조직적인 성향을 신약성서에 집어넣어서 그것으로 성서를 읽는 우리의 버릇에서 비롯된 것이다. 그것은 우리가 본문으로 가져가는 학습된 문화적 토대의 결과일 뿐이다. 요약하자면, 바울의 다른 서신서들과 마찬가지로 직분이 아닌 기능의 언어가 "목회 서신"을 도배하고 있다.112)

4. 고린도전서 12장 28절엔 "하나님이 교회 중에 몇을 세우셨으니 첫째는 사도요 둘째는 선지자요 셋째는 교사요 …"라고 되어 있는데, 이 본문이 교회 직분의 계급을 그리고 있지 않은가?

　다시 말하지만, 이 질문엔 성서를 인간 계급의 훈련된 안경을 쓰고 읽는 우리의 경향이 드러난다. 그것은 모든 관계성이 한 단계 위/한 단계 아래 계급 방식에 의해 이해된다고 주장하는 서구식 별난 취향이다. 따라서 우리가 신약성서에 순서대로 열거된 목록고전12:28 같은을 볼 때마다 우리 자신을 계급과 연결 짓지 않고는 못 배기는 듯 하다.

21세기의 우리 서구 사람들은 조직적인 도표에 의해 생각하기를 좋아하지만, 성서는 절대로 그렇게 하지 않는다. 따라서 성서에 있는 순서대로 열거된 목록 전부가 일종의 감추어진 명령계통 계급이라는 생각은 보증할 수 없는 추측일 뿐이다. 간단히 말해서, 고린도전서 12장 28절에 있는 은사의 목록에서 계급을 보는 것은 문화적 편견으로 바울을 잘못 읽음을 대변한다. 권위의 구조에 관한 질문은 이 본문 어디에도 없다. 그러므로 우리는 그것에서 계급을 해석해내지 않고, 그것에 계급을 강요한다.

이 본문을 더 자연스럽게 읽으면 이 순서가 계급이 아닌 논리적 중요성을 반영함을 이해할 수 있다. 달리 표현하자면, 이 순서는 교회를 세우는 것과 관련해서 사용되는 더 큰 은사를 나타낸다. 이 해석은 이 순서가 등장하는 부분의 전후 문맥과 잘 들어맞는다. 고전12, 13, 14장

바울은 이것을 전개하려고 교회를 세우는 범위 안에서 사도의 사역이 가장 기초적임을 말한다. 이것은 사도들이 교회를 출생시키고 초창기에 계속 그 교회를 유지시키기 때문이다. 사도들이 땅을 갈고 에클레시아의 씨를 심는다.

사도들이 교회의 기초를 놓기 때문에 교회를 세우는 일에서 시간적으로 맨 처음에 위치한다. 중요한 것은, 사도들이 교회를 세우는 계획에는 처음에 위치하지만 세상의 눈에는 맨 나중으로 보인다는 사실이다. 마20:16; 고전4:9

선지자들은 바울의 목록에 두 번째로 등장한다. 이것은 그들이 교회를 세우는 중요성에서 사도들 바로 다음이라는 것을 나타낸다. 오늘날 많은 혼란그리고 남용이 선지자의 역할을 둘러싸고 있다. 간단히 말해서, 선지자들은 예언적인 말을 통해 교회에 영적 비전과 격려를 제공한다. 선지자들도 사도들처럼 현재와 미래를 위한 하나님 목적의 신비를

드러낸다. 행15:32; 엡3:4-5 그들은 또한 교회가 방해받지 않고 자라도록 잡초를 제거한다.

교사들을 세 번째로 언급한다. 그들은 교회를 세우는 중요성에서 선지자들 다음이다. 교사들은 교회를 단단한 성서적 바탕에 올려놓고, 하나님의 방법에 관한 교훈을 제공한다. 아울러 힘든 시기에 하나님의 사람들을 돌본다.

계속해서 비유를 들자면, 교사들은 교회가 번성하고 꽃을 피우도록 물을 주고 거름을 준다. 우리가 시간적인 눈으로 교사의 사역을 살펴본다면, 교사들은 사도들이 기초를 놓은 후에 교회의 상부 구조를 세운다.

고린도전서 12장 28절의 이런 해석은 사도들이 선지자들을 "계급으로 누르고" 선지자들 또한 교사들에게 똑같이 행사하는 계급적인 명령계통 구조보다는 훨씬 더 바울이 생각하는 방향을 따른다. 그것은 아울러 중요한 영적 원리 하나를 주목하게 한다: 계급적 권위가 없다고 해서 은사에 평등주의가 있다는 뜻은 아니다.

신약성서가 모두가 은사를 받았고 사역을 가졌다고 긍정하지만, 동시에 하나님께서 그분의 은사들을 다양한 방식으로 나눠주심을 보여준다. 고전12:4-6 모든 은사가 그리스도의 몸에 유익하지만, 어떤 은사들은 그 관련된 영역 안에서는 다른 것들보다 더 크다. 마25:14 이하; 고전12:22-24, 31; 14:5

그러나 이것은 더 큰 은사를 가진 사람들이 공적인 면에서 더 큰 권위 또는 본질적인 가치를 가졌다는 뜻이 아니다. 그러나 하나님께서는 우리 각 사람을 각기 다른 일을 위해 부르셨다. 그리고 어떤 사람들에겐 다른 임무를 위해 더 큰 은사가 주어졌다. 25:14 이하; 롬12:6; 엡4:7

우리가 가진 은사들의 영역 안에서 각 지체는 교회를 포괄적으로 구축하는데 있어 없어서는 안 된다. 비록 밖으로는 잘 드러나지 않는 은사를 가진 지체들일지라도.고전12:22-25 그러므로 주님의 집에 있는 모든 그리스도인은 자신의 은사를 사용하고 발전시킬 책임이 있다. 그리고 우리 모두는 두려워서 그 은사들을 땅에 감추는 것에 대한 경고를 받았다.마25:25

요약하자면, 고린도전서 12장 28절이 일종의 교회 계급을 나타낸다는 생각은 논리적인 힘이 결여되어 있다. 이 본문은 교회를 세우는 시간적인 순서에 숨겨진 더 큰 은사를 염두에 둔다. 심는 사람이 있고, 물을 주는 사람이 있고 등등.고전3:6 그것은 교회의 계급이나 그리스도인들이 올라야 할 권위적인 사다리의 서열을 나타내지 않는다.

5. 사도행전 20장 28절, 데살로니가전서 5장 12절, 디모데전서 5장 17절, 그리고 히브리서 13장 7, 17, 24절에 장로들이 교회를 "… 위에서 다스리다"rule over라고 되어 있지 않은가?

이 본문들에 나오는 "다스리다rule"와 "위에서over"라는 단어는 신약성서에 있는 그 밖의 모든 부분과는 잘 어울리지 않는다. 그리고 헬라어 원문에는 이것들과 유사한 것도 없다. 이것 역시 특정한 번역들이 문화적으로 조절된 종교적 용어를 갖다 붙여서 현대 독자들을 혼란시킨 경우이다.

히브리서 13장 7, 17, 24절에 있는 "다스리다"rule, 우리말 성경 개역개정판에는 "인도하다"라는 단어가 사용되었음라는 말은 헬라어의 헤게오마이hegeo-mai라는 단어에서 번역된 단어이다. 그것은 단순히 안내하다 또는 앞서서 가다 라는 뜻이다. 신약성서 학자 F. F. 브루스는 그가 번역한 히브리서에서 헤게오마이를 "안내하다guides"라고 번역했다.113) 이 단어는 "너희들 위에서 다스리는 자들"이 아닌 "너희를 안내하는 자들"의 개념을 담고 있다.

마찬가지로, 데살로니가전서 5장 12절에 있는 "위에서over"라는 말은 헬라어의 프로이스테미proistemi라는 단어에서 번역되었는데, 그것은 앞에 서다, 관리하다, 지키다, 그리고 돌보다의 개념을 지닌다. 로버트 뱅크스와 F. F. 브루스는 이 용어가 공식 명칭의 기술적인 힘을 지니지 않았다고 설명한다. 왜냐하면, 그것이 명사형이 아닌 분사로 사용되었기 때문이다. 그것은 또한 두 개의 다른 비공식 분사 중 두 번째에 위치한다.114) 브루스는 데살로니가전서 5장 12-13절을 다음과 같이 번역한다: "형제들아 우리가 너희에게 구하노니 너희 가운데서 수고하고 주 안에서 너희를 돌보며 권하는 자들을 너희가 알고 그들의 역사로 말미암아 사랑 안에서 가장 귀히 여기라."115)

같은 단어프로이스테미가 디모데전서 5장 17절에 등장한다. 그것 역시 KJV와 NASB에 "다스리다"로 잘못 번역되었다. 더구나, 사도행전 20장 28절에서 헬라어 원문은 장로들이 양 떼 "위에"KJV가 그렇게 했듯가 아닌 양 떼 "가운데"엔(en) 있다고 말한다.

마찬가지로, 디모데전서 3장 4-5절에서 감독들이 "자기 집을 잘 다스려"야 한다는 바울의 말은 권세를 휘두르는 그들의 능력을 가리키지 않는다. 그것은 오히려 다른 사람들을 지휘하고, 관리하고, 양육하는 그들의 역량을 가리킨다. 그런데, 집을 관리하는 것은 핵가족을 관리하는 것과는 그림이 달랐다. 그것은 그것보다는 훨씬 더 많은 것을 포함한다. 결혼한 가족과 결혼하지 않는 가족뿐만 아니라 하인들을 관리하는 것까지 포함된다.

이 모든 본문들에서, 기본적인 생각은 좌지우지하려 말고 지켜보라는 것, 지배하려 말고 관리하라는 것, 지시하려 말고 도우라는 것이다.

헬라어 원문은 양 떼 안에서, 섬기는 지도자가 그렇게 하듯 양 떼를 지키고 돌보는 사람의 이미지를 전달한다. 그것은 뒤에서 양을 몰거나 위에서 지배하는 사람이 아니고, 양을 보살피는 목자를 연상케 한다.

다시 강조하자면, 사도적 가르침의 강한 주장은 하나님께서 갖고 계신 교회 리더십의 개념이 상명하달식 통치에 기초한 전통적인 리더십 역할과는 일치하지 않음을 일관성 있게 보여준다.

6. 하나님께서 어떤 신자들에게는 교회 안에서 다스리는 은사를 주신다고 로마서 12장 8절이 가르치지 않는가? 바울은 거기서 "다스리는 자는 부지런함으로[해야 한다]"라고 말했다.

KJV는 이 본문에서 "다스리다"라는 단어를 사용한다. 그러나 여기에 등장하는 헬라어 단어는 프로이스테미 이다. 즉, 이 단어는 지휘하고 다른 사람들에게 도움을 주는 사람을 그린다. 그것은 다른 사람들을 다스리거나 지배하는 사람을 일컫지 않는다. 따라서 이 본문을 더 잘 번역하면 이렇다: "지키고 돌보는 사람은 부지런함으로 해야 한다." 여기서 바울의 생각은 독재로 다스리는 것이 아닌 성실하게 돌보는 것임이 분명하다.

7. 사도행전 14장 23절과 디모데전서 1장 5절은 장로를 안수 받은 사람들이라고 가르치고, 교회의 직분을 맡은 사람들임을 내포하지 않는가?

사도가 인정(승인)했다는 언급은 그것이 지위로 해석되는 것 못지않게 최소한 기능의 사고방식에도 친숙하다. 디도서 1장 5절에서 "안수 받다"는 말로 번역된 헬라어 단어는 카티스테미 kathistemi이다. 이 단어가 뜻하는 하나의 의미는 "공표하다, 이루어 것을 보이다"이다.

사도행전 14장 23절에서 사용된 단어는 케이로토네오cheirotoneo이다. 그것은 "손을 앞으로 내밀다" 또는 "선택하다"라는 뜻이다. 둘 다 다른 사람들이 이미 승인한 사람들을 인정한다는 뜻으로 이해할 수 있다.

둘째, 성서적인 인정이 권위를 부여하거나 위임한다는 개념을 지지해 줄 본문의 증거가 전무하다. 바울은 결단코 특정한 사람들에게 공동체의 다른 지체들 위에 행사할 수 있는 권위를 부여한 적이 없다. 성령이 감독자로 삼는다고 했지, 군주로 삼은 것이 아니다.

장로들은 밖으로 인정되기 전에 교회 안에 존재한다. 사도들의 승인은 단지 성령이 이미 행한 것을 공표하는 것뿐이다. 손을 얹는 것은 교제, 하나 됨, 그리고 승인의 표시이다. 그것은 특별한 은혜나 권위의 이양을 뜻하지 않는다. 그러므로 성서적인 인정을 기독교식 안수로 혼동하는 것은 크나큰 오류이다. 손을 얹는 것이 덜 떨어진 사람으로 하여금 할 수 없는 것을 하게 만들어서 종교 전문가의 자격을 부여하지 않는다.116)

그런 것이 아니라, 성서적인 인정은 성령에 의해 특별한 임무를 이미 부여받은 사람들을 단지 겉으로 확인하는 것이다. 그것은 "제품을 가진 have the goods" 사람들을 공표하는, 눈에 보이는 증거로 쓰임 받는다.

많은 현대 가정집 교회에서는, 공개적으로 인정하는 것이 일종의 무슨 트로이의 목마를 만드는 것과 같다. 어떤 사람들은 인정받은 것을 감당할 수 없는 듯하다. 직함이 그들을 권세의 여정으로 인도한다. 더욱 고약한 것은, 그것이 누군가를 지배하기를 즐기는 사람으로 탈바꿈시킨다는 사실이다.

우리는 1세기에 감독들을 공개적으로 인정한 사람들이 순회 사역자였음을 기억해야 한다. 행14:23; 딛1:5 그러므로 오늘날 감독들돌보는 사람들이 언제 어떻게 인정되는지는 교회의 제안에 의해 그 지역에 상주하지 않는 순회 사역자들에게 달려 있다.117) 감독들이 생겨날 때 그들을 인정하는 것이 무슨 고정된 틀에 끼워 맞춰져서는 안 된다. 교회 개척자에 따라 감독들을 직접 인정할 수도 있고, 조용하게 할 수도 있을 것이다.

결국 중요한 것은, 우리가 장로들의 인정을 특별한 예식, 자격증, 신학대학원 학위 등에 결부시키면 성서가 말하지 않는 것을 주장하는 것이다. 신약성서에 장로들을 인정하는 원리가 있지만 방법은 열려 있음을 우리는 명심할 필요가 있다. 그리고 그것엔 언제나 딱딱한 직분의 자리를 채우는 것이 아닌 역동적인 기능을 인정하는 감각이 있음을 알아야 한다. 덧붙여서 말하자면, 교회를 잘 아는 순회 사역자들에 의해 장로들이 인정될 때 우리는 안전한 성서적 바탕 위에 서게 된다. 이것이 그 지역에서 스스로 임명한 리더십에 의해 교회가 좌우되고 조작되지 않도록 안전하게 지켜준다.

8. 바울은 자신에 관해 말할 때 "사도"라는 말을 공식적인 직함으로 사용하지 않았는가?

일반적인 생각과는 달리, 바울의 편지들 대부분엔 그가 공식적인 사도가 아니었음을 긍정하는 암시가 내포되어 있다. 물론, 바울은 편지 서두의 인사말에서 종종 그의 특별한 역할을 알게 한다. 예를 들면, "예수 그리스도의 사도인 바울". 그러나 그는 자신을 한번도 "사도 바울"이라고 하지 않았다.

이것은 의미 있는 구분이다. 전자는 하나님께서 주신 사명에 기초한 특별한 역할을 묘사한 것이고, 후자는 공식적인 직함이다. 앞에서 언급한 바와 같이, 우리는 하나님 일꾼들의 이름 앞에 직함이 사용된 몸 안의 사역이나 기능을 신약성서 그 어디에서도 찾을 수 없다. "직함을 좋아하는" 그리스도인들은 이것을 심각하게 고려할 필요가 있다.

9. 에베소서 4장 11절이 "그가 어떤 사람은 사도로, 어떤 사람은 선지자로, 어떤 사람은 복음 전하는 자로, 어떤 사람은 목사와 교사로 삼으셨으니"라고 한 것을 볼 때, 여기서 성직자를 그리지 않는가?

전혀 그렇지 않다. 에베소서 4장은 다양한 섬김을 통해 교회를 세우는 은사들을 염두에 둔다.12-16절 이 본문에 열거된 은사들은 실제로 교회에 힘을 실어주는 은사를 받은 사람들이다.8, 11절 그것들은 성령이 그의 뜻대로 각 사람에게 나눠주는 은사고전12:11가 아니다.

달리 표현하자면, 에베소서 4장은 사람들에게 주어진 은사들에 관해 논하지 않는다. 그것은 교회에 주어진 은사 받은 사람들에 관해 논한다. 사도들, 선지자들, 복음 전하는 자들, 그리고 목자들/교사들은 승천하신 주님께서 그분의 교회를 세우고, 조정하고, 발전시키도록 교회에 주신 사람들이다. 자세한 것은 [http://www.ptmin.org/fivefold.htm www.ptmin.org/fivefold.htm에 있는 나의 논문 "Rethingking the Fivefold Ministry"를 참조할 것.

그들의 주된 임무는 신자의 공동체로 하여금 책임 있는 역할을 하도록 양육하는 것이다. 그들의 성공 여부는 하나님의 사람들이 사역을 감당하도록 힘을 주고 준비시키는 그들의 능력에 달려 있다. 이렇게 함으로써, 에베소서 4장의 은사들이 몸으로 하여금 하나님의 영원한 목적을 성취하게 하는 것이다.

예수님께서 승천하실 때 주신 이런 은사들은 직분도 아니고, 공식적인 지위도 아니다. 헬라어 원문엔 이 용어들과 관련해서 어떤 정관사도 붙어 있지 않다. 그들은 동료 형제들의 사역을 계발하도록 설계된 "할 수 있도록 돕는" 특유의 은사들을 받은 그저 형제들일뿐이다.

요약하자면, 에베소서 4장 11절은 고용된 성직자, 전문 사역, 또는 특별한 제사장 직분을 그리지도 않고, 그들을 특별 계층의 그리스도인이라고 하지도 않는다. 에베소서 4장도 고린도전서 12장 28절에 있는 바울의 은사 목록처럼 공식적인 지위가 아닌 특별한 기능을 염두에 두고 있다.

10. **고린도전서 12장 28절에 언급된 "다스리는 것" 또는 "운영"행정이 초대교회에 교회 직분이 있었음을 보여주지 않는가?**

KJV에서 "governments"라고 번역되었고, NIV에는 "administration"으로 번역된 헬라어 단어는 쿠베르네시스kubernesis이다. 신약성서 학자 고든 피에 의하면,

> 그 명사는 70인역헬라어로 된 구약성서에 세 번 등장하는데, 그것은 다른 사람을 "안내"guidance한다는 개념을 담고 있다. 현대 영어에서 "administration"이라는 단어가 바울이 생각했던 것과는 전혀 다르게 "행정 능력"의 개념을 연상시키기 때문에 비록 그것이 단순히 개인들에게가 아닌 공동체 전체를 향해 지혜 있게 조언하는 것을 일컬을 가능성이 높을지라도, 여기서 "안내를 하는 행위"로 하는 것이 더 좋은 번역일 것이다.118)

이런 시각에서, 교회 행정조직의 공식적인 형태를 이 단어에 갖다 붙이는 것은 보증될 수도 없고. 지지받을 수도 없다. 교회에클레시아가 아는 바 유일한 "다스림"government은 예수 그리스도의 순수한 통치이다. 사9:6 감독들은 지역 교회에서 감독자와 안내자의 역할을 하지만, 교회를 "통치하거나" "다스리지" 않는다. 따라서 "governments"와 "administration"은 형편없는 번역이다.

11. 성서에 디모데가 "에베소교회의 초대 감독으로 임명되었다"고 되어 있지 않은가? 그리고 성서가 디도 또한 "그레데교회의 초대 감독으로 임명되었다"고 하지 않았는가?

KJV의 증보판 중에 소위 목회 서신들 끝에 이런 기록이 추가된 것들도 있다. 그러나 그것들은 헬라어 원문에는 등장하지 않는다. 그것들은 KJV의 번역자들이 17세기에 끼워 넣은 것이다.

우리가 이미 살펴보았듯이, 디모데와 디도는 감독이 아니었고, 목사도 아니었다. 그들은 바울의 동료로 사도적 일꾼이었다. 말하자면, 그들은 교회 개척자였다. 롬16:21, 고전16:10; 고후8:23; 살전1:1; 2:6; 3:2; 딤후2:15; 4:10

중요한 것은 군주적 감독감독제도이 신약성서가 완성된 이후 한참 지나서야 정착되었다는 사실이다. 그러므로 디모데와 디도가 "초대 감독"이었다는 역사적 증거는 베드로가 로마의 "초대 감독"이었다는 사상에서처럼 희박하다. 이런 식으로 가정하는 모든 것은 교회 역사뿐만 아니라 신약성서의 이야기와도 모순된다. 그것들은 성서적 바탕이 결여된, 사람이 고안해낸 것이다.

12. 사도행전 15장 22절에 "형제 중에 인도자"KJV에는 chief men among the brethren이라고 되어 있음 라고 되어 있는데, 이것이 초대교회에 계급적 권위가 존재했음을 내포하고 있지 않은가?

KJV는 계급을 연상케 하는 "chief men"우두머리격인 사람들이라는 말을 사용해서 이 구절을 번역했다. 그렇지만, "chief"의 헬라어 단어는 헤게오마이hegeomai이다. 그리고 그것은 단순히 "인도하다" 또는 "안내하다"라는 뜻이다. NASB와 NIV를 참조할 것이 본문은 유다가룻 유다가 아님와 실라가 예루살렘교회에서 존경받는 형제들에 속했다는 사실을 강조한다. 그들은 신뢰할 수 있는 사람들이었다. 아마 선지자였을 뿐만 아니라 장로였을 것이다. 행15:32 이런 이유 때문에, 예루살렘교회가 그들을 임시 메신저로 택해서 안디옥에 파송했던 것이다. 잠10:26; 25:19과 비교해보라 그러므로 이 구절에서 계급을 추론하려는 것은 정당화될 수 없다.

13. 바울이 든 그리스도의 몸 비유는 권위가 계급의 모델 안에서 잘 행사된다는 것을 보여주지 않는가? 즉, 머리가 손에게 신호를 보내려면 먼저 팔에 신호를 보내야 하고, 따라서 손은 머리에 순종하도록 팔에게 복종해야만 한다.

인간의 해부학에 정통한 사람은 누구나 위에서 묘사한 것이 육체의 기능에 대한 잘못된 이해에서 비롯되었음을 알 것이다. 뇌는 조종하고자 하는 몸의 지체들에 말초신경 조직을 통해 직접적으로 신호를 보낸다. 결과적으로, 머리는 신경들을 통해 몸의 모든 지체를 즉시, 그리고 직접적으로 조종한다. 뇌는 다른 지체들의 원조를 구하면서 명령계통의 틀을 통해 그 충동을 전달하지 않는다.

따라서 머리는 팔로 하여금 손이 해야 할 일을 명령하도록 하지 않는다. 그렇게 하지 않는 대신, 머리는 신경조직을 통해 몸 전체에 연결되어 있다. 이런 이유로, 몸 비유의 적절한 적용은 교회 안에 권위의 원천은 오직 하나 곧 예수 그리스도뿐이라는, 꾸밈없는 진리를 보존시킨다. 아울러 모든 지체가 주님의 생명에 의해 연결되고 주님의 직접적인 조종 아래 놓여 있다는 사실을 보존시킨다.

이런 점에서, 성서는 예수 그리스도가 하나님과 사람 사이의 유일한 중보자이시라고 명백하게 가르친다.딤전2:5 구약시대에는 인간 중보자들이 있었지만, 새 언약은 그런 것을 상상도 하지 못한다. 우리는 새 언약에 참여하는 사람들로서 우리에게 주님을 알게 하는 중보자들을 필요로 하지 않는다. 이 언약 아래 있는 모든 사람은 "작은 자로부터 큰 자까지" 주님을 직접적으로 알 수 있다.히8:6-11 계급적인 굴복이 아닌 상호간의 복종이 그리스도의 몸에서 적절한 조정을 하도록 한다.

14. 모든 육체에는 머리가 있다. 그러므로 지역에 있는 신자들의 몸은 모두 머리를 필요로 한다. 머리가 없다면 무질서하게 될 것이다. 목사들이 지역 교회의 머리이다. 그들은 그리스도의 머리되심 아래 있는 작은 머리들이다.

이 개념은 타락한 인간들의 상상에서 생겨난 것이다. 그런 개념을 지지해줄 성서적 근거가 전무하다. 성서는 절대로 사람을 교회의 "머리"로 일컫지 않는다. 이 호칭은 예수 그리스도만 독점하신다. 주님만이 각 지역 교회의 유일한 머리이시다. 교회엔 주님의 머리되심 아래 있는 머리는 존재하지 않는다. 그러므로 자신이 교회의 머리라고 주장하는 사람들은 그리스도의 머리되심을 밀어내고 대신하는 것이다.

15. 요한복음 5장 30절, 요한복음 14장 28,31절, 그리고 고린도전서 11장 3절이 삼위일체 안의 계급적인 관계성을 가르치지 않는가?

아니다. 그렇지 않다. 이 본문들은 삼위일체 안에서 아들이 갖는 아버지와의 영원한 관계를 염두에 둔 것이 아니다. 그런 것이 아니라, 그 본문들은 사람으로서 아버지의 뜻에 자신을 자발적으로 복종시키신 주님의 임시적인 관계성을 가리킨다. 삼위일체 안에서, 아버지와 아들은 성령을 통해 일체감과 상호복종을 경험하신다.

케빈 가일즈는 다음과 같이 정확하게 말했다: "성서에는 아버지-아들-성령의 존재에서, 역사와 기능에서, 또는 권위에서 영원한 계급의 서열이 있음을 나타내는 것은 아무것도 없다."119)

그렇기 때문에, 역사적 정통은 하나님 아들의 영원한 종속을 거부한다. 그 대신 성육신하신 아들의 임시적 복종을 받아들인다.120) 아버지께 대한 그리스도의 복종은 임시적이고, 자발적이고, 성육신하셨던 기간에 국한되었다.빌2:4-11 길버트 빌리지키언은 이렇게 설명한다:

> *정통의 한정된 범위에서는 인간들 속에 있는 계급의 서열을 위한 모델을 삼위일체의 존재론적 구조에서 끌어내는 것이 불가능하다. 왜냐하면, 세 인격 모두 그 본질에 있어 동등하기 때문이다. 더구나, 그리스도의 기능상의 복종이 영구적 상태가 아니라 사역을 위한 임시적 상황에서 임무 위주로 벌어졌기 때문에, 성서에 모든 신자를 위한 섬김과 상호복종의 모델로 제시된 것이다.*빌2:5-11 121)

케빈 가일즈는 이렇게 덧붙인다: "역사적 정통은 결코 삼위일체 안의 계급적 서열을 받아들인 적이 없다."122) 아타나시우스 신조를 바꾸어 말하면, 아들은 오직 사람이 되신 것과 관련해서만 아버지보다 못하다; 그분은 하나님 되심과 관련해서는 아버지와 동등하시다.123) 성서는 여러 곳에서 이것을 확인시켜준다. 하나의 예를 들자면, 히브리서 기자가 예수님께서 영원하신 아들로서가 아닌 성육신하신 상태에서 "순종함을 배워서"라고 한 것이다.히5:8

그러므로 신약성서는 결코 하나님 안의 계급구조나 명령계통 관계성을 지지하지 않는다. 삼위일체는 동등한 인격들 사이의 교류이다. 마

28:18; 요5:18; 10:30; 14:9; 빌2:6 그리고 하나님 안의 교제는 평등하고 계급적이지 않다.

다시 케빈 가일즈의 말을 인용하자면, 그는 이 점을 다음과 같이 분리시킨다: "교회의 교리가 삼위일체적 사상 위에 세워질 때, 계급적 서열은 있을 곳이 없다."124) 미로슬라브 볼프는 다음과 같은 통찰력으로 덧붙인다: "삼위일체를 계급적인 개념으로 이해하는 것은 결국 교회 안에서 권위적인 관행을 승인하는 결과로 나타난다."125)

다른 신약성서 문서들의 이의들

1. 히브리서 13장 17절은 교회 지도자들에게 공식적인 권위가 있음을 내포하면서 우리로 하여금 그들을 순종하고 복종하라고 명하지 않는가?

다시 강조하지만, 여기서 헬라어 원문으로 가보면 증명하는데 도움이 될 것이다. 히브리서 13장 17절에 "순종"이라고 번역된 단어는 신약성서에서 보통 순종과 직결되는 흔한 헬라어 단어 휘파쿠오hupakou가 아니라 페이쏘peitho이다. 페이쏘는 설득하다 또는 끌어들이다 라는 뜻이다. 이 단어가 히브리서 13장 17절에 중간 수동형으로 등장하기 때문에 이 본문은 "지도자들에 의해 설득당하도록 너희 자신을 허용하라"로 번역되어야 한다.

이 본문은 지역 교회의 감독들그리고 어쩌면 사도적 일꾼들의 교훈에 힘을 실어주기 위한 권면으로 보인다. 분별없이 그들을 순종하라는 권면이 아니다. 그것은 강요하거나, 억지로 시키거나, 복종시키려고 위협하는 것이 아니고 납득시키고 끌어들이고자 설득하는 능력을 내포한다. 헬라어 학자 W. E. 바인에 의하면, "히브리서 13장 17절에 암시된 순종은 권위에 대한 복종이 아니라 설득의 결과이다."126)

마찬가지로, 이 본문에 "복종"으로 번역된 동사는 휘페이코hupeiko라는 단어이다. 그것은 전투 후에 항복하는 과정에서의 포기, 퇴각, 또는 철수의 개념을 담고 있다. 영적으로 돌보는 일에 바쁜 사람들은 복종을 요구하지 않는다. 그들은 지혜가 있고 영적으로 성숙하기 때문에 존경받기에 합당하다. 그리스도인들은 그들이 하는 말에 편견을 갖는 일이 드물어야 한다. 그들이 차지한 외면적인 직책 때문이 아니라, 그들의 경건함, 영적 성숙, 그리고 하나님의 사람들을 향한 그들의 희생적인 섬김 때문에 그렇게 해야 한다.

우리는 "그들의 행실의 결말을 주의하여 보고 그들의 믿음을 본받으라"는 히브리서 13장 7절 말씀대로 해야 한다. 그렇게 함으로써, 우리는 영적 돌봄을 위해 부르심을 받은 그들의 임무가 아주 수월하게 수행되게 하는 것이다.17절

2. 성서는 교회의 영혼들을 돌보는 사람들이 하나님 앞에서 청산해야 할 것이라고 가르친다. 이것은 이 사람들이 다른 사람들 위에 권위가 있다는 뜻이 아닌가?

히브리서 13장 17절은 다른 사람들을 돌보는 사람들이 이 임무를 위해 하나님 앞에 책임이 있다고 말한다. 그러나 이 본문에 그들이 다른 그리스도인들 위에 특별한 권위를 가졌음을 보증하는 것은 나와 있지 않다.

하나님 앞에 책임 있다는 것은 권위를 갖는 것과는 다르다. 모든 신자가 하나님 앞에 책임이 있지만, 마12:36; 18:23; 눅16:2; 롬3:19; 14:12; 히4:13;

13:17; 벧전4:5 이것은 그들이 다른 사람들 위에 권위가 있다는 뜻이 아니다. 덧붙여 말하자면, 다른 사람들을 지배하고 싶어 하는 것은 육신적인 것이다. 그것은 하나님의 은혜에서 나온 것이 아니고 타락한 육신의 산물이다.

3. 서기관들과 바리새인들이 모세의 자리에 앉았으므로 그들에게 순종할 것을 예수님께서 제자들에게 명하셨을 때 공식적인 권위를 승인하신 것 아닌가?

전혀 그렇지 않다. 예수님께서 서기관들과 바리새인들에 관해 말씀하신 것은 자신들이 소유하지도 않은 가르치는 권위가 있다고 가정하는 그들의 행실을 책망하신 것이다. 마태복음 23장 2절에는 이렇게 되어 있다: "서기관들과 바리새인들이 스스로 모세의 자리에 앉았으니"NASB

우리 주님은 단지 서기관들과 바리새인들이 스스로 임명한 자칭 교사들이라는 사실을 드러내셨을 뿐이다. 그리고 그들이 사람들 위에 불법적으로 권위를 행사함을 드러내신 것이다.마23:5-7; 눅20:46 주님은 보신 것을 말씀하신 것이지 승인하신 것이 아니다.

서기관들과 바리새인들이 사람들 앞에서 위장했지만 그들에게는 아무런 권위도 없었음을 주님은 아주 분명히 하셨다.마23:11-33 그들은 모세의 율법을 가르쳤지만 그것을 순종하지는 않았다.23:3b, 23

이런 시각에서, 그 다음 구절인 "그러므로 무엇이든지 그들이 말하는 바는 행하고 지키되"23:3a를 바리새인들의 권위를 전격 승인하신 것으로 이해하면 안 된다. 이런 해석은 그 다음 구절인 4절과는 완전히 모순된다. 그것은 또한 예수님께서 바리새인들의 교훈을 단호하게 거부하시고 제자들에게도 똑같이 하라고 명하신 구절들과도 모순된다.마5:33-37; 12:1-4; 15:1-20; 16:6-12; 19:3-9; 등등

대신에, 이 구절은 주님께서 언급하신 모세의 자리라는 말에 의해 해석해야 한다. 모세의 자리는 글자 그대로 구약성서를 읽도록 각 회당마다 따로 마련한 특별한 의자를 가리킨다.127)

서기관들과 바리새인들은 "모세의 자리"에 앉았을 때는 언제나 성서에 있는 그대로 읽었다. 성서에 권위가 있으므로 그들이 그 의자에서 읽은 것은 읽는 사람의 위선과 관계없이 구속력이 있었다. 이것이 예수님께서 하신 말씀의 근간이다. 여기서 교훈은: 위선적인 자칭 교사가 성경을 읽는다 해도 그가 성경으로부터 말한 것엔 권위가 있다.

그러므로 마태복음 23장 2-3절에 있는 주님의 입에서 나온 말씀에 공식적인 권위의 승인을 투영하는 것은 로마 카톨릭의 교황제도에 의해 흡수된 예수님의 한 예이다. 그렇기 때문에, 그것은 본문의 역사적 정황을 따라가는데 실패하고, 복음서 자체를 반영하지 못한다.

4. 헬라어 신약성서가 교회에 성직자와 평신도가 있다는 사상을 지지하지 않는가?

성직자/평신도의 이분법은 기독교 역사를 통해 뻗어나간 비극적인 단층선이다. 하지만 수많은 사람이 이 이분법을 옹호하고자 저급한 독단적 태도를 취했음에도, 그것은 성서적 근거가 없다.

"평신도"라는 말은 헬라어의 라오스laos에서 파생된 단어이다. 그것은 단순히 "사람들"이라는 뜻이다. 라오스는 장로들을 포함한 모든 그리스도인을 포함한다. 그 단어는 베드로전서 2장 9-10절에 세 번 등장하는데, 거기서 베드로는 "하나님의 백성"라오스을 언급한다. 그것은 신약성

서에서 교회의 일부분을 지칭한 적이 한 번도 없다. 그 단어가 3세기까지는 이런 의미를 갖지 않았다.

"성직자"라는 말은 헬라어 단어 클레로스kleros에서 그 뿌리를 찾을 수 있다. 그것은 "몫 또는 상속"이라는 뜻이다. 이 단어는 베드로전서 5장 3절에서 사용되었는데, 거기서 베드로는 "하나님의 유산[클레로스]에게 주장하는 자세"를 갖지 말라고 장로들을 교훈한다. 중요한 것은 이 단어가 교회 지도자들을 가리키는 말로 사용된 적이 한번도 없다는 사실이다. 그것은 라오스와 마찬가지로 하나님의 사람들을 가리킨다. 왜냐하면, 그들이 하나님의 유산이기 때문이다.

따라서 신약성서에 의하면, 모든 그리스도인이 "성직자"클레로스이고 모두가 "평신도"라오스이다. 우리는 주님의 유산이고 주님의 사람들이다. 이것을 다른 식으로 표현하자면, 신약성서는 성직자를 폐기하지 않고, 모든 신자를 성직자로 만든다.

그러므로 성직자/평신도 이분법은 성서적 근거가 전무한 성서시대 이후의 개념이다. 그것은 또한 하나님께서 역할을 수행하는 몸으로 부르신 교회에 성가신 골칫거리이다. 성서의 역사나 가르침이나 언어에 성직자/평신도 또는 목사/평교인 도식의 힌트조차 없다. 이 도식은 세속적인 것과 영적인 것을 분리시키는 사도시대 이후에 생겨난 종교적 가공물이다.128)

세속적/영적 이분법에서는 믿음과 기도와 사역이 신성한 내면세계의 지배적 요소들로 간주된다. 이 세계는 삶을 총체적으로 아우르는 영역과는 동떨어진 세계이다. 그러나 이렇게 분리하는 것은 일생생활을 포함하는 모든 것을 하나님의 영광을 위하여 해야 한다는 신약성서의 정신과는

전면적으로 위배된다. 고전10:31

5. 요한계시록에 나오는 일곱 교회의 일곱 사자는 각 지역 교회에 담임목사가 있었음을 보여주는 것 아닌가?

요한계시록의 처음 석 장은 그 위에 "담임목사" 교리를 세우기에는 빈약한 기반이다. 우선, 이 교회들의 사자에 대한 언급은 애매하다. 요한은 우리에게 그들의 신원에 대해 아무런 단서도 주지 않는다. 학자들도 그들이 상징하는 것이 무엇인지에 대한 확신이 없다. 그들이 글자 그대로 천사라고 믿는 사람들도 있고, 사람인 메신저라고 믿는 사람들도 있다.

둘째, 신약성서 그 어디에도 "단일 목사" 개념과 유사한 것이 없다. 또 목사를 사자에 비유한 어떤 구절도 없다.

셋째, 일곱 사자가 일곱 교회의 "목사들"을 가리킨다는 사상은 다른 신약성서의 내용과 완전 모순된다. 예를 들면, 사도행전 20장 17절과 20장 28절은 우리에게 에베소교회에 하나가 아닌 여러 명의 목자들(목사들)이 있었다고 말해준다. 이것은 장로들이 있던 1세기의 모든 교회에서도 마찬가지였다. 그들은 언제나 복수였다. 9장을 참조할 것

그러므로 "단일 목사" 교리를 요한계시록의 애매모호한 본문 하나에 거는 것은 엉성하고 경솔한 해석이다. 사실인즉, 요한계시록이나 신약성서의 다른 그 어떤 문서에도 현대 목사를 지지해주는 것은 없다.

구약의 이의들

1. **출애굽기 18장에서, 모세는 하나님 백성을 인도하는데 도움을 줄 우두머리 계급을 자신 밑에 두었는데, 이것이 계급적 리더십의 성서적 모델 아닌가?**

   우리가 이 내용을 주의 깊게 살펴본다면 이 개념을 착상한 사람이 모세의 장인인 이방인 이드로였음을 알 수 있을 것이다. 출18:14-27 하나님께서 그것을 승인하셨다는 성서적 근거는 찾을 수 없다. 사실, 이드로 자신도 하나님께서 그것을 지지해주실 지에 대한 확신이 없음을 시인했다. 출18:23

   나중에, 하나님은 모세에게 돌보는 문제에 관하여 다른 식의 행동을 취하라고 명하셨다. 하나님께서 책임을 함께 감당할 장로들을 임명하라고 하신 것이다. 이에, 모세는 이미 장로 역할을 하던 사람들을 택했다. 민11:16

   이 방법이야말로 유기적이고 기능적이다. 이렇게 함으로써, 그것은 여러 층의 우두머리 계급을 두는 이드로의 개념과는 현저하게 달랐다.

2. **하나님의 온전하신 뜻이 그분의 백성 위에 단일 지도자를 세우시는 것임을 모세, 여호수아, 다윗, 솔로몬 같은 구약성서의 인물들이 보여주고 있지 않은가?**

   아니다. 그들은 그렇지 않다. 앞에서 언급한 바와 같이, 구약에 있는 모세와 다른 모든 단일 지도자는 주 예수 그리스도의 그림자들이었다. 그들은 종교개혁 시대에 고안된 현대 단일 목사제도의 유형이 아니었다.

이와는 대조적으로, 하나님의 뜻은 이스라엘에 신정통치를 정착시키시는 것이었다. 신정통치는 하나님만이 유일한 왕이신 통치 형태를 말한다. 유감스럽게도, 이스라엘 백성들은 인간인 왕을 달라고 아우성쳤고, 하나님은 그들의 육신적인 요구대로 다른 나라들처럼 왕을 허락하셨다. 그러나 이것은 결코 하나님의 온전하신 뜻이 아니었다.삼상8:5-9

물론 하나님께서는 그럼에도, 인간 왕 아래 있는 그분의 백성에게 역사하셨다. 그러나 그들은 그 결과로 끔찍한 고통에 시달려야 했다. 마찬가지로, 오늘날 하나님께서는 여전히 사람이 만든 제도들을 통해서 역사하신다. 하지만 그것들은 언제나 하나님의 완전한 축복을 제한시킨다. 유감스러운 것은 아직도 많은 그리스도인이 그들 위에서 다스릴 눈에 보이는 지도자가 있어야 한다고 가정한다는 사실이다.

요약하자면, 하나님의 온전하신 뜻은 하나님의 사람들이 그분의 직접적인 통치 아래서 삶을 살고 섬기는 것이었다.출15:18; 민23:21; 신33:5; 삼상8:7 이스라엘은 "제사장 나라"가 되도록 부르심 받았다.출19:6 그리고 위기가 닥쳤을 때 지혜있고 나이 든 사람들장로들과 의논하면 되었다.신 22:15-18; 25:7-9

그러나 이스라엘이 불순종으로 잃어버린 것을 교회는 얻게 되었다.벧전2:5, 9; 계1:6 그렇지만, 비극적인 것은 많은 그리스도인이 옛 언약의 종교적 통치제도로 돌아가기를 택했다는 사실이다. 하나님께서 그것을 오래 전에 폐지하셨음에도.

오늘날 리더십과 권위에 대한 하나님의 생각을 알아낼 수 있는 것은 오직 내재하는 성령 때문임을 주목할 필요가 있다. 내재하는 성령은 구약시대에는 경험할 수 없었기 때문에, 하나님께서는 그분 백성의 한정된 수준에 맞춰주셨다.

우리가 신약성서 시대에 와서는 내재하는 그리스도가 하나님의 모든 자녀의 분깃임을 발견하게 된다. 그리고 바로 그 분깃이 교회로 하여금 "전신자 제사장주의"의 초월적인 수준으로 올라가게 해준다. 계급적이고, 직함을 중요시하고, 공식적인 리더십 스타일을 시대에 뒤떨어지고 비생산적인 것으로 만드는 그런 수준으로.

3. **하나님께서 시편 105편 15절에서 "나의 기름 부은 자를 손대지 말며 나의 선지자들을 해하지 말라"고 말씀하셨는데, 이 구절이 절대적인 권위를 가진 그리스도인들**예를 들면, 목사들**도 있음을 가르치지 않는가?**

옛 언약 아래에서는, 이 땅에서 하나님의 신탁을 맡은 선지자들에게 하나님께서 특별히 기름을 부으셨다. 따라서 그들에게 반대하는 말을 하는 것은 곧 하나님을 반대해서 말하는 것과 같았다. 그러나 새 언약 아래에서는, 모든 하나님의 사람에게 성령이 부어졌다. 그리스도(기름 부음을 받은 자)를 받아들인 모든 사람이 성령에 의해 기름 부음을 받은 것이다.요일2:27; 그러므로 모두가 예언을 할 수 있다. 행2:17-18; 고전14:24, 31

이렇게 함으로써, 하나님의 백성 모두가 성령을 받고 예언하리라는 모세의 기도가 오순절 이래로 성취되고 있다. 민11:29; 행2:16-18 유감스러운 것은 시편 105편 15절이 성직자들과 자칭 "선지자"라는 사람들에 의해 하나님의 사람들을 지배하고 비판을 비껴가도록 남용되고 잘못 적용되어 왔다는 사실이다.

그러나 여기에 진리가 있다. 새 언약 아래에서는, "하나님의 기름 부은 자를 손대지 말라"가 "그리스도를 경외함으로 피차 복종하라"와 같다.엡5:21 왜냐하면, 성령의 기름 부음이 메시아를 믿은 모든 사람 위에 임했기 때문이다.

그러므로 "하나님의 기름 부은 자를 손대지 말라"는 오늘날 모든 그리스도인에게 적용된다. 이것을 부인하는 것은 모든 그리스도인이 기름 부음 받았음을 부인하는 것이다. 요일2:20, 27

오역의 문제

어떤 사람들은 앞서 말한 요점들을 염두에 두고 KJV가 왜 사역과 돌봄에 관련된 수많은 구절을 흐려놓았는지에 대해 이상하게 생각할 것이다. 어째서 KJV는 원문에는 없는 계급적/제도적 용어들"직분"같은을 반복적으로 끼워 넣었을까?

그 대답은 17세기의 성공회가 KJV를 출판했다는 사실에 들어있다. 그 교회는 교회와 국가의 결합을 철저하게 신봉했고, 관료주의와 기독교를 혼합시킨 사고방식을 갖고 있었다.

스코틀랜드의 왕 제임스 6세는 자신의 이름을 따서 성경을 번역하라고 명령했다.KJV 그렇게 함으로써, 왕은 성공회영국 국교회의 수장 자격을 행사한 것이다. 그리고 그는 번역을 시행할 54명의 학자들에게 번역과정 내내 "전통적인 용어"에서 벗어나지 말 것을 지시했다.129)

KJV는 이런 이유에 의해 성공회의 계급적/제도적 전제들을 자연스럽게 반영한다. 에클레시아, 에피스코포스, 디아코노스 같은 단어들은 헬라어에서 정확하게 번역되지 않았다. 대신에, 당대의 성공회식 용어로 번역되었다: 에클레시아는 "church"교회로, 에피스코포스는 "bishop"감독으로, 디아코노스는 "minister"목회자로, 프라시스는 "office"직분로, 프로이스테미는 "rule"다스리다로 번역되었다. 등등. 1611년에 나온 최초의 KJV는 1769년까지 네 번의 개정을 거쳤다. 하지만 이 오류들은 전혀 수정되지 않았다.

감사하게도, 현대 번역판 중에 이 문제를 바로잡은 것들이 있다. 그 번역판들은 KJV의 많은 종교적 용어에서 성공회적인 것을 제하였다. 또한 그 번역판들을 받쳐주는 헬라어 단어들을 정확하게 번역했다. 예를 들어, 에클레시아는 "assembly"모임, 집회로, 에피스코포스는 "overseer"감독자로, 디아코노스는 "servant"종로, 프락시스는 "function"기능으로, 프로이스테미는 "guard"지키다로 번역되었다.

오늘날 우리가 빠진 혼란

교회 리더십에 대한 우리의 생각이 어째서 하나님의 뜻에서 한참 멀리 빗나가게 되었는지 그 주요 원인을 정부의 서구식 정치적 개념을 성서의 저자들에게 투영하는 우리의 버릇으로 돌릴 수 있다. 그 개념들을 성서 본문에 유입시켜 읽는 버릇 말이다. 우리는 "목사", "감독", "장로" 같은 단어들을 읽을 때 금방 "대통령", "국회의원", "의장" 같은 정부 직책들에 관련해서 생각한다.

그렇기 때문에, 우리는 장로, 목사, 감독을 사회적 구조물직분로 간주한다. 우리는 그것들을 그 지위를 차지하는 사람과는 별도의 실체를 가진 비어 있는 자리로 본다. 그리고 그저 사람에 불과한 존재들에게 단순히 그들이 "직분을 가진다"는 이유만으로 절대적인 권위를 부여한다.

리더십의 신약성서적 개념은 현저하게 다르다. 앞에서 언급한 바와 같이, 교회 리더십이 공식적이라는 사상은 성서적으로 보증될 수 없다. 또 신자들 위에 권위를 가진 신자들이 있다는 개념을 뒷받침해줄 아무런 성서적 근거도 없다. 교회 안에 존재하는 유일한 권위는 예수 그리스도이다. 인간들은 자신들 안에 아무런 권위가 없다. 하나님의 권위는 오직 머리에게만 맡겨졌고 몸을 통해서 표현된다.

그러므로 좋은 리더십은 결코 권위주의적이지 않다. 그 리더십이 예수 그리스도의 마음을 표현할 때 권위를 드러낼 뿐이다. 성서적 리더십의 기본적인 임무는 도움을 주고, 양육하고, 안내하고, 섬기는 것이다. 한 지체가 하나님의 뜻을 이런 영역들 중 하나에서 본을 보이는 범위만큼, 그 사람은 그 범위 안에서 리더십을 발휘하는 것이다.

바울이 지도자들을 논할 때 "직분"과 "권위"를 뜻하는 40개 이상의 평범한 헬라어 단어들 중 결코 아무것도 사용하지 않은 것은 당연한 일이다. 다시 강조하자면, 리더십을 묘사하는데 있어 바울이 선호한 단어는 보통 사람들이 추측할만한 것과는 반대이다. 그것은 "종"을 뜻하는 디아코노스이다.

관련서적

다음의 관련서적 목록은 이 책에 인용된 주요 출판물들뿐만 아니라 관련된 다른 서적 다수를 포함한다.

제1부 : 공동체와 모임

Austin-Sparks, T. *God's Spiritual House*. Shippensburg, PA: Destiny Image, 2001.

_____, *The Stewardship of the Mystery*. Shippensburg, PA: Destiny Image, 2002

_____, *Words of Wisdom and Revelation*. Corinna, ME: Three Brothers, 2000.

Banks, Robert. *Going to Church in the First Century*. Beaumont, TX: Christian Books, 1980.

_____. *Paul's Idea of Community*. Peabody, MA: Hendrickson, 1994.

Banks, Robert, and Julia Banks. *The Church Comes Home*. Peabody, MA: Hendrickson, 1998.

Bilezikian, Gilbert. *Community 101*. Grand Rapids, MI: Zondervan, 1997.

Boff, Leonardo. *Trinity and Society*. Maryknoll, NY: Orbis Books, 1986.

Bonhoeffer, Dietrich. *Life Together*. New York: Harper & Row, 1954.

Bruce, F. F. *A Mind for What Matters*. Grand Rapids, MI: Eerdmans, 1990.

Brunner, Emil. *The Misunderstanding of the Church.* London: Lutterworth Press, 1952.

Cunningham, David. *These Three are One: The Practice of Trinitarian Theology.* Oxford: Blackwell, 1998.

Erickson, Millard. *God in Thee Persons.* Grand Rapids, MI: Baker Books, 1995.

Fromke, DeVern. *Ultimate Intention.* Indianapolis: Sure Foundation, 1963.

Giles, Kevin. *What on Earth is the Church? An Exploration in New Testament Theology.* Downers Grove, IL: InterVarsity Press, 1995.

Girard, Robert C. *Brethren, Hang Loose.* Grand Rapids, MI: Zondervan, 1972.

_____. *Brethren, Hang Together.* Grand Rapids, MI: Zondervan, 1979.

Gish, Arthur. *Living in Christian Community.* Scottsdale, PA: Herald Press, 1979.

Grenz, Stanley. *Created for Community.* Grand Rapids, MI: Baker Books, 1998.

_____. *Rediscovering the Triune God.* Minneapolis: Fortress Press, 2004.

_____. *Theology for the Community of God.* Grand Rapids, MI: Eerdmans, 1994.

Haller, Manfred. *The Mystery of God: Christ All and in All.* Delta: The Rebuilders, 2004.

Hay, Alexander R. *New Testament Order for Church and Missionary.* Auddubon, NJ: New Testament Missionary Union, 1947.

Kennedy, John W. *Secret of His Purpose.* Bombay: Gospel Literature Service, 1963.

Kokichi, Kurosaki. *Let's Return to Christian Unity.* Beaumont, TX:

Christian Books, 1991.

Kraus, Norman C. *The Community of the Spirit: How the Church is in the World.* Scottsdale, PA: Herald Press, 1993.

LaCunga, Catherine. *God for Us: The Trinity and the Christian Life.* San Francisco: HarperSan Francisco, 1991.

Lang, G.H. *The Churches of God.* Miami Springs, FL: Conley and Schoettle Publishing, 1985.

Leupp, Roderick. *Knowing the Name of God: A Trinitarian Tapestry of Grace, Faith and Community.* Downers Grove, IL: InterVarsity Press, 1996.

Lewis, C. S. *Mere Christianity.* New York: Harper Collins, 2001.

Lohfink, Gerhard. *Jesus and Community.* Philadelphia: Fortress Press, 1982.

Loosely, Ernest. *When the Church Was Young.* Sargent, GA: SeedSowers, 1988.

Miller, Hal. *Biblical Community: Biblical or Optional?* Ann Arbor, MI: Servant Books, 1979.

Moltmann, Jurgen. *History and the Triune God.* New York: Crossroad, 1992.

_____, *The Trinity and the Kingdom of God.* London: SCM Press, 1981.

Nee, Watchman. *The Normal Christian Life.* Anaheim, CA: Living Stream Ministry, 1980.

_____, *The Body of Christ: A Reality.* Richmond, VA: Christian Fellowship Publishers, 1978.

Niebuhr, H. Richard. *The Social Sources of Denominationalism.* New York: Meridian, 1957.

Peter, Ted. *God as Trinity.* Louisville, KY: Westminster Press, 1993.

Schweizer, Eduard. *The Church as the Body of Christ.* Richmond, VA: John Knox Press, 1964.

Smith, Christian. *Going to the Root: Nine Proposals for Radical Church Renewal.* Scottdale, PA: Herand Press, 1992.

Snyder, Howard A. *Decoding the Church: Mapping the DNA of Christ's Body.* Grand Rapids, MI: Baker Books, 2002.

_____, *Radical Renewal: The Problem of Wineskin Today.* Houston: Touch Publications, 1996.

_____, *The Community of the King.* Downers Grove, IL: InterVarsity Press, 1977.

_____, *Why House Churches Today?* (Audio Tape). Fuller Theological Seminary, Feb. 24, 1996.

Svendsen, Eric. *The Table of the Lord.* Atlanta: New Testament Restoration Foundation, 1996.

Thornton, L. S. *The Common Life in the Body of Christ.* London: Dacre Press, 1950.

Torrance, Thomas F. *The Christian Doctrine of God: One Being, Three Persons.* Edinburgh: T & T Clark, 1996.

_____, *The Trinitarian Faith.* Edingburgh: T & T Clark, 1999.

Trueblood, Elton. *The Company of the Committed.* New York: Harper & Row, 1961.

_____, *The Incendiary Fellowship.* New York: HarperSan-Francisco, 1978.

Viola, Frank. *Bethany: The Lord's Desire for His Church.* Gainesville, FL: Present Testamony Ministry, 2007.

_____, *The Untold Story of the New Testament Church.* Shippensburg, PA: Destiny Image, 2004.

Viola, Frank, and George Barna. *Pagan Christianity.* Carol Stream, IL: Tyndale House, 2008.

Volf, Miroslav. *After Our Likeness: The Church as the Image of the Trinity.* Grand Rapids, MI: Eerdmans, 1998.

Wallis, Arthur. *The Radical Christian.* Columbia, MO: Cityhill Publishing, 1987.

Yoder, John Howard. *The Royal Priesthood: Essays Ecclesiastical and Ecumenical.* Scottdale, PA: Herald Press, 1988.

제2부 : 리더십과 책임

Allen, Ronald. *Missionary Methods: St. Paul's or Ours?* Grand Rapids, MI: Eerdmans, 1962.

Banks, Robert. *"Church Order and Government" in Dictionary of Paul and His Letters: A Compendium of Contemporary Biblical Scholarship.* Downers Grove, IL: InterVarsity Press, 1993.

Barrs, Jerram. *Shepherds and Sheep: A Biblical View of Leading and Following.* Downers Grove, IL: InterVarsity Press, 1983.

Best, Ernest. *Paul and His Converts.* Edinburgh: T & T Clark, 1988.

Bruce, F. F. *1 and 2 Thessalonians.* Waco, TX: Word Books, 1982.

_____, *The Epistle to the Hebrews.* Grand Rapids, MI: Eerdmans, 1990.

Burks, Ron, and Viki Burks. *Damaged Disciple: Casualties of Authoritarian Churches and the Shepherding Movenent.* Grand Rapids, MI: Zondervan, 1992.

Campbell, R. A. *The Elders: Seniority in Earliest Christianity.* Edinburgh: T & T Clark, 1994.

Campenhausen, Hans von. *Ecclesiastical Authority and Spiritual Power in the Church of the First Three Centuries.* Stanford, CA: Stanford University Press, 1969.

Dunn, James D. G., and John P. Mackey. *New Testament Theology in Dialogue,* Louisville, KY. Westminster Press, 1988.

Fee, Gordon D. *The First Epistle to the Corinthians.* Grand Rapids: Eerdmans, 1987.

Frame, John. *Evangelical Reunion: Denominations and the Body of*

Christ. Grand Rapids: Baker Books, 1991.

Giles, Kevin. *Jesus and the Father*. Grand Rapids, MI: Zondervan, 2006.

_____, *The Trinity and Subordinationism*. Downers Grove, IL: InterVarsity Press, 2002.

Ketcherside, W. Carl. *The Twisted Scripture*. DeFuniak Springs, FL: Diversity Press, 1992.

Miller, Hal. "Leadership in the Church: Ten Propositions." *Searching Together* 11 1982: 3.

Miller, Paul. *Leading the Family of God*. Scottdale, PA: Herald Press, 1981.

Quebedeaux, Richard. *By What Authority: The Rise of Personality Cults in American Christianity*. New York: Harper & Row, 1982.

Ray, Rudy. "Authority in the Local Church." *Searching Together 13* (1984): 1.

Schutz, Joh H. *Paul and the Anatomy of Apostolic Authority*. New York: Cambridge University Press, 1975.

Smith, Christian. "Church Without Clergy." *Voices in the Wilderness*. (November-December 1988).

Stabbert, Bruce. *The Team Concept*. Tacoma, WA: Hegg Brothers Printing, 1982.

Viola, Frank. *Straight Talk to Pastors*. Gainesville, FL: Present Testimony Ministry, 2006.

White, John, and Ken Blue. *Healing the Wounded: The Costly Love of church Discipline*. Downers Grove, IL: InterVarsity Press, 1985.

Yoder, John Howard. "Binding and loosing." *Concern,* no. 14 (February 1967).

_____, "The Fullness of Christ, Perspectives on Ministries in Renewal." *Concern*, no. 17 (February 1969).

Zens, Jon. "Building Up the Body: One Man or One Another?" *Searching Together* 10 (1981):2.

_____, "Four Tragic Shifts in the Visible Church." *Searching Together,* 21 (1993): 1-4.

_____, "The 'Clergy/Laity' Distinction: A Help or a Hindrance to the Body of Christ?" *Searching Together 23* (1995): 4.

_____, *The Pastors.* St. Croix Falls: Searching Together, 1981.

_____, "Wrestling With Local Church Issues: Perpetuating Biblical Truth or Tradition?" *Searching Together* 33 (2005): 3-4, 34 (2006): 1.

후주

1) George Barna, *Revolution*(CarolStream:Tyndale, 2005), 9, 39, 65, 107-108.
2) 코페르니쿠스의 저작인 "On the Revolutions of the Celestial Spheres"가 과학 혁명의 기원을 열었다고 종종 이해되고 있다.
3) T. Austin-Sparks, *Words of Wisdom and Revolution*(Corinna, ME: Three Brothers, 2000), 49.
4) 마틴 루터 킹이 1963년 8월 28일에 워싱턴 DC에서 한 유명한 연설인 "I Have a Dream(나에겐 꿈이 있다)"을 각색한 것임.
5) 삼위일체에 관해서 정통하지 않은 사람들은 다음의 책을 읽을 필요가 있다: James R. White, *The Forgotten Trinity*(Minneapolis: Bethany House, 1998).복음주의 신학 협회(Evangelical Theological Society)의 교리서에 의하면, "하나님은 삼위일체 곧 아버지, 아들, 그리고 성령이시고, 각 위는 창조되지 않은 인격이시며, 본질상 하나이시고, 능력과 영광에 있어 동등하시다."
6) Stanley Grenz, *Created for Community*(Grand Rapids, MI: Baker Books, 1998), 52.
7) 존 P. 왈렌과 야로슬라브 펠리칸은 기독교 신학의 비참한 상태를 다음과 같이 개탄했다: 교회 안의 많은 사람이 삼위일체를 마치 "현대인의 삶과 사상의 중대한 문제들과는 거의 또는 아무런 연관이 없는 박물관의 진열품"처럼 여긴다 (Edmund J. Fortman, *The Triune God: A Historical Study of the Doctrine of the Trinity* [Philadelphia: Westminster Press,1972],xiii).
8) Eugene Peterson, *Christ Plays in Ten Thousand Places*(Grand Rapids, MI: Eerdmans, 2005), 45.
9) Ted Peters의 *God is Trinity*(Louisville, KY: Westminster Press, 1993), 122에서 인용.
10) Miroslav Volf, *God's Life in Trinity*(Minneapolis: Fortress Press, 2006), xiv.오늘날 그리스도인의 삶에서 차지하는 삼위일체의 중심성에 많은 복음주의 및 주류 신학자가 일치된 의견을 보인다. 그들 중 다수의 저작들이 명시된 관련 서적 목록을 참조할 것.
11) 삼위일체 교회론에 관한 탁월한 논문은 다음을 참조할 것: Kevin Giles, *What on Earth is the Church?* (London: SPCK, 1995), 212-29.
12) Stanley Grenz, *Theology for the Community of God*(Grand Rapids, MI: Eerdmans, 1994), 482.
13) Kevin Giles, *What on Earth is the Church?*(London: SPCK, 1995), 222.
14) Kevin Giles, *The Trinity and Subor dinationism*(Downers Grove: Inter Varsity Press, 2002), 103에서 인용.
15) 요5:30, 14:28, 31, 그리고 고전11:3은 이 원리에 모순되지 않는다. 이 구절들은 사람이신 예수 그리스도가 하나님 아버지께 자발적으로 복종하는 것을 표현한다. 예수님은 이 땅에 계셨을 때 하나님께 복종한다는 것이 무슨 뜻인지를 모든 사람에게 본을 보이시려고 사람으로서 자신을 아버지께 복종시키셨다. 이 본문들은 하나님 안의 계급

적 구조나 명령계통의 관계성을 지지하지 않는다. 이런 이유로, 신학자들은 삼위일체 안에서의 종속개념을 부정해왔다. 길버트 빌리지키언이 그의 책 *Community 101*에서 말했듯이 "교회는 일반적으로 종속 개념을 이교의 침투로 여기고 거부해왔다" (p. 201). 상세한 것은 다음을 참조할 것: Kevin Giles, *The Trinity and Subordinationism* (Downers Grove: Inter Varsity Press, 2002); *Jesus and the Father* (Grand Rapids: Zondervan, 2006); Gilbert Bilezekian, *Community 101* (Grand Rapids: Zondervan, 1997), Appendix; Miroslav Volf, *After Our Likeness: The Church as the Image of Trinity* (Grand Rapids: Eerdmans, 1998).

16) 프랭크 바이올라와 조지 바나의 『이교에 물든 기독교』(대장간, 2011)를 참조할 것.

17) "성서를 청사진으로 사용하기"는 "성서의 침묵"이라고 알려진 교리와 "규정적 원리"라고 불리는 교리에 잘 나타난다. 내 생각엔, 이 둘 다 아주 율법주의적이고 비현실적인 교리이다. 따라서 그것들은 빗나가도 한참 빗나간 것이다. 신약성서는 지켜야 할 율법을 우리에게 결단코 준 적이 없다. 바울이 말했듯이 "율법 조문은 죽이는 것이요 영은 살리는 것이니라" (고후3:6).

18) F. F. Bruce, *A Mind for What Matters* (Grand Rapids, MI: Eerdmans, 1990), 263.

19) F. F. Bruce, *The Message of the New Testament* (Grand Rapids: Eerdmans, 1972), 98.

20) J. B. Phillips의 *Letters to Young Churches*에 나오는 역자 서문에서 발췌.

21) 그리스도께서 그분의 몸의 머리라고 할 때 "머리"라는 말이 원천의 개념뿐만 아니라 권위의 개념도 있다고 주장하는 학자들의 의견에 나는 동의한다. 다음을 참조할 것: F. F. Bruce, *The Epistles to the Colossians, o Philemon, and to the Ephesians* (Grand Rapids: Eerdmans, 1984), 68-69, 274-75; Francis Foulkes, *Ephesians* (Grand Rapids: Eerdmans, 1989), 73-74.

22) F. F. Bruce, *A Mind for What Matters* (Grand Rapids, MI: Eerdmans, 1990), 238.

23) Emil Brunner, *The Misunderstanding of the Church* (London: Lutterworth Press, 1952), 54.

24) 흥미롭게도, 목사(牧者, pastor)라는 단어의 명사형은 신약성서에 단 한번만 등장한다 (엡4:11). 그리고 그것은 복수형이다. ("목자들[pastors]")

25) 신약성서가 어떻게 해서 연대순으로 배열되지 않고 장과 절로 나뉘게 되었는지 그 배경을 알려면 프랭크 바이올라와 조지 바나가 공저한 『이교에 물든 기독교』(대장간, 2011)의 11장을 참조할 것.

26) David King, ed. *The Bible Advocate and Precursor of Unity* (London: A.Hall & Co, 1848), 126.

27) George R. Hunsberger and Craig Van Gelder, ed, *The Church Between Gospel and Culture* (Grand Rapids, MI: Eerdmans, 1996), 149.

28) 이것은 마술이 아니고, 각기 다른 종류의 땅에 들어있는 산성의 함유량이 다르기 때문이다.

29) 이런 식의 사역을 추적한 책으로 프랭크 바이올라의 『알려지지 않은 신약성경 교회 이야기』(순전한나드, 2008)가 있다.

30) 고린도전서 14:16이 문제를 제기한 것이라고 주장하는 사람들도 있지만, 이런 해석은

잘못된 것이다. 대부분의 권위 있는 학자들(F. F. 브루스, 벤 위더링턴, 고든 피 같은 사람들)은 이 본문이 무엇이 표준이어야 하는지를 가리킨다고 분명히 말한다. 그것은 권면인 동시에 고린도의 모임에서 "무슨 일이 벌어져야 하는지를 묘사한 것"이다 (고든 피가 피력했듯이). 14장 후반부에서, 바울은 그들 모두가 참여하는 열린 성격의 모임을 폐기하지는 않고 그 모임에서 야기된 혼란 몇 가지를 바로잡는다.

31) 이것의 예에는 빌2:6-11; 골1:15-20; 엡5:14, 딤전3:16 등이 있다.

32) 앞에서 언급한 바와 같이, 사도적 모임은 사도에 의해 인도된다. 그러나 다시 강조하지만, 이런 모임은 임시적이고, 사도가 떠난 뒤에 교회가 역할을 수행할 수 있도록 준비시키고자 고안된 것이다.

33) John Howard Yoder, "『그리스도의 충만함』(대장간 역간) The Fullness of Christ: Perspectives on Ministries in Renewal," *Concern*, no.17 (February 1969)에서 발췌.

34) 소위 제한하는 구절들(고전14:33-34과 딤전2:11-14)에 관한 충분한 논의는 내가 쓴 다음의 두 논문을 참조할 것: "Now Concerning a Woman's Role in the Church" (www.ptmin.org/role.htm)과 "God's View of a Woman" (www.ptmin.org/view.htm).

35) George Barna, *Revolution* (Carol Stream, IL: Tyndale, 2005), 51-67, 118.

36) John Howard Yoder, "『그리스도의 충만함』(대장간 역간) The Fullness of Christ: Perspectives on Ministries in Renewal," *Concern*, no. 17 (February 1969)에서 발췌.

37) 스티븐 캉이 1995년 4월 14일에 버지니아주의 리치몬드에서 전한 "Who Are We?"라는 제목의 오디오 메시지에서 발췌.

38) 어떻게 해서 주의 만찬이 온전한 식사에서 오늘날의 그것처럼 변질되었는지에 관한 역사는 프랭크 바이올라와 조지 바나가 공저한 『이교에 물든 기독교』(대장간, 2011)의 9장을 참조할 것.

39) Eduard Schweizer, *The Church as the Body of Christ* (Richmond, VA: John Knox Press, 1964), 37.

40) 다윗의 시편들은 종종 하나님을 "여호와는 나의 분깃"이라고 일컫는다. 흥미로운 것은 다윗이 예수 그리스도의 그림자였다는 사실이다. 그러므로 다윗이 여호와가 그의 분깃이라고 반복해서 말한 것은 하나님의 아들과 아버지 사이의 영원한 관계를 반영하는 것이었다.

41) Stanley Grenz, *Theology of the Community of God* (Grand Rapids, MI: Eerdmans, 1994), 485.

42) 포도주는 자연적인 살균제이므로 그룹이 같은 잔을 사용해도 안전하다.

43) Graydon F. Snyder, Ante Pacem: Archaeological Evidence of Church Life Before Constantine (Macon, GA: Mercer University Press/Seedsowers, 1985), 67; Graydon F.Snyder, First Corinthians: A Faith Community Commentary (Macon, GA: Mercer University Press, 1991), 3.

44) 9장의 186-187 페이지를 참조할 것.

45) Rodney Stark, *For the Glory of God* (Princeton: Princeton University Press, 2003), 33-34.

46) 세속적인 것/영적인 것의 구분이 어디에서 왔는지에 관한 토론은 『이교에 물든 기독교』(대장간, 2011)의 5장을 참조할 것.

47) Kevin Giles, *What on Earth is the Church?* (Downers Grove, IL: Inter Varsity Press, 1995), 219.
48) 교회 건물이 어디에서 왔는지에 관한 이야기는 『이교에 물든 기독교』(대장간 2011)의 2장을 참조할 것.
49) 1996년 2월 24일에 풀러 신학대학원에서 소개된 "Why House Church Today?"라는 제목의 강의에서 발췌.
50) Gilber Bilezikian, *Community 101* (Grand Rapids, MI: Zondervan, 1997), 182.
51) Miroslav Volf, *After Our Likeness* (Grand Rapids, MI: Eerdmans, 1998), 129.
52) Frederick Buechner, *Listening to Your Life* (San Francisco: Harper San Francisco, 1992), 331-32.
53) 마18:15-18; 롬16:17; 고전5:1-13; 살후3:6을 참조할 것. 다음의 본문들은 그리스도의 인격과 사역을 왜곡시키는 자칭 그리스도인들이 주장하는 거짓 교리들을 염두에 둔 것이다: 갈1:8-9; 딤후4:3; 요일4:3; 요이1:10. 그리스도인들은 그런 교리들을 거부해야 한다. 덧붙여 말하자면, 롬16:17과 딛3:9-11 같은 구절들은 교회를 분열시키고 혼란케 하기 위한 교리를 사용하는 사람들을 가리킨다. 그들은 하나님의 사람들을 분열시키고자 그들 자신의 신조를 사용한다.
54) 성직제도의 발달은 주로 거짓 교훈을 막으려고 했던 것에서 비롯되었다. 그러나 그것은 문제를 더 일으킨 나쁜 해결책이었다. 『이교에 물든 기독교』(대장간, 2011)의 5장을 참조할 것.
55) Andrew Miller, *Miller's Church History* (Addison: Bible Truth Publishers, 1980)를 참조할 것.
56) John M. Frame, *Evangelical Reunion: Denominations and the Body of Christ* (Grand Rapids, MI: Baker, 1991), 31.
57) 위의 책, 같은 맥락에서, H. 리처드 니버는 교파주의를 "기독교의 도덕적 실패"의 궁극적인 표현으로 부르면서 "교파주의의 해악"에 대해 언급했다. H. Richard Niebuhr, *The Social Sources of Denominationalism* (New York: Meridian, 1957), 21, 25.
58) John W. Kennedy, *Secret of His Purpose* (Bombay: Gospel Literature Service, 1963), 48.
59) Kevin Giles, *What on Earth is the Church?* (Downers Grove, IL: Inter Varsity Press, 1995), 202.
60) 어떤 번역엔 "영세로부터의 목적(the purpose of the ages)"이라고 되어 있다. 아울러 롬 8:28; 엡1:11; 그리고 딤후1:9을 참조할 것.
61) 프랭크 바이올라의 『영원에서 지상으로』(대장간, 2009)를 참조할 것.
62) DeVern Fromke, *Ultimate Intention* (Indianapolis: Sure Foundation, 1963), 24-25.
63) 이것에 대해서는 프랭크 바이올라의 『영원에서 지상으로』(대장간, 2009)을 참조할 것.
64) Stanley Grenz, *Created for Community* (Grand Rapids, MI: Baker Books, 1998), 216.
65) 마 6:10에 있는 주님의 기도가 이 신적인 소원을 드러낸다: "나라가 임하시오며 뜻이 하늘에서 이루어진 것 같이 땅에서도 이루어지이다."
66) Miroslav Volf, *After Our Likeness* (Grand Rapids, MI: Eerdmans,1 998), x.

67) John McNeil "Denatured' Church Facing Extinction." ASSIST News Service, February 19, 2006 에서 인용됨.
68) 프랭크 바이올라와 조지 바나가 공저한 『이교에 물든 기독교』(대장간, 2011)의 137-140 페이지를 참조할 것.
69) Christian Smith, "Church without Clergy" Voices in the Wilderness, Nov/Dec 1988.
70) Kevin Giles, *What on Earth is the Church?* (London: SPCK, 1995), 225.
71) James D. G. Dunn and P. Mackey, *New Testament Theology in Dialogue* (Philadelphia: Westminster Press, 1987), 126-29.
72) James D. G. Dunn, *Unity and Diversity in the New Testament* (Philadelphia: Westminster Press, 1977), 351.
73) 다음을 참조할 것: Robert Banks, *Paul's Idea of Community* (Peabody, MA: Hendrickson, 1994), 131-133.
74) 행11:29-30; 15:2-6, 22-40; 20:17-18; 엡4:11; 살전5:12-13; 딤전4:14; 5:17-19; 딛1:5; 히13:7, 17, 24; 벧전5:1-2.
75) 여기에 사용된 연대에 관한 것은 프랭크 바이올라의 『알려지지 않은 신약성경 교회 이야기』(순전한 나드, 2008)를 참조할 것.
76) 현대 안수의 역사에 관한 것은 프랭크 바이올라와 조지 바나의 『이교에 물든 기독교』(대장간, 2011)를 참조할 것.
77) 유감스럽게도, 나는 오늘날의 장로들이 바로 이렇게 하는 것을 봐왔다. 다음을 참조할 것: 프랭크 바이올라, *Straight Talk to Pastors* (Gainsville, FL: Present Testimony Ministry, 2006), www.ptmin.org/straight.pdf.
78) 이것과 같은 원리를 말하는 살전3:7-9을 참조할 것.
79) 바울은 고전 9장에서 같은 비유를 사용한다. 그렇지만, 그 본문에서는 바울이 사도적 일꾼들(장로들이 아닌)에 대해 말하면서, 물질(존경이 아닌)을 염두에 둠을 분명히 한다.
80) 사도적 일꾼과 재정 사이의 관계에 대해 탁월하게 고찰한 다음의 내용을 참조할 것: Roland Allen, *Missionary Methods* (Grand Rapids, MI: Eerdmans, 1962), chapter6, 그리고 Watchman Nee, *The Normal Christian Life* (Anaheim, CA: Living Stream Ministry, 1980), chapter 8.
81) "목회 서신들(디모데전서, 디모데후서, 디도서)"은 목사나 교회에게 쓴 것이 아니고 바울의 동역자인 사도적 일꾼들에게 쓴 것임을 주목할 것.
82) 이스라엘이 금송아지를 예배한 것(출 32장), 그들이 약속의 땅에 들어가기를 거부한 것(민 13-26), 그들이 이 땅의 왕을 구한 것(삼상 8), 그리고 고린도교회가 음행한 자를 쫓아내지 않은 것(고전 5)이 이것의 예에 해당한다.
83) Christian Smith, *Going to the Root: Nine Proposals for Radical Church Renewal* (Scottdale, PA:Herald Press, 1992), 72-73.
84) Thayer's Greek Lexicon, #5293.
85) 이것이 바울과 바나바뿐만 아니라 베드로와 야고보가 왜 그들이 행사했던 영적 권위에 대해 항상 일정하지 않은지의 이유를 설명해준다 (행1:15; 2:14; 12:17, 25; 13:2, 7, 13 이하; 15:2, 7, 13, 22).

86) Miroslav Volf, *After Our Likeness: The Church as the Image of the Trinity* (Grand Rapids, MI: Eerdmans, 1998), 236.
87) John Howard Yoder, *The Royal Priesthood: Essays Ecclesiastical and Ecumenical* (Scottdale, PA: HeraldPress, 1988), 324.
88) Greg Hawkins and Cally Pakinson, *Reveal: Who Are You?* (South Barrington, IL: Willow Creek Association), 2007).
89) 다음을 참조할 것: David B. Barrett, George T. Kurian, and Todd M. Johnson, *World Christian Encyclopedia* (Oxford: Oxford University Press, 2001), 16.
90) 여호와의 증인, The Way International, 통일교, 몰몬교 등이 이런 예에 속한다.
91) 그 이전에 같은 사상이 레린의 빈센트(Vincent of Lerins)에 의해 다음과 같은 말로 표현되었다: "그리스도교는 언제나, 어디서나, 그리고 모든 사람에 의해 수용되어온 것이다."
92) John W. Kennedy, *Secret of His Purpose* (Bombay: Gospel Literature Service, 1963), 26.
93) 사도들의 전통은 성서에 포함되어 있다. 그러므로 가톨릭과 정교회의 신학자들이 고수하는, 성서 이외에 권위있고 무오한 전통을 가진 실체가 존재한다는 개념은 옹호될 수 없다.
94) F. F. Bruce, *A Mind for What Matters* (Grand Rapids, MI: Eerdmans, 1990), 239.
95) Howard Snyder, *The Community of the King* (Downers Grove, IL: Inter Varsity Press, 1977), 138.
96) 프랭크 바이올라와 조지 바나가 쓴 『이교에물든기독교』(대장간, 2011)를 참조할 것.
97) 내가 이 책에서는 교회생활의 이런 면들을 다루지 않았음을 주지하라. 왜냐하면, 그렇게 할 때 책이 너무 두꺼워질 것이기 때문이다.
98) 다윗의 장막에 관한 상세한 논문은 프랭크 바이올라의 오디오 CD (Gainesville, FL: Present Testimony Ministry, 2002), www.ptm.org/audiocd.htm을 참조할 것.
99) Greg Hawkins and Cally Parkinson, *Reveal: Who Are You?* (South Barrington, IL: Willow Creek Association), 2007.
100) 이 정의는 http://en.wikipedia.org/wiki/Emerging_church에서 가져온 것이다. "이머전트"와 "이머징 그리스도인" 사이에 구분을 두는 사람들도 있고, 그렇지 않은 사람들도 있다. 나는 이 장에서 이 두 단어를 동의어로 사용한다.
101) 자세한 것은 http://ptmin.org/emergingchurch.htm을 참조할 것.
102) 다음을 참조할 것: Brian McLaren, *A Generous Orthodoxy* (Grand Rapids, MI: Zondervan, 2004).
103) 신흥 교회 토론에 관해 더 고찰하려면 다음을 참조할 것: Frank Viola, *Will the Emerging Church Fully Emerge?* (Ganinesville, FL: Present Testimony Ministry, 2005), www.ptmin.org/fullyemerge.htm.
104) T. Austin-Sparks, Explanation of the Nature and History of *"This Ministry"* (Tulsa: Emmanuel Church, 1998), 18.
105) Arthur Wallis, *The Radical Christian* (Columbia, MO: Cityhill Publishing, 1987), 87-88.

106) 이 원리에 관해 더 알려면, www.ptmin.org/findingchurch.pdf 에 있는 나의 논문을 참조할 것.

107) 이 책의 목적이 제도권 교회에서 유기적인 교회로 전환하기 위한 "5 단계 프로그램"을 제공하는데 있지 않다. 그런 프로그램은 존재하지 않는다. 각 교회마다 다르기 때문이다. 그리고 수도 없이 많은 요인이 이것을 위해 아주 복합적인 수고를 하게 만든다. 나는 그렇게 전환할 것을 심각하게 고려하는 목사들과의 토론을 환영한다. 그렇지만, 나는 그전에 미리 경고하고 싶다: 그 과정은 얼굴 마사지를 받는 것과는 다르다; 그것은 완전히 개조하는 수술이다!

108) 당신이 이 부분을 읽으며 "내가 당신의 주장에는 동의하지만, 만일 내가 현재의 일자리를 그만두면 어떻게 내 가족을 부양할 수 있는가?"라는 질문을 떠올리는 목사라면, www.HouseChurchResource 로 가서 ex-pastors 페이지를 방문할 것을 권한다. 그 페이지에는 당신에게 도움이 될 Ex-Pastors Survival Guide가 포함되어 있다.

109) Frederick Buechner, *Listening to Your Life* (San Francisco: Harper SanFrancisco, 1992), 331.

110) J. N. Darby, *The Holy Scriptures: ANew Translation From the Original Languages* (Wembley: Kingston Bible Trust, 1991), 1435.

111) Gerald F. Hawthorne and Ralph P. Martin, *Dictionary of Paul and His Letters* (Downers Grove, IL: Inter Varsity Press, 1993), 658-66.

112) "목회 서신"의 저자를 바울로 인정하는 학자들에 나도 동의한다.

113) F. F. Bruce, *The Epsiltes to the Hebrew* (Grand Rapids, MI: Eerdmans, 1990), 374, 385, 391.

114) F. F. Bruce, *1 and 2 Thessalonians* (Waco, TX; Word Books, 1982), 118-20; Robert Banks, *Paul's Idea of Community* (Peabody, MA: Hendrickson, 1994), 141, 144.

115) 위의 책.

116) 현대 안수의 역사에 관한 상세한 내용은 다음을 참조할 것: 프랭크 바이올라, 조지 바나 공저, 『이교에 물든 기독교』(대장간, 2011).

117) 1세기의 모든 교회에 장로들이 있었던 것은 아니다. 예를 들면, 고린도나 시리아의 안디옥에서는 장로들의 존재가 등장하지 않는다. 결과적으로, 오늘날의 사역자들이 장로들을 두는 교회도 있을 것이고, 그렇지 않은 교회들도 있을 것이다. 승인하는 방법 또한 교회마다 그 교회의 상황과 주님의 인도에 따라 다를 수 있을 것이다.

118) Gordon D. Fee, *The First Epistle to the Corinthians* (Grand Rapids, MI: Eerdmans, 1987), 622.

119) Kevin Giles, *Jesus and the Father* (Grand Rapids, MI: Zondervan, 2006),127. 길버트 빌리지키언은 Community 101 (Grand Rapids, MI: Zondervan, 1977)에서 "삼위일체 안에 그런 종속관계가 있다는 개념은 성서와는 완전히 동떨어진 것이다. 실로, 성서의 내용은 정반대의 개념을 가르친다"라고 말하면서 이것에 화답한다.

120) Kevin Giles, *Jesus and the Father* (Grand Rapids, MI: Zondervan, 2006), 9, 38-39.

121) Gilbert Bilezekian, *Community 101* (Grand Rapids, MI: Zondervan, 1997), 192.

122) Kevin Giles, *Jesus and the Father* (Grand Rapids, MI: Zondervan, 2006), 13.

123) 다음의 책들은 삼위일체 안에 계급이 있다는 사상을 잘 논박한 책들이다: Kevin

Giles, *Trinity and Subordinationism* (Downers Grove, IL: Inter Varsity Press, 2002); *Jesus and the Father* (Grand Rapids, MI: Zondervan, 2006); Gilbert Bilezekian, *Community 101* (Grand Rapids, MI: Zondervan, 1997), appendix; Miroslav Volf, *After Our Likeness: The Church as the Image of Trinity* (Grand Rapids, MI: Eerdmans, 1998).

124) Kevin Giles, *What on The Earth is the Church?* (Downers Grove, IL: Inter Varsity, 1995), 224.

125) Miroslav Volf, *After Our Likeness* (Grand Rapids, MI: Eerdmans, 1998), 4.

126) *Vine's Expository Dictionary of New Testament Words* (Mclean: Macdonald Publishing Company), 806.

127) E. L. Sukenik, *Ancient Synagogues in Palestine and Greece* (Oxford: Oxford University Press, 1934).

128) 자세한 것은 프랭크 바이올라와 조지 바나가 공저한 『이교에 물든 기독교』 (대장간, 2011) 5장을 참조할 것.

129) *The Christian Baptist, vol. 1* (Nashville: The Gospel Advocate, 1955), 319-24.